2018年 **第1辑** 总第7辑

FRONTIER EXPLORATION
OF JUDICIAL JUSTICE

公正司法前沿探索

黄海龙◎主编

法律出版社
LAW PRESS · CHINA

编委会

卷首语

2018年2月6日召开的广西壮族自治区全区法院院长会议提出了2018年全区法院工作的十大任务：一要深入学习贯彻党的十九大精神，坚持以习近平新时代中国特色社会主义思想武装头脑、指导实践、推动工作；二要聚精会神抓办案，进一步提高审判执行质效；三要切实加强执行工作，加快实现基本解决执行难目标；四要贯彻总体国家安全观，坚决维护国家安全和社会稳定；五要贯彻新发展理念，促进经济社会持续健康发展；六要切实加强行政审判工作，营造依法办事的法治环境；七要积极探索司法便民利民新举措，努力满足新时代人民群众司法新需求；八要坚定不移深化司法改革，开创以改革促公正司法新局面；九要大力推进智慧法院建设，促进审判体系和审判能力现代化；十要落实新时代全面从严治党新要求，建设过硬队伍。

法院工作的新形势、新任务，对司法理论研究工作提出了新要求。2018年，《公正司法前沿探索》将重点围绕全区法院院长会议提出的十大任务，针对当前制约审判执行工作质量与效率的问题、推进司法体制改革中存在的问题以及其他影响司法公正与司法公信力的问题进行专题策划和刊稿，继续坚持倡导实证调查、实务探讨、案例分析等对司法实践具有直接指导意义的研究方法，营造严谨务实、开拓创新的司法理论研究工作氛围，为全区法院干警提供更多更好的研究成果转化服务。

《公正司法前沿探索》2018年第1辑采用了30篇稿件，分为7个栏目。“改革前沿”刊登河池市中级人民法院莫国赵《量身定制：判决文书写作要素弥合与提质——基于法官助理草拟裁判文书的思辨》等3篇论文，分别从法官助理的职能定位、合议庭评议功能的实现、基层法院分案制度等角度，为司法体制改革建言献策，可喜的是，三篇论文都没有局限于改革过程中的就事论事，而是巧妙地将群众决策心理学、运筹学乃至医学上的LOGISTIC回归方法等理论工具借用到司法实务研究中，大大拓宽了研究的视野、提升了研究的品质，也增强了研究结论的说服力，这种善于运用新方法、新工具的研究值得提倡。“调查研究”刊登来宾市中级人民法院课题组《关于员额法官与审判辅助人员职责分工的调研报告——以完善中级人民法院民事审辅分工制度为视角》，此文是自治区高级人民法院2016年招标课题研究成果，主要选取中级人民法院为视角，研究员额法官与审判辅助人员的职责分工问题，对当前进一步推进和落实司法责任制改革很有启发意义。“实务探讨”刊登自治区高级人民法院韦宗昆《适用责令退赔与追缴的几个问题探讨》等10篇论文，着重探讨了刑事案件中责令退赔与追缴的适用、职务犯罪案件自首认定、民事诉讼二审新证据认定、劳动者超期申请工伤认定、专利侵权中制造使用销售行为的认定、执行国有划拨土地使用权等审判执行实务工作中经常给法官造成困扰的问题，通过梳理、剖析疑难问题，力图为司法实践提供切实可行的操作方案。“司法论坛”刊登河池市中级人民法院韦兴惠《论刑事诉讼三元审判模式的构建——以审理盗窃类案件为视角》等6篇论文，这些论文研究视野广阔，站位很高，分别就法官形象塑造、刑事诉讼审判模式、民事认证方法思维、涉外案件外国法查明责任、居间合同报酬请求权、民事调解制度改革、行政协议之诉的司法识别等问题展开讨论，展示了广西法官对相关理论问题的思考成果，为中国法学理论繁荣发展贡献了“广西智慧”，对司法实践亦不乏指导意义。“案例分析”刊登自治区高级人民法院陆洪鸣《如何审查是否存在刑讯逼供和排除重复性供述——庄某某运输毒品案》等6篇案例分析文章。本刊将继续加大力度刊发各类案例分析文章，努力为下级法院提供审判业务参考，同时也欢迎各级法院法官踊跃发表新类型或具有普遍适用意义的案例分析文章，交流分享审判经验。“法徽闪耀”刊登南宁市江南区人民法院张菁《法律天平的忠实守护者——记全国模范法官、南宁市江南区人民法院副院长陈玉萍》等2篇纪实文章，分别记录了两位法院系统先进典型人物在工作生活中的平凡和不平凡的事迹。“法院文化”刊登的2篇作品，读来轻松、舒适，充满正能量，体现了广西法官“唯读书与旅行不可辜负”的健康生活态度。

我们坚持和发展中国特色社会主义，必须高度重视理论的作用，增强理论自信和战略定力。在全面推进依法治国取得重大成绩、中国特色社会主义法治理论繁荣发展的今天，司法理论研究工作需要牢固树立“四个意识”，进一步提高政治站位、拓宽理论视野、加强理论武装，不断推进理论创新和实践探索，为全面推进依法治国、建立公正高效权威的社会主义司法制度作出新贡献。

本书编辑部

目 录

Contents

司法论坛 / SIFA LUNTAN

案例分析 / ANLI FENXI

法徽闪耀 / FAHUI SHANYAO

法院文化 / FAYUAN WENHUA

改革前沿

量身定制：判决文书写作要素弥合与提质

——基于法官助理草拟裁判文书的思辨

莫国赵*

判决书是诉讼案件息诉的"终结命令"，也是司法产品的"名片"和法官论英雄的"本钱"。一份"优美"的判决书取决于作者本人学识、能力等因素的积累和运用。随着司法改革进入"深水区"，精细化管理、精准性审判已成为当今司法改革进行时的重要内容。判决书要成为当事人和社会各界人士感到满意的"法律公文"，其作者必然用尽所能把包括当事人在内的所有"读者"通过判决书的"同步录像"功能"全程回放"案件真相和法官裁判依据，从而得到当事人和人民群众的认可与支持。面对当今社会各界对判决书的"基本需求"，判决书的作者是否在司法改革"大考场"中做好了充分的应试准备呢？

判决书是整个审判活动的最终体现，其写作质量对反映审判质量、维护法院形象和树立司法权威作用很大。一份不合格的判决书对于法官来说是1%的失败，然而对当事人来说是100%的伤害。因此，对判决书质量永远都是"伤不起"。本文围绕法官助理在草拟判决书中反映出配套机制缺失、素质参差不齐和草拟文书质量不高以及管理考核滞后等实践困境展开探讨，通过建章立制，整合写作资源，优化写作结构，从而

* 河池市中级人民法院研究室主任。

实现判决书写作的“帕累托最优”效果，使法官助理在应对案多人少矛盾中锤炼能力，最终踏上精英化征途，以期抛砖引玉。

一、谁能写——判决文书写作主体的能力条件

确定判决书写作主体既有法律的规定，也是完成工作任务的需要。《人民法院第四个五年改革纲要》（以下简称《四五改革纲要》）规定法官助理在法官指导下草拟裁判文书，法官助理能否胜任？是否具有“自圆其说”的思维 和“趋利避害”的理性？审判工作是对形形色色案件“功过是非”的事后处理，追求“一锤定音”的效果。判决书是当事人高度关注和特别期待的群体，他们对文书用语往往是“逐字斟酌”，有的还将判决书作为今后解决类似纠纷或开展普法的样本。可见，判决书写作主体必须业务精通、素质过硬，并非人人都能胜任。

（一）员额法官——综合判断、心证成果

从司法工作性质来看，判决书要得到当事人认同并接受是衡量文书达标与否的重要因素。法官审理案件的过程中，根据双方当事人诉求并对照法律规定进行综合判断，在合理取舍利益和尽量满足不同个体间不同司法需求的基础上，形成自由心证，最后凭借良知有选择性地支持。对文字表述、证据论证以及判决说理法官是非常谨慎，既要迎合民意、减轻信访压力，又要防止案件上诉后被发改的情形，否则案件上诉或文书上网后，判决书还要接受上诉人和网民“攻击”及二审法官“挑刺”的现实。特别是法律专家、执业律师等法律共同体都是善于从判决书中“挑毛病”，“学者们总是习惯于用自己的偏好作为评断的标准。”[1]因此，法官往往为满足服务对象司法需求的多元化和流变性而“委曲求全”，并自觉地把他们作为潜在受众以寻求认同和支持。

（二）法官助理——身份来源多样、知识谱系不同

由于我国地域辽阔，东西南北差异大，法官助理改革模式亦呈现多样性与本土化的特点。本轮改革把法官助理作为法官队伍的“后备军”和“候选人”，由于对法官助理工作内涵、职权划分界定不清，与法官工作量、法院审级和部门案件权重等因素没有直接“绑定”，以及在没有经过严格筛选和考核程序的情况下进行人为划分、内部设岗。这种“一刀切”的岗位设置与司法实际需要、人才良性循环无法并轨运行，法官助理职业通道也比较封闭。

---

〔1〕 苏力：《判决书的背后》，载《法学研究》2001年第5期。

1. 法官助理来源渠道。一是身份“大转折”。曾经是法官因未入额而降为法官助理(以下简称“降格式”助理)。他们虽然工作能力强,但从案件决策者转变为业务助手后心理失衡、落差较大,“他们失去的不仅是手中行使的审判权,更是法官的身份,而这一身份本身就是相当明显的符号性利益损失”,[1]导致工作积极性不高,甚至出现“消极怠工”和“助而不理”的情况。如何管理、调配这类法官助理已成为现实难题。二是职务“委任制”。各地法院把编制内优秀书记员和行政人员直接任命为法官助理,以拼凑法官助理员额制人数,与当年助理审判员任命方式如同一辙(以下简称“翻版式”助理)。这类助理多数人学历偏低,缺乏职业转换资本,工作不挑剔,能力一般。三是人生“新启航”。经过择优录取高等院校毕业生为法官助理,也是各地法院任命法官助理的做法之一(以下简称“牛犊式”助理)。此类助理工作有激情,对薪酬要求不高,但司法实践少、实战能力弱,有的还变成书记员助理,帮助整卷归档、复印等工作。

从人数占比来看,笔者以Z省三级法院法官助理人数、年龄结构为样本进行调查,结果显示“翻版式”和“牛犊式”两类助理占助理总人数的“半壁江山”,与“降格式”助理人数基本持平。(如图1)

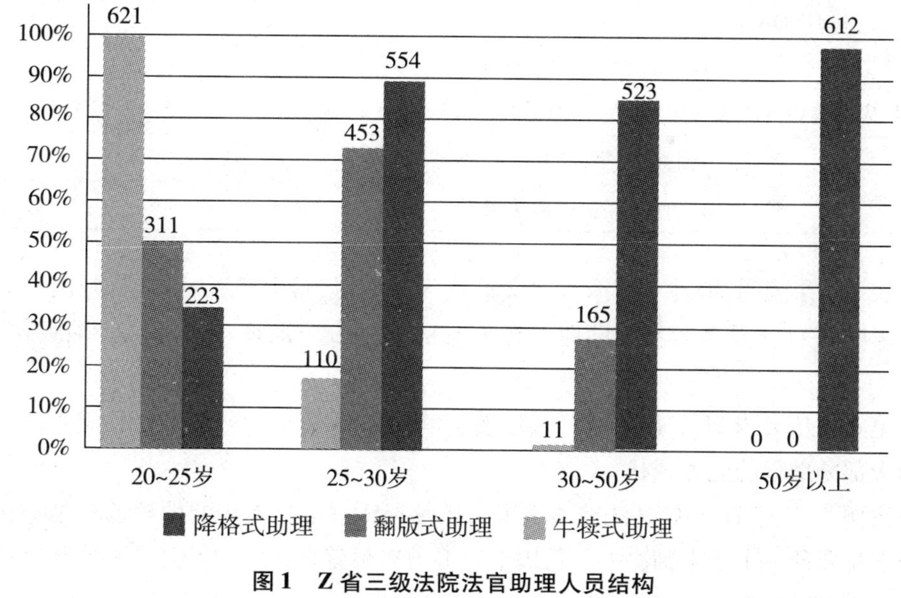

图1 Z省三级法院法官助理人员结构

〔1〕 陈永中、王鹏:《法官助理制度运行试点中的问题与应对》,载《人民法院报》2015年9月3日。

2. 法官助理能力现状。如前文所述,在尚未招录新人和淘汰旧人员的情况下,采取委任制方式任命法官助理,身份来源多样性、工作能力差异性和经历不同性的“多国部队”组成了我国法官助理队伍,因此外界对法官助理能否独立“掌勺”判决书写作表示担忧。从现实情况来看,“降格式”助理曾是法官,对判决书写作有经验和技巧,判决书写作没有难度;而“翻版式”助理和“牛犊式”助理因无法官经历,即使在法官指导下草拟判决书也会出现“独木难支”的情况,草拟的判决书因法官无法采用而被要求重写或法官被迫另写。这种工作的重复性不但不能给法官“减负增效”反而加重工作量,法官“排斥”或“闲置”助理在所难免。可以说,在改革初期判决书写作重任均以“降格式”助理为主,他们能否做得了?值得决策者和管理者深思。以下是笔者对Z省H市两级法院100名助理的工作情况进行问卷调查,内容以“最高人民法院在《人民法院法官助理管理办法(征求意见稿)》中规定法官助理职责”为准,属于事务性的工作不列入调查内容,结果显示如下:(如表1)

表1 Z省H市两级法院法官助理工作情况调查表

内容 \ 人数 \ 程度	难	易
审查诉讼材料,提出诉讼争执要点,归纳、摘录证据	1	99
庭前组织交换证据	0	100
代表法官主持庭前调解,达成调解协议的,须经法官审核确认	5	95
依法调查、收集、核对有关证据	0	100
根据法官的授意草拟法律文书	89	11

表1结果表明,助理对草拟法律文书认为最难写,其中又以一、二审判决书为最难。表中的11人认为容易的助理中有8人是“降格式”助理,有3人是“翻版式”助理。

笔者还从Z省H市P区和C县法院了解法官助理的两个案例,在一定程度上反映出大部分助理的能力现状。

案例一:Z省H市C县法院法官甲安排曾担任书记员多年的助理乙草拟一份涉嫌盗窃犯罪的一审刑事判决书。乙因书写能力有限就直接“全盘照抄”检察机关的起诉书当作判决书事实和判决说理内容,结果被要求重写。重写两次法官均不满意,最后由法官亲自完成。

案例二:Z省J市P区法院法官丙安排助理丁(从高校毕业生转任)草拟一份借

款纠纷案件的判决书，丁在写作判决说理时，基本上法官说一句他写一句，最后勉强过关。

综上，“翻版式”助理和“牛犊式”助理普遍存在对案件定性、法律理解不足，又缺乏判决书写作培训和实战训练，整个队伍在短期内对文书写作难以独立完成。

二、写什么——判决文书作者面临的矛盾

判决书不但是展现司法能力的平台，也是说服受众、满足当事人法律需求的载体。虽然判决书不能让所有当事人满意，但从司法公正来看，判决书要达到“认定事实清楚，适用法律正确”的要求，就必然做到案件事实概括全面、判决理由说理透彻、判决主文规范。按照最高人民法院2016年下发的《人民法院民事裁判文书制作规范》，民事判决书的结构有当事人基本情况、诉辩观点、诉讼焦点和案件事实、判决说理、判决主文、结尾等内容。（如图2）

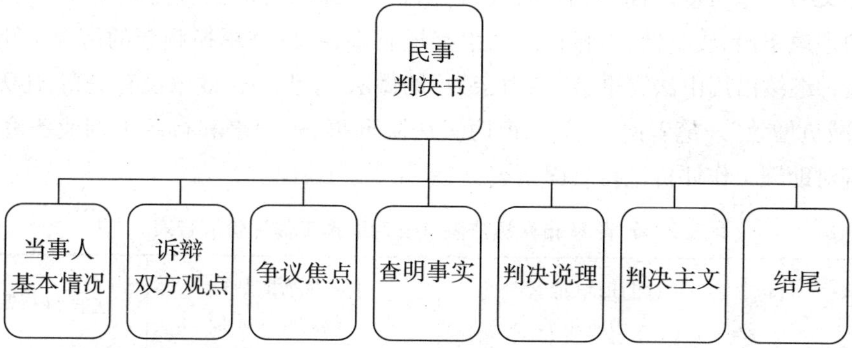

图2　民事判决书内容结构

在判决书结构中，判决说理部分是判决书的灵魂，是反映判决结果正当化、司法合理化和法律妥当性的重要指标，它与文书各部分是主与次的关系。（如图3）

一般来说，当事人从法庭是否“查清事实真相、认可其观点和判决结果基本满意”三个方面来评断和自己是否接受判决结果为切入点。判决书只查明“法律事实”，无法还原事实真相，其结果体现出客观成效，无法令每个主体都能在主观上满足。因此，要做到当事人及社会受众基本满意，判决书作者还面临以下矛盾。

（一）难言之隐：员额法官之无奈

1\. 助理能力“软弱化”与“减负增效”不匹配。法官员额制司法改革本意是让法官脱离事务性工作专司审判，让“法官更像法官”。在助理草拟判决书过程中，有的法

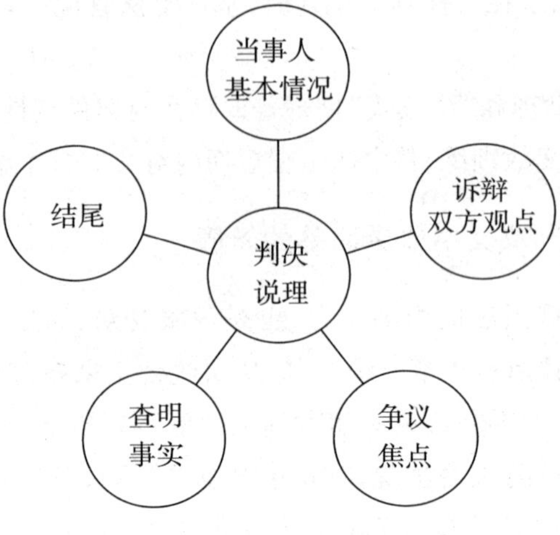

图3 民事判决书主次结构示意

官担心文书写作质量,对助理不"放权"仍由自己写作;有的法官是既指导又修改,或嫌弃助理效率慢、质量低,干脆自己动手都还省事,在助理更换频繁的情况下更是如此。这种继续沿用由法官事事"亲力亲为"的做法,不但工作效率没有提高,还无法给法官"减负增效"。笔者向Z省H市两级法院刑事、民商事和行政审判业务庭各80名法官对助理工作评价进行书面调查,结果如下。(如表2)

表2 Z省H市两级法院法官对助理工作评价调查表

项目 类别	对助理草拟裁判文书质量放心	对助理草拟裁判文书修改率30%以下	法官自行写作
刑事	9	21	75
民商事	11	35	69
行政	15	31	62

可见,刑事、民商事、行政"三大审判"案情复杂,判决书写作要求高,目前助理队伍还无法全部胜任工作。

2. 助理管理松散与法官评价不同步。从社会管理学的角度看,加强管理才能保证工作运转有序高效。面对法官助理管理考核等刚性约束机制缺乏,法官对助理的"消极怠工"行为除了要求更换或将助理"晾在一边"之外再也没有更好的办法。在当前法官助理人数普遍不足的情况下,法院不会随意更换,"炒鱿鱼"更不可能。从而助长个别助理"我行我素"的风气,有的还将"包袱"甩给法官,导致法官与助理之间的工作裂度越发增加。正如“1名法官搭配1名心怀怨念、待遇降格、等级停摆的前法官,除非这位助理近3年内还有入额可能,否则工作效率只会1+1<2”[1]。由于助理能力整体不高,有的法官即使更换也未必得到满意的助理,因此能力强的助理是法官之间相互争夺的“抢手”人才。

3. 法官重复劳动与树立司法权威不连线。近年来,我国各地法院受理案件数量一直是“高烧不退”,而审判力量与案件数量未能同步增长,人少案多矛盾加剧。不少地方法官工作都是“三点一线”式,当年的“特权思想”早已“荡然无存”,取而代之的是“职业麻木感”与日俱增,工作按部就班无创新,每天只求尽早“清零”手头工作任务。法官的这种工作状况被业外人士称为司法流水线的“工人”。然而,法官“民工化”影响或亵渎了法官的尊严和司法权威性。

(二)难得两全:法官助理之困惑

1. 工作辅助性与行使审判权相矛盾。我国的“理论与实务界多数观点倾向于将法官助理定位为法官的助手,在法官的指导下完成审判辅助性工作,但不具有审判权的人员”。[2] 尽管法官助理是协助调解和草拟裁判文书,显然还是属于审判权的工作内容,与“审理者裁判,裁判者负责”理念相违背。还有观点认为法官与助理职责应当是“井水不犯河水”,如果允许职能交叉反而成为未来我们解决类似问题的掣肘。

2. 写作精准性与限制出庭相抵触。庭审是还原案件过程和分清是非的场所。在各级法院庭审中少有甚至没有设立法官助理出庭职位,法官助理如果没有亲历庭审“战场”,是无法全面了解案情,仅从当事人诉状(答辩状)进行纸上谈兵,就会缺乏把握案件事实的坚实基础,不但叙事说理不贴近实际,还让“以审判为中心”流于形式。正如学者所言,“案件事实是法官从诉讼双方的诉辩中总结出来的,从诉讼双方的辩论中听出的,是法官通过调查和发问挖出来的。”[3]

3. 事务繁重性与待遇偏低相碰撞。法官助理从事审判辅助性工作,工作量大、项目繁多,薪酬待遇却远不如法官,就连他们之间也因身份和部门案件权重的不同出现同工不同酬现象,这与法院追求公平正义理念格格不入。尽管在薪酬分配上有的法院是通过绩效奖等竞争手段来激发法官助理的“革命斗志”,但不排除“奖金”在操作

---

〔1〕 何帆:《美国法院如何配置“员额”外法官》,载 http://www.360doc.com/content/15/0831/23/22551567_496134863.shtml,最后访问时间:2017年5月15日。

〔2〕 吴思远:《法官助理制度:经验教训与难题突破》,载《法律适用》2016年第9期。

〔3〕 胡云腾:《裁判文书的说理艺术》,载《法制日报》2007年6月17日。

中因同事感情或鼓励助理多干事等现实因素而被“共产”的可能性。这种不重视基础性工作而盲目追求精英化本身存在本末倒置之嫌，加上职业前景模糊、晋升渠道狭窄和管理考核方式不科学等，助理队伍存在观望或消极心理，工作得过且过，致使法官助理制度在实践中发生扭曲和异化。

三、怎么写——判决文书写作要素弥合与路径设计

确定法官助理作为草拟判决文书的主体不是简单的工作分配，而是作为判决书写作的补充力量，是落实为法官“减负增效”要求的内容之一。只有全面掌握案件事实，并善于在去伪存真中整理出适格案件事实的内在逻辑关系，才能提高判决书质量。因此，判决书写作应当遵循表述与交流双向反馈的原则，保证能够符合案件实际情况，又符合法律的相关规定，并满足当事人既追求审理结果，也知晓推理论证过程的心理需求，做到以理服人、以法服人。

（一）整合力量：原则性与灵活性之结合

在“案多人少”愈演愈烈的新常态下，法官需要输出有效率的正义，助理应当全力协助法官完成繁重的审判任务。如前所述，判决说理部分是判决书的核心，属于案件的判断权，必须按法律和程序进行。法官是法律的化身，承担判断职能的主体只能是法官而不是其他非司法主体人员，因为司法权具有专属性，不可转授，否则则违背了司法权的判断性质。在坚持法官主导判决书写作的同时，还采取原则性与灵活性相结合，将助理在法官指导下草拟判决书规定变成“法官+X”的联盟写作模式，建立判决书写作“动车组”，根据法官和助理的职责、能力情况合理分工，由法官负责判决说理部分，余下内容（即当事人概况、诉讼主张、案件事实等不涉及案件判断权）由助理完成，最后以“零存整取”方式完成整篇判决书。既符合案件判决权由法官行使的要求，又回应学者及实务界寄希望于法官助理能够为审判带来新观点新思路。从改革目标来看，采取“法官+X”式写作是攻克现实困境的有效之策，是法官助理的价值所在，是借鉴“限权法官”做法并转化的体现形式。写作中，关键是法官和助理要充分沟通，保证判决书各部分之间相互关联，融为一体。“若法律界内部沟通交流尚且障碍重重，各法律职业在司法过程中应有的配合与制约必然演化为不配合与难制约，法律职业共同体与外界的交涉能力必然弱小，更难言司法独立。”从现实情况来看，各地当事人对法律的理解、文字接受能力以及习俗均存在差异性，采取“法官+X”式写作，让法官的“法言法语”等专属性表达与法官助理的“平民化”表述均得到发挥，既让法律用语有“用武之地”，又使“平民化”表述不因用语过于专业性而给当事人造成语言

压迫,两者相得益彰。如美国联邦最高法院的法官助理就是从最初的缓解办案压力,发展为获得将自己的法律见解写入判决并成为法官的机会。[1]

(二)因人施策:法官助理能力提升之对症

应当看到,法官助理在不同层级法院的职能定位、工作侧重点均有不同,比如中基层法院因受理大量简单的案件,法官助理的事务性工作要比高级(最高)法院法官助理所从事的研究性工作要多一些。尽管实行委任制符合当下我国法院管理体制,但从法官助理长远发展来看,还应当采取"以岗定责"方式,明晰法官助理职责范围,打破现行助理来源渠道,打通职业壁垒,体现法官助理制度的价值追求。

1. 回归本位——"降格式"助理。一是特点。此类助理觉得自己是司法改革的"试验品"和"牺牲品",在司法改革中被冲击最大的群体,工作缺少热忱,任务勉强完成,心思游离,有的把工作仅视为谋生手段。二是对策。借鉴"限权法官"[2]制度,助理在法官指导下协助案件调解和完成简单案件裁判文书写作任务,既缓解人案矛盾,又发挥他们优势,使他们通过劳动获得社会尊重,从而参与和支持改革。

2. 提升能力——"翻版式"助理。一是特点。身份从审判"旁观者"到"实施者",业务从熟悉到新领域的转变,知识谱系比较零散和碎片化,胜任工作需要一个过程。二是对策。坚持边实践边学习,通过与法官的磨合、修正而不断成长。

3. 深入实践——"牛犊式"助理。一是特点。学历高,有长远的事业规划,到法院工作目的为今后发展作跳板,往往履职不长,一旦有适合的岗位便另谋职业。二是对策。坚持"来去自由"原则,不能采取"土政策"限制离职,多提供实践机会培养他们的法治思维,提升工作质效和价值判断,以法官标准规范他们的行为。

(三)完善制度:工作机制不足之修正

1. 构建法官助理参与案件庭审制度。庭审是诉讼活动的核心环节。法官对证据认证、事实认定和判决说理都来源于案件的审理活动,"一个重视开庭、善于开庭的法官往往是关于说理的法官,而一个不重视开庭,甚至认为开庭是走过场的法官,往往

[1] Tcdd C. Peppers, Courtiers of the Marble Palace: The Rise and Influence of the Supreme Court Law Clerk, p. 12.

[2] 限权法官是与全权法官相对的概念,其在全权法官授权或监督下行使部分案件的调解权与裁判权。限权法官最为典型的例子是美国的治安法官(magistrate/justice of the peace),其不是真正的法官,而是"准法官"。通常设置在基层法院,在诉讼中享有非常严格和明确的权力,包括举行预审、决定保释、接受有罪答辩以及对小额诉讼案件、轻微刑事案件作出裁判。

不善于说理。"[1]可见,庭审环节与判决书制作密不可分,相辅相成。法官通过判决书载体向社会输出规则和从社会导入价值功能的最好体现。而助理是法官向社会传递裁判思维、司法理念以及了解社会的最好沟通媒介,由助理撰写判决书也是适格的群体,故应当为助理创造必要的工作条件,如在庭审场所设立专门职位,方便他们通过参与庭审全面掌握案情,为文书写作打好基础。

2. 完善法律"学徒式"[2]法官助理模式。法律学徒在我国已有雏形,只要完善并运用即可。高等院校毕业生可通过向聘用法院申请为法律"学徒式"法官助理,作为编制内法官助理的有益补充。他们具有新鲜法律人以及知识结构、思维开放性的特点,恰好弥补了编制内助理思维的封闭性。同时,发挥好他们的求知欲望和工作热情,鼓励他们大胆提出个人见解,为法官提供涉案相关的最新学术研究成果。

3. 建立法官助理定期培训制度。鉴于各种原因,法官助理接受培训少,无法满足业务工作需要。笔者对Z省H市两级法院100名助理近五年培训情况进行调查显示,一年接受培训一次有16人、二年接受培训一次有56人、五年接受培训一次有28人(如图4)。因此,对法官助理培训工作需要全盘规划,强化培训工作,培训内容"随行就市",把法官助理培养成为"写作达人"。在培训方式上,可探索与高校法学教育相衔接的路径,不断提高助理业务水平。

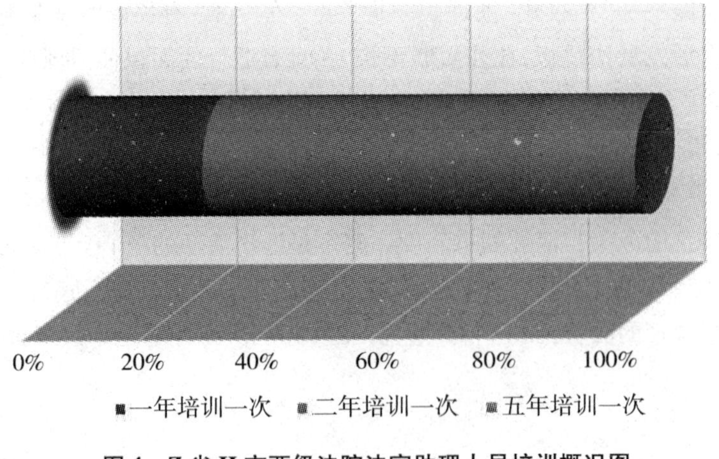

图4 Z省H市两级法院法官助理人员培训概况图

---

〔1〕 胡云腾:《裁判文书的说理艺术》,载《法制日报》2007年6月17日。

〔2〕 法律"学徒式"法官助理是指不占行政编制的聘用的"短期过渡型"审判辅助人员,工作职责、内容与编制内法官助理并无多大差别。

(四)精准审判:责任和效果最大化之互动

判决书采取“法官 + X”的写作模式,有人认为判决书结构松散,不如“单人”式(法官或助理单独完成)严谨。笔者认为,“单人”式总有“单枪匹马”的劣势和缺陷,而“法官 + X”式中由法官行使案件判断权正体现司法的本意,助理负责除判决说理部分外的写作内容,还能够增加专业性与民众可接受性、可读性的色彩,让冰冷的判决书多一些温暖,对此“学者们也多呼吁运用语言去抑制专业化带来的语言暴力”[1]的呼声。“法律人必须有更深远的眼光,看到判决书背后的因素,努力予以描述和解说。”[2]法官不应脱离法律去寻求事实认定的正当性,否则就是对法治理念的背反。对于当事人来说,纠纷得到公正高效解决是最大的愿望,因此法官应当针对不同案件采取不同的审判方法,做到精准审判,比如在审理相邻、离婚案件时,有的事实不能查得“水落石出”,否则当事人会“较真”到底,这是审判工作的禁忌。因为“案件叙事建构很难找到一个客观标准,不过通过交流理性与对抗程序机制来达成共识,形成裁判事实或许是反映客观真实的一种较好的途径”[3]。面对法官助理草拟判决书相关配套机制和助理职业保障机制缺失,我们应当坚持以人为本,防止因工作模式或分工不合理而陷入制度运行的困境,也避免法官助理因流动过大造成工作被动,以及出现法官热、助理冷和有能力的助理“不愿干”、无能力的又“干不了”的现象。

由法官助理负责判决书部分内容写作并不是审判质量向审判效率的妥协与让步,而是法官与助理共同对法律负责和科学分工的纵深演进。《四五改革纲要》提出由法官助理草拟裁判文书仅仅是“序曲”而已,如何演奏出精彩的曲目,既依靠全体人员共同配合,又要对演奏过程中的问题进行“对症下药”,方可“药到病除”。当然,判决书内容包罗万象,案情错综复杂,仅凭提升法官助理能力和判决书分散写作就能够提高判决书及审判质效也并不现实,不免落入一蹴而就的理想主义窠臼之中。应当坚持传统与创新、原则性与灵活性相结合,充分考虑各个要素的特点和优势并有针对性地施策,才能破解现实之困。

---

〔1〕 [美]约翰·吉本斯:《法律语言学导论》,程朝阳、毛凤凡、秦明译,法律出版社2007年版,第45页。

〔2〕 苏力:《法条主义、民意与难办案件》,载《中外法学》2009年第1期。

〔3〕 赵朝琴:《司法裁判的现实表达》,法律出版社2010年版,第118页。

合议庭评议功能实现之反思与路径探索

——以群众决策心理学理论为分析工具

韦兰情*

合议庭作为人民法院的审判组织之一，在代表国家行使审判权方面发挥着重要作用，其内在价值的有效发挥是审判权得以理性运行的基础与保障。以合议庭形式进行的合议制〔1〕是合议庭成员集体进行的一种群体决策行为，其作为合议制裁判的必经与核心环节，其运行现状与效果差强人意。尽管《最高人民法院关于人民法院合议庭工作的若干规定》（法释〔2002〕25 号）以及《最高人民法院关于进一步加强合议庭职责的若干规定》（法释〔2010〕1 号）对合议庭相关制度作出了原则性规定，但实践中存在问题颇多，“陪而不审”“合而不议”现象突出，不利于合议庭评议功能的发挥以及公正司法的实现。因此，本文尝试独辟蹊径，从群众决策心理视角来探寻其中症结并提出解决之道。

一、问题提出：合议庭评议功能实现受限之原因

合议庭评议是人民法院依照法律之规定，由审判员、人民陪审员组成的合议庭成员对案件的事实问题与法律适用问题集中进行评议的一个过程，是合议庭成员集体进行的一种群体决策行为，符合群体决策的一般规律。与独任制的个体决策相比，具有独特的功能优势。合议庭评

---

* 河池市宜州区人民法院民二庭书记员。

〔1〕 以合议庭形式进行的合议制是指多人参与、集思广益、共同裁判的集体决策机制。参见刘峥：《我国合议庭评议机制的检讨及完善》，载《人民司法》2008 年第 21 期。

议是民主原则在审判实践之中的最好体现,通过吸收其他审判人员以及陪审员直接参与审判,集结众人思维与智慧,使得决策结果更具民主化特性,并与实体公正更为接近。[1] 此外,通过群体决策还可强化法院裁判的可接受性。通过合议庭成员之间的相互交流、辩驳来对裁判结果进行一定程度上的校验。[2] 特别是最高人民法院提出要将裁判说理水平作为考评法官业绩之一,[3]那么作为裁判说理基础的评议意见如何规范将成为更深层次的问题。审视我国合议庭评议运行现状可知,其相对于独任制而言并未显示出应有的功能优势,仍存在诸如"审而不议""形合实独"等突出问题。反思阻碍合议庭评议功能实现的原因,有助于找到病灶之所在并对症下药。

(一)决策目标模糊

就合议庭评议而言,决策目标即成员之间评议的内容与事项。《最高人民法院关于人民法院合议庭工作的若干规定》第5条第4款规定了合议庭的职责之一为评议"案件"。此规定过于笼统模糊,缺乏指导性。"案件"涉及方面广,实践中各地法院对此理解与适用不一,有些法院认为应包括事实问题与法律问题;有些法院认为除了前述问题之外,还应包括程序问题以及定性问题等,是否所有与案件相关的细节均需纳入合议庭评议范畴不甚明确。这种决策目标的缺失或不明极易导致评议偏离原预定方向,将与案件无关的其他事项纳入评议范围,从而偏离评议主题,评议行为本身也难以得到有效引导,导致评议目标偏差,亦达不到评议之最终目的。

(二)群体思维过强

受中国传统伦理准则的影响,合议庭成员之间无意将集体主义作为其评议案件的规则,认为只要不违反逻辑和社会通念,裁判结果的产生过程则显得不那么重要。[4]近年来在全国各地法院推行的案件承办人制度以及固定合议庭的做法,更是加剧了群体思维的形成风险。非承办人基于制度设计的压力参与评议,加之受行政化运行体制的影响,极易产生屈从权威的思想。特别是在庭长或者是院长作为审判长或承办人的合议庭评议中,这种屈从权威的思想更为明显。[5]合议庭成员为了保

〔1〕 周安平:《许霆案的民意:按照大数法则的分析》,载《中外法学》2009年第1期。

〔2〕 张尚谦:《"系统论"范式下的司法政策功能定位及其运用》,载《法学杂志》2011年第2期。

〔3〕 详见《最高人民法院关于全面深化人民法院改革的意见》第34条的规定。

〔4〕 杨仁寿:《"法与现代精神"困学录》,载《司法周刊》2015年第1731期。

〔5〕 [美]彼得·布劳、马歇尔·梅耶:《现代社会中的科层级》,马戎、时宪明、邱则奇译,学林出版社2001年版,第134页。

持因相关性形成的结构以及互动，很多非承办法官不敢或不愿展示自己的真实想法，[1]成员之间的差异演变为表象上的一致，合议庭群体思维由此形成。另外基于规避职业风险之需要，如果合议庭当中的异议者坚持己见，则需要承担一定的个人责任风险，亦需要付出更多的人际关系成本。[2] 因此异议者们通过放弃自身主张将个人责任归入群体责任中，以继续维护群体身份。[3]

（三）交互方式不明

《最高人民法院关于人民法院合议庭工作的若干规定》第2条、第10条以及第11条分别就合议庭审判长的产生方式、合议庭成员的发言顺序、表决方式以及固定评议过程的载体等作出了规定，这些规定均涉及群体交互的核心问题，从群体交互组织者的产生到交互过程的展开等，均符合群体交互的基本原理。但在实际运行中出现了一定偏差，主要体现在上述规定原则性强，缺乏具体、可操作的规范以及交互步骤；对于成员之间出现的决策不一致的情形更是没有设置一套完整可行的分析讨论程序，从而导致成员之间的信息交互出现了一定的屏障。合议庭中的非承办法官对案件了解不多，导致合议庭成员之间信息的不对称，成员之间没有就决策进行修正，亦没有比较、穷尽现有决策，从而致使合议庭评议功能优势被掩盖。

（四）决策主体能力低下

合议庭裁判决策能力的高低直接取决于决策者自身素质的高低。[4] 根据《最高人民法院关于人民法院合议庭工作的若干规定》第1条之规定，我国的合议庭由法官或者由法官和人民审判员组成，意味着可以参与合议决策的仅仅包括法官或人民陪审员。《法官法》第9条规定了法官的任职条件，从规定年满23周岁，具有法律知识并从事法律工作满一年或二年的条件来看，对于法官的年龄以及工作经历的要求未免偏低。司法判决最终仍然是基于法官的价值取向而作出的判决，而这种判决因法官不同而不同。[5] 而美国现实主义法学在分析个人特质对判决的影响后，认为个人的经历、社会环境乃至潜在意识、预感、直觉等决定了其在判决中的倾向性。[6] 另

---

〔1〕 林劲松：《我国合议庭评议制度反思》，载《法学》2005年第10期。

〔2〕 龙宗智、袁坚：《深化改革背景下对司法行政化的遏制》，载《法学研究》2014年第1期。

〔3〕 JaniIL, *Victims of groupthink: A psychological study of foreign – policy decision and fiascoes*, Boston: Houghton Miifflin, 1972.

〔4〕 陈瑞华：《法官责任制度的三种模式》，载《法学研究》2015年第4期。

〔5〕 David Kairys, The Polities of Law, 1982, p. 15.

〔6〕 J. Frank, Law and The Modern Mind, in: *Lloyd's Introduction to jurisprudence*. pp. 680 – 682.

外,在吸收人民陪审员组成合议庭的案件评议中,上述问题同样存在,《人民法院组织法》以及《全国人民代表大会常务委员会关于完善人民陪审员制度的决定》中规定了陪审员的年龄与学历条件。但不容忽视的事实是,人民陪审员较之法官而言,其在专业知识能力方面的欠缺显而易见,虽然吸收人民陪审员参与案件评议体现了司法民主的要求,但实践中往往沦为法官个人意志的陪衬。

(五)外部环境干预

合议庭评议不可能在一个闭合的空间与环境中进行,评议出现的冲突不仅表现在合议庭内部成员之间的决策不一上,还表现在外部环境对评议过程与结果的干预之中,这种干预有时表现为隐性干预。然而,在中国的权利运行体制中,《宪法》虽然明确了人民法院拥有的独立审判权,但需要注意的是,法院独立并不等同于法官独立,这种独立在实践中实际上更多地表现为人民法院作为整体的独立。[1] 美国法学家理查德·A. 波斯纳曾在不同场合指出:法治指的是一种制度建构,这一制度主要是指独立的司法机构。[2] 但实践中法院要接受外部机关的指导或监督,而这种指导或监督的方式法律规定不甚明确。因此合议庭成员在评议案件时容易受到直接的外部心理强制,或者是由于院长、法院所在地的县(市)委领导对案件作出所谓"批示",而承办法官乃至合议庭成员基于自身职业风险承担等方面的考虑不得不违心作出决策裁判。另外,由于媒体对司法的监督缺乏统一规范,如果一个案件在没有作出裁判之前受到媒体的不当干预,则合议庭评议的功能优势不仅难以正常发挥,且合议庭成员出于维护良好稳定的外部关系的考虑,进行营造良好外部关系为导向的冲突管理,从而作出低绩效水平的决策行为。

综上所述,通过审视合议庭评议功能实现受限之原因,如何充分发挥合议庭的评议功能,真正实现其价值所在成为当前亟待解决之问题。合议庭评议作为形成裁判结果的重要基础与依据,涉及诸多因素,以群众决策心理学理论为工具分析,可以帮助找寻一些合理路径。

二、分析框架:以群众决策心理学理论为工具分析合议庭评议功能之实现

群众决策心理学属于决策心理学范畴,其作为管理心理学的基本组成部分一直备受重视。近年来受到认知心理学的影响,逐渐发展为一门独立的理论,其在群体决

---

〔1〕 陈卫东:《司法机关依法独立行使职权研究》,载《中国法学》2014年第2期。

〔2〕 Richard A Posner, *Law, and Legal Theory in England and America*, Clarendon Press, 1996, p. 35.

策研究与应用中发挥着重要作用。理论界关于群体决策判断的心理学主要有几种理论模型,本文主要以群体判断决策过程为理论分析工具,着重研究与分析群体决策判断过程的特点以及决策之方式。群众决策心理指的是决策者们为了达到既定目标,通过科学决策以及论证,从而得到最优方案的分析判断过程所产生的心理现象。以群众决策心理学理论为工具分析我国合议庭评议功能之实现需要遵循群众决策的一般规律,亦需跳出原先恪守的通道,从原有的纯粹规范性的理解范式中注入心理学机制。[1] 群众决策属于多门学科共同研究的对象,视角不同,对其认识与理解亦不一,本文侧重从社会心理学维度对其进行分析。合议庭通过单个个体之间的某种联合以达到最优化的决策结果,它不是个体决策的简单相加与平均。[2] 具体到合议庭评议层面,它不是合议庭成员个人智慧的简单相加。群体决策过程亦是一个复杂之过程,其决策结果受到多方因素的影响。尽管现行合议庭评议过程并不完全满足群体决策的特征,但是探讨合议庭评议功能的实现必须以一个完整且理想的群体决策为视角。

(一)评议之情境设定

合议庭对一个案件进行评议之初,主要受以下三方面的牵制与影响:首先,决策者即合议庭成员在评议时会根据任务的不同而调整决策策略。当合议庭成员面对自身熟悉的案件时,往往容易依赖其思维定式以及经验定式来对案件相关事实问题与法律问题进行评议与判断;当合议庭成员面对一些较为新颖或是更为复杂的案件时,往往不得不对此作出更多的思考,成员之间的交流亦会更为密切与频繁。成员据此在决策过程中构建新的知识框架,[3] 此种情形下合议庭成员之间的信息交互则处于较高层面,从而对于决策结果的质量等方面亦产生直接积极的影响。其次,清晰明确的决策目标是有效决策的前提与基础。具体到个案,合议庭在评议事项时应当将诸如证据采信、事实认定、法律适用以及其他一些重要的程序性事项,如是否采取诉讼保全,是否采取妨碍诉讼程序进行的强制性措施等加以考虑确定。最后,由于合议庭多样化的社会特征,在评议过程中不可避免地出现由于信息掌握能力、处理能力以及决策能力的迥异而带来的差异,从而在主观以及客观方面影响着决策的质量效果。

(二)评议之核心所在

群体决策之核心主要在于确立群体认知之过程,按照群体决策理论,群体认知的

---

〔1〕 [德]卡尔·拉伦茨:《法学方法论》,陈爱娥译,商务印书馆2003年版,第317页。

〔2〕 [法]古斯塔夫·勒庞:《乌合之众——大众心理研究》,冯克利译,广西师范大学出版社2007年版,第45~46页。

〔3〕 杨凯:《审判管理理论体系的法力构架与体制机制创新》,载《中国法学》2014年第3期。

确立实际上需经历四个关键步骤:一是形成个体认知。合议庭成员根据自身所掌握的案件信息、认知水平、知识结构等对案件形成内心确信,[1]并在决策过程中加以提供信息,合议庭在评议案件时可以根据成员个体所提供的多方位及多角度信息、方案进行比较、甄别,从而得出较为优越的决策方案。二是信息交互。这是群体决策形成的中心环节。有效的信息交互依赖于清晰明确的决策目标及决策任务。合议庭成员根据决策目标适当调整、修正自身的方案,并采取各种方式与其他成员之间进行信息交互,信息在交互过程中得以有效剔除与保留。当然在此过程中需排除趋同从众、权威服从等负面心理机制的干扰与影响,避免形成危害司法公正与效率的"投票交易"之局面。[2] 三是集结决策偏好,即合议庭的表决规则。在此方面,英美法系国家与大陆法系国家做法不一,前者主要采用一致同意之规则,而后者则采用复杂多数规则。《最高人民法院关于人民法院合议庭工作的若干规定》第10条第3款、第11条规定了我国合议庭的表决方式以及表决规则,即合议庭成员以口头表决的形式对评议结果进行表决,采用的是简单多数的规则。[3] 简单多数规则在一定程度上降低了得出决策结果的成本风险,较之其他表决规则亦更易得出表决结果。但不容忽视的是,在具有多个表决意见的评议情景之中,简单多数规则难以解决意见分散之问题。四是确立群体认知。这是群体决策行为的最后一步。确立群体认知表明合议庭成员已经就个案进行了综合分析、决策、信息交互等,按照演绎归纳法之步骤确立大前提、小前提对个案进行了判断与决策。自此,决策行为基本完成。

(三)评议的内部评价与执行

当次决策行为完成后,合议庭成员会继续对其他的个案进行决策评价,按照上述规则对个案进行新一轮的定位与信息交互。按照决策心理学机制理论,决策者即合议庭成员在完成当次决策后,希望见证决策结果的后期执行。就合议庭成员而言,不仅是对自身决策结果的一种反馈,更多的是可以激励合议庭成员更好地完成下一次决策任务。决策者中的每一个人基于自身责任之考虑,往往会对自身的决策行为形成内心确信与评价。[4] 因此,合议庭成员更有动力促使决策结果的实现,如将后期执行实况及时告知合议庭成员。如此,既促进了执行本身的实现,亦激发合议庭成员

---

〔1〕 陈荣宗、林庆苗:《民事诉讼法》,台北,三民书局股份有限公司1996年版,第78页。

〔2〕 [美]理查德·A.波斯纳:《超越法律》,苏力译,中国政法大学出版社2001年版,第144~146页。

〔3〕 左卫民、汤火箭、吴卫军:《合议制度研究——兼论合议庭独立审判》,法律出版社2001年版,第55页。

〔4〕 庄锦英:《决策心理学》,上海教育出版社2006年版,第128页。

再次进行决策的热情。

（四）评议的外部绩效

群体决策行为结果的作出必然受到外部环境的影响与评价，主要包括刚性绩效与柔性绩效。前者衡量标准主要是以法律规范本身作为参照，如合议庭成员在评议案件时是否“以事实为依据、以法律为准绳”、是否综合各方证据清楚认定案件事实等；后者主要来源于人民法院外部力量对案件决策所进行的主观评价，这种外部力量主要包括案件当事人本身、社会公众、新闻媒体等。从不同角度对案件决策结果进行评价与感受、反馈，积极、正面的绩效将有利于激发合议庭成员建立职业荣誉与决策自信，促进下一次的合议庭评议行为；消极、负面的绩效将在一定程度上影响着合议庭成员的决策积极性与职业自信。

三、路径探索：合议庭评议功能实现之规则设计

根据上文所述可知，通过完善合议制本身规则不能完全解决我国现行合议制存在之问题。合议制最根本的价值在于为群体决策提供一个验证机制，通过这种机制，最终的决策将被处理成一个合理的、公正的、可接受的解决方案。〔1〕

（一）完善评议情境之规则

如前所述，一个完整的评议情境需要具备三个方面的条件：

第一，保证决策任务的适当复杂性与新颖性。这是完善评议情境的前提条件。在我国合议庭成员相对固定的大趋势背景下，如果合议庭成员接手较为熟悉的案件，容易依照思维定式与经验定式加以评议。对这种决策任务单一的案件本身而言，容易挫伤合议庭成员收集信息的积极性，因此应当限制合议制的适用范围。特别是基层法院，应以适用简易程序为原则，只有案情复杂的案件方适用合议制程序进行审理。如此，通过适当加大评议案件本身的难度，提高评议过程中信息交互能力，不失为一种有效的尝试。〔2〕

第二，明确决策的具体目标。设置不同的集结规则，就个案而言，合议庭评议所要达到的目标必须是明确、唯一的，如此可有效避免表决随意性、社会倾向性的出现。在我国，各地法院虽有制定相应的合议庭评议规则，但多数规则原则性与概括性强、

---

〔1〕 晋松、吴美来：《合议制决策功能的实现模式及其完善——兼对合议庭独立审判权的现实解读》，载《法律适用》2011年第1期。

〔2〕 张雪纯：《合议制裁判研究》，法律出版社2013年版，第128页。

可操作性低,规定均较为笼统。因此,在立法上须明确与细化合议庭评议时的中心目标,明确此次评议所要解决的具体问题,如此方能更具可操作性与指导性。就合议庭评议而言,决策目标主要包括作出判决、裁定以及决定的具体事项。在我国三大诉讼程序中,以民事诉讼为例,根据不同的诉讼标的设立不同的决策目标。且需按照证据采信、事实认定、裁判或决定结果的顺利进行,缺少任何一个环节都不是一个完整的评议过程,应当剔除那些不必经合议庭评议的事项如鉴定、评估程序的决定等,以保证评议的效率。

第三,组成多样化的决策群体。合议庭人员的相对固定化导致成员之间认知的单一性较为明显,成员之间的相关性较高,其在知识背景、决策能力等方面较为接近,从而影响了决策绩效。因此,在司法实践中可逐渐摒弃合议庭成员固定的做法,决定适用合议制审理的案件则随机组成合议庭,包括吸收陪审员在内的情况亦如此,且注意搭配具有不同审判经验的法官与具有丰富社会经验的陪审员,从而在评议过程中通过信息交互吸收不同经验,充分发挥不同个体认知优势,达到完整评议之目的。

(二)完善评议过程之规则

在当前实行承办人制度之情况下,要强化承办法官的办案责任心,使合议庭成员能够平等地参与评议并获取对等信息。评议过程需遵循多方规则:

首先,提高评议成员的个体认知能力与水平。个人认知的形成不仅受到个体经历的影响,还依赖于评议成员个体在评议前对评议案件的了解程度,因此应当从评议成员即法官或人民陪审员的任职条件入手。根据前文所述可知,我国法官的任职资历条件与年龄条件普遍偏低,很多法官从法学本科毕业到法院从事工作两年后即被任命为法官,其在社会经验、阅历、法律知识等方面与资深法官相比存在明显差距,[1]直接导致了个体认知能力的偏低。故而,建议适当提高我国法官任职资历条件以及年龄条件,可以考虑大学本科毕业从事法律工作至少7年以上,硕士研究生毕业从事法律工作至少5年以上,博士研究生毕业从事法律工作至少3年以上,而年龄限制建议设置在30岁以上,在保障具备较为丰富的实践经验之后方可任命为法官。当然,上述条件的制定与出台,需要经过充分的实证调研。另外,需加强对法官的在职培训。不断更新其相关领域的知识,提高解决实际问题的能力,从而有效提升决策水平与能力。[2] 而在吸收人民陪审员组成合议庭的情况下,要注意明确人民陪审员

---

〔1〕 王申:《法官的实践理性论》,中国政法大学出版社2013年版,第535页。

〔2〕 刘家琛、钱峰:《司法职权配置的探索与实践》,法律出版社2011年版,第108页。

参与裁判的功能定位，可以参照国外做法引入专家陪审制，对于案件当中的专业性问题，引入该领域的专家参与评议决策，避免固定化趋势的出现。

其次，规范合议交互方式。通过此方式为形成群体决策提供前提，实践中为了避免信息交互的无序以及权威屈从现象的出现，应针对性地管理与把控整个信息交互过程。具体而言，在相关立法中明确合议庭成员的发言顺序：保留原有关于承办法官的现行发言之规定，承办法官对认定案件事实以及适用法律问题等发表意见，有人民陪审员参与评议的案件中，则由陪审员接着发表意见，最后由审判经验较为丰富的审判人员发表意见，提高决策效率。

最后，制定分层、多元的偏好集结方法。我国合议庭采用的是简单多数的表决规则，这在表决方案单一之情况下彰显其价值所在，但在合议庭评议过程中难免出现多种意见的情况，则易陷入“表决僵局”。对于无法形成多数意见的情形，合议庭应当理顺其中分歧的原因并就此重新表决，仍持不同意见的应当再次进行表决。当然从评议效率本身而言，这样的重复表决不应当允许多次出现，当进行二次表决仍无法形成多数意见时，则按照法定的集结规则处理，并寻求解决“投票悖论”的有效路径。[1]

（三）完善评议结果及反馈之规则

一是建立与后期执行情况的信息互通渠道。合议庭成员在完成评议决策任务后，形成的自我感受与评价在很大程度上影响着下一次的决策行为，这对于建立决策自信与职业荣誉具有积极的推动作用。将执行情况及时反馈给合议庭成员，并适当听取合议庭成员的相关建议。让合议庭成员参与决策，从而有效促进本次决策与再次决策。

二是理顺决策之外部关系。这对于决策本身亦至关重要，应当避免负面结果对评议行为的不良抑制。在当前我国的司法实践中，如果不具备实行合议庭完全独立之条件，规范外力介入不失为一种有效之路径，正确处理好评议行为与外部力量之间的关系，应当重视来自外部力量对于评议行为的积极反馈作用，认真思考外部力量对于评议行为的检验作用。[2] 但需要注意的是避免负面反馈的不当干预与抑制，因此要保障合议庭成员的独立评议地位，其发表意见依法不受追究，除有证据证明其存在枉法评议等渎职行为，合议庭成员对于评议本身不承担责任。

---

〔1〕 从群体决策角度而言，解决投票悖论的主要出路为调整决策者的偏好次序或是减少备选方案的数目。在实际的诉讼过程中，常见且实务的方式是通过协商或归并产生多数结论，完成的当次决策。

〔2〕 张文显：《法治中国建设的前沿问题》，载《中共中央党校学报》2014年第5期。

结　语

合议庭评议功能的实现受到多方因素的影响与制约,在当前我国司法大环境下,司法公正的实现在很大程度上依赖于合议制的群体决策。从群众心理决策角度出发,试图从完善评议情景、过程、结果及反馈之规则入手,为我国合议庭功能的发挥提供路径。改革是一项系统而复杂之工程,合议制功能优势的实现依赖于良好的内部环境与外部环境,依赖于司法体制改革的正确推进,我们有理由相信并且期待在内部制度与外部环境的共同促进下,合议庭评议功能优势将得以充分发挥与实现。

从失范到规范：基层法院分案制度改革之路径探寻

林　滢*

科学有效的法院案件分配制度是司法实现效率与公正的必由之路。在英美法系国家的司法改革浪潮中，案件分配制度成为改革的热点及重点，英美法系国家先后建立起具有广泛性共识的案件分配制度。然而，国内法院案件分配制度一直没有引起我们的高度重视，甚至游离于我们的研究视野之外。由于缺乏正确的理论指导，此项改革也尚未得到广泛的关注和推动，至今也未能形成一整套体系性的案件分配制度。案件的管辖与分配既是诉讼程序的重要环节，也是司法体制的重要内容，它不仅影响案件当事人的诉讼行为、法院对法官的管理方式，还关系到司法廉洁和司法公信力。随着我国员额制改革的不断深化，案件数量不降反升，员额制后法官人数减少，如何提高法官的审判效率并保证司法裁判的质量成为我们不得不面对的问题。当前，我们正在致力于建设法治国家、深化司法体制改革的事业中，因此，我们有必要重新认识和研究作为司法体制改革重要内容的案件分配制度，进一步探索建立具有中国特色的案件分配制度。

一、困境：纠结的分案？

（一）统计资料：来自A市B区法院案件质效的客观数据

第一方面资料是来自A市B区法院案件绩效评估指标数据，通过

* 南宁市青秀区人民法院审判管理办公室副主任。

该院审判执行工作运行的综合实效，以考究该院的分案制度运行状况。如表1所示。

表1　A市B区法院案件绩效评估指标数据

年份	收案数	结案数	结案率	人案比	上诉率	发改率
2006	4694	4647	98.99%	71	12.35%	2.54%
2007	5108	5057	99%	87	13.35%	2.03%
2008	6212	6112	98.39%	102	13.17%	3.30%
2009	6905	6817	98.72%	112	14.76%	0.58%
2010	6945	6668	96.01%	100	16.81%	0.61%
2011	6253	6066	97.01%	78	25.54%	0.68%
2012	6614	6331	95.72%	83	33.68%	0.98%
2013	7835	6764	86.33%	81	19.03%	2.23%
2014	10318	7499	72.68%	87	15.34%	2.06%
2015	13641	9979	73.15%	116	17.64%	1.46%
2016	25505	16160	63.36%	168	18%	0.83%

分析：(1)收案数。近10年来A市B区法院受理案件总数总体上呈增长趋势，2010年到2011年收案数有小幅度下滑，2015年到2016年案件呈井喷式增长，同比上升86.97%。(2)结案率。2006年至2013年，该院结案率均保持在86%以上，2014年该院收案数突破万件大关后，结案逐渐成为难题，2016年结案率下滑至63.36%。(3)人案比。收案数不断增加，但法官人数并没有随之增长而增加，人案比呈波浪式增长，2008年、2009年、2010年、2015年及2016年，每名法官手头上至少有100件案件，其中2016年人案比达到顶峰，"案多人少"矛盾突出，法官不堪重负；而2006年、2007年、2011年、2012年、2013年、2014年人案比均保持在1∶100以下。(4)上诉率。2006年至2010年上诉率呈现平缓的上升趋势，2011年至2012年上诉率达到历史顶峰，反映出这一时期当事人对该院的判决满意或接受度达到最低谷，2013年以后上诉率有所回落。(5)发改率。该院近十年的发改率总体呈现出波浪式的发展趋势，发改率均保持在4%以内，说明这十年期间该院的案件质量还是蛮高的。

（二）调查问卷：来自系统内部管理的印象

为了解传统分案制度运行的基本状况，掌握分案制度改革的运行实效，笔者选择了A市B区法院为分析样本，发放调查问卷，走访了相关业务庭的庭长和审判人员。此次调研共收回调查问卷69份，被调查对象中有庭长10人，占14.93%；副庭长23人，占33.33%；审判员36人，占52.17%，如图1所示。

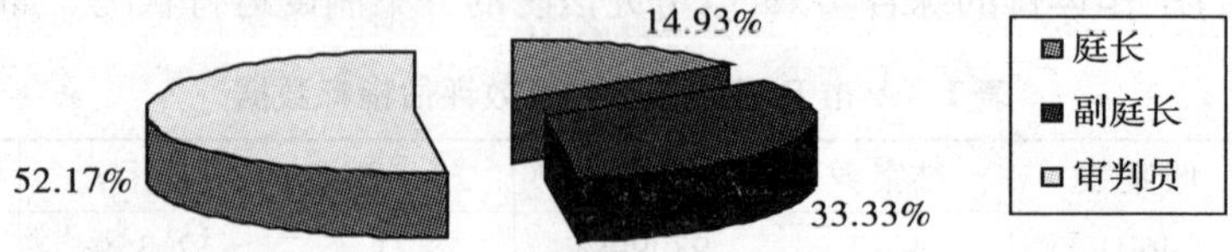

图 1 调查问卷人员比例

庭长在分配案件时考虑的因素有哪些？10 份由庭长回答的调查问卷中，选择案件类型的有 8 份，选择案件复杂程度的有 7 份，选择审判人员办案水平的有 6 份，选择审判人员闲忙程度的有 6 份。（见图 2）

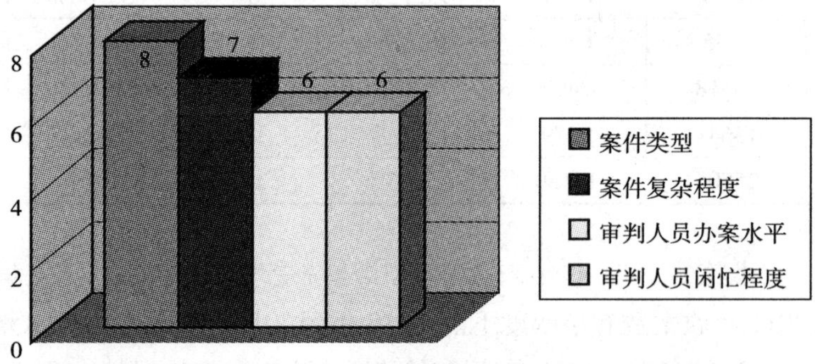

图 2 分案考虑的因素

对于“庭长分配案件时是否向审判人员打招呼”这一问题，在 36 份由审判员回答的调查问卷中，选择“有”的 3 份，占 8.3%；选择“极少”的有 13 份，占 36.11%；选择“从未有过”的占 20 份，占 55.56%。（见图 3）

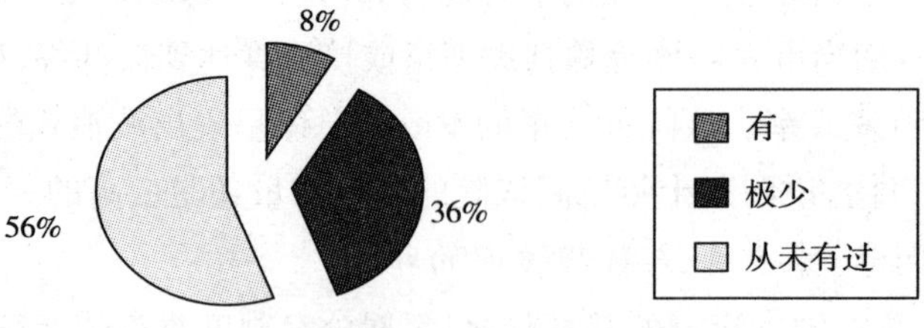

图 3 庭长分配案件时是否向审判人员打招呼

在调查中，A 市 B 区法院先后尝试过“二次元”“三次元”以及电脑随机的分案方式，被调查的对象中，有 17 份选择“立案庭将案件分给业务庭，由庭长指定承办人”

（即二次元分案）的方式，占 24.64%；有 18 份选择“立案庭将案件分给业务庭，由庭长指定合议庭，再由合议庭指定承办人”（即三次元分案）的方式，占 26.09%；有 22 份选择“电脑随机分案”的方式，占 31.88%；有 12 份选择“以上分案方式均不理想”，占 17.39%。（见图 4）

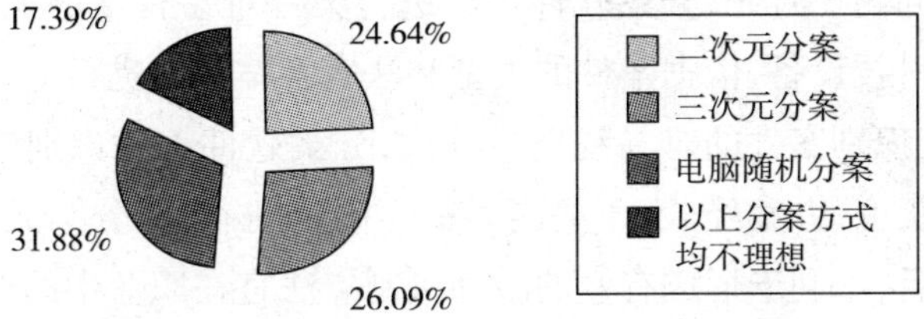

图 4　A 市 B 区法院分案方式的支持率

在调查中，审判人员对案件分配方式未引起重视，在回答“是否有必要对基层法院分案机制进行改革”这一问题，有 21 人认为“非常有必要”，占 30.43%；有 41 人认为“无所谓”，占 59.42%；有 7 人认为“没有必要”，占 10.14%。（见图 5）

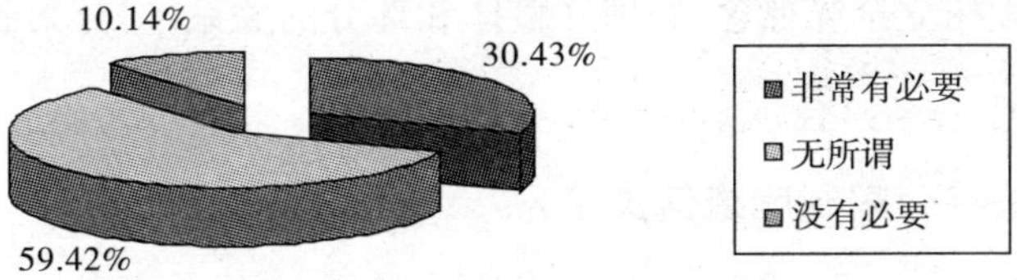

图 5　是否有必要对基层法院分案机制进行改革

（三）证实与证伪：基层法院分案制度的总体状况

最高人民法院《第二个五年改革纲要》提出前，法院采取的主要分案方式是“二次元”及“三次元”，两者的共同本质在于人为的控制案件的分配。庭长分案可以灵活调配审判资源，根据法官的司法能力审理合适于他的案件。这两种分案方式存在明显的缺陷：首先是主观性大。案件由谁审理，完全取决于某个人的意志，而非遵循司法规律。其次是容易滋生腐败，影响公平审理。行使分案权客观上为“人情案”“关系案”提供了腐败的土壤。再次是影响法官的公平竞争。法官办理的案件数量往往是衡量一个法官业绩的重要标尺，庭长可以根据自己的意愿或亲疏关系分案，若因与庭长关系不好总是分到审理难度较大的案件，即便法官再努力，也无法在年终考核中评获得好评。最后是影响司法工作效率。不论是二次元分案还是三次元分案，案件需要经过几道程序才流转到审判员手中，无形中延长了审理的时间。

鉴于以上弊端,某些基层法院对分案机制做了有益的探索。最高人民法院在《第二个五年改革纲要》中,首次提出要在考虑案件类型、难易程度等因素的前提下,建立和完善随机分案机制。[1] 电脑随机分案机制得到逐步推广。电脑随机分案从形式上切断了个人与案件的接触,确实体现了公开、公正,发挥出其积极的作用。但电脑随机分案也存在问题。首先,分案软件无法进行案件难易程度的识别。电脑随机分案依靠的是电子科技设备,依据案件的类型和法官存案数量进行分案,无法达到人工分案的智能,不能识别案件的难易程度。其次,分案软件无法识别法官的司法能力。每个法官的教育程度、办案经验、司法能力都不同,电脑随机分案无法区分法官业务能力的高低。最后,不利于形成有效的激励机制。法官在职业中的荣誉感和获得感,主要是通过审理案件来实现的。电脑随机分案是一种绝对形式公平的案件分配方式,排除了法官的特长、兴趣、能力等个体因素,过于机械,加重了法官的"机器人""办案流水线"的意识,无法刺激法官的工作积极性。

综上,我们不难看出,法院分案制度仍然找不到其阿基米德的平衡点,[2] 法院的分案制度处于失范的状态,仍然处于探索阶段。因此,想要提高司法裁判系统的运转和管理效率,必须树立全局观念,处理好整体和部分的关系,对分案制度进一步探索和研究。

二、拷问:法院分案制度缘何失范?

现实中分案机制存在上述的问题,有其深层次的原因。法院案件分配制度缘何失范?深入分析,笔者认为有三个因素至关重要。

(一)指导原则之前提性缺失

一项制度若缺失指导原则,就犹如航行失去了方向,难以找到根本点及落脚点。大陆法系国家普遍实行"法定法官"原则。德国将"法定法官"原则作为德国诉讼法的十大基本原则之一。"法定法官"原则首次出现在法国1791年《宪法》中。"法定法官"原则体现法治理念,实现立法对司法的有效制约,有利于保障当事人的程序性权利,防止司法活动受到外部干扰,确保司法独立。基于以上功能价值,大陆法系许多国家纷纷借鉴了法国的立法经验,在立法上确立了"法定法官"原则。综观我国法律法规,虽然对法院具有独立审判权进行立法上的规定,但并没有把法定法官原则规

[1] 王小新:《法院分案系统的检视与重构》,载《法律适用》2016年第4期。

[2] 陈显江、张坚:《寻找案件分配的阿基米德支点》,载《山东审判》2011年第5期。

定为一项基本司法原则,更没有像法国那样,将此原则上升为宪法层面的高度。各类社会纠纷涌入法院后,依据何种原则,将案件流转到审判员手上,成为立法上的空缺之处。前提性指导原则的缺失,导致了法院案件分配缺乏指导思想,问题突出。

（二）法院行政化管理色彩无法剥离

当前,我国某些地方的法院已经开始采用随机分案方式,但仍有多数法院采取人工分案。即大多数法院将案件从立案庭具体分配到审判业务庭后,再由审判庭的庭长决定案件分配给具体法官审理,案件的分配作为庭长履行职能的一项工作事务。正如实践中人们常说的“没有分案权,哪里还称得上庭长”。庭长个人决定案件分配,使行政职权占据了司法管理的主导地位,由庭长对案件进行分配是法院内部行政化管理的突出表现。庭长控制案件分配,是没有法律依据的。案件的分配是案件管理流程中的一个环节,是审判权运行机制的重要内容,应当遵循司法规律。法院用行政化的管理模式,将案件的分配背司法规律之道而驰。审判权的有效运作,需要改变法院内部结构的运行管理方式,根据审判工作的司法规律,同时结合司法的专业性和法官的个别性,消除“行政干预”对法官行使审判权的影响,而不是根据行政领导的“长官意志”来决定审判事务。

（三）追求的司法价值摇摆不定

追求不同的司法价值,将形成不同的解决路径。传统司法体制所存在的弊端逐渐暴露出来,传统的案件分配方式之弊端也随之而来,案件分配方式的探索和改革也因此而拉开了序幕。由于分案方式不是由最高人民法院统一部署的改革内容,一些法院在技术、结构、价值取向等方面进行了不同尝试。在案件分配方式改革制度化进程中,不同的价值取向决定了改革的方向。公平、公正、效率是司法改革的核心追求。当社会认识到庭长控制案件分配这一做法,与司法公平、公正、效率的价值有悖时,纷纷开始改变改革的方向,开始探索符合司法公平、公正、效率的案件分配制度。随机分案方式由此而产生。随机分案在一定程度上解决了庭长人工分案的弊端,展现了一定的优越性,如提高工作效率,有效遏制人情案、关系案的滋生等,但其因过于强调公平,而导致过于平均主义、无法识别案件难易程度[1]等弊端也渐渐暴露出来。由此可见,价值取向影响着案件分配制度的改革路径。过度的强调某一种价值,而舍弃其他司法价值,都是不科学合理的改革路径。

---

〔1〕 马钱利:《电脑随机分案过程中存在的问题及对策——以临安市人民法院的做法为视角》,载《法制与社会》2012 年第 29 期。

三、出路:如何找寻案件分配阿基米德平衡点?

通过对分案方式的考究,笔者认为,应以指导原则、法官分类管理、使用新科技手段以及构建审判团队的四维宏观模式对分案制度进行规范。

(一)以法定法官原则指导案件分配制度之理念

长期以来,我们仅仅注重从宏观层面上法官获得审判权的正当途径,却忽略了微观层面上法官取得个别案件审判权。在分案制度改革进程中,该制度缺乏科学的、系统的指导原则,人们只是"为了解决问题而解决问题",因此,要突破现行的分案制度的僵局,首要任务就是要确立正确的指导原则。法官行使审判权是通过审理具体案件而体现出来的,法官则是通过分案制度取得审判权,因此,笔者认为将法官法定原则确定为分案制度的指导原则具有可行性及合理性。首先,保障了当事人的基本权利。在纠纷发生前确定纠纷的解决者,避免纠纷发生后临时、恣意选择裁判者,从而保障当事人获得法律平等保护的权利。德国建立了一个法定的规则,即"法官法定原则"来约束和规范案件的分配,不允许任何人凭个人主观意志控制案件的分配,否则将影响法院的司法公正,且会出现司法资源分配不合理而影响整个司法体系的正常运行。法官法定原则从根本上确立了案件的分配需要依据相应的法律及法定程序,从源头上剥离了案件分配受行政管理的影响,从而在法律上排除了主观的任意性。其次,保障法官审判权的稳定性。法官法定原则同时还意味着,法官获得某个案件的审判权后,非经法定程序,任何人、任何机构、任何团体不得随意将其剥夺,如意大利在其宪法中规定任何人不得剥夺依法由法定法官审理的权利。最后,有效防止司法行政干预司法活动。[1] 如果司法活动受到司法行政干预,程序公正必将被破坏,从而结出"毒树之果"。法官法定原则从法理上隔断了司法行政参与司法活动的可能性。

我国台湾地区早在2003年改变了法官法定原则的普遍做法,在全世界范围内首创了"法官合意原则"[2]。笔者认为,"法官合意原则"体现了对当事人主体资格的保护,充分尊重当事人的程序主体地位及程序选择权,该原则以提升社会公众对司法的信赖度、信服度及接纳度为目标,这值得我们学习借鉴。但"法官合意原则"不适合

---

〔1〕 谢小剑:《法定法官原则——我国管辖制度改革的新视角》,载《西北政法大学学报》2011年第6期。

〔2〕 廖中洪、葛颂华:《选定法官与法定法官——由我国台湾地区选定法官制度谈祖国大陆民事程序改革》,载《西南政法大学学报》2004年第6期。

我国大陆国情。若能任凭当事人挑选案件的裁判者,则外部干预者通过选择乖乖听话的法官或对自己有利的偏见者裁判案件,从而达到操控审判结果的目的,那么司法独立及司法公正将无从谈起。由此可见,"法官合意原则"在人情社会的土壤上很容易滋生司法腐败,从法理上来分析,为追求法律的可接受性而放弃了法律的公平性,是本末倒置之举。此外,我国大陆法官综合素质仍亟待提高,[1]司法回避制度尚未发挥其应有的功能作用。综合上述原因,笔者将"法官合意原则"排除在分案原则之外。

(二)以法院分类管理保障案件分配制度之运作

改革实践证明,公正司法不仅要有健全的司法制度作保障,同时也需要一支过硬的专业队伍。我们在探索司法体制改革新路径的过程中,不能偏废任何一方面的工作,才能营造"百花齐放"的良好改革氛围。[2] 回首过去、正视困境、检视错误,才能借鉴矛盾、吸取教训、面对未来。过去"大一统"的法院人力资源管理理念,成为当前法院队伍职业化建设的"拦路虎"。因此,健全司法权力运行机制,就要优化法院人力资源管理,以法官职业化建设为主线,实行法院人力资源分类管理;而实行法院人力资源分类管理,又可"反哺"包含案件分配机制在内的司法权力运行机制。笔者将从以下几方面开展法院人员分类管理工作。

第一,明确法官的序列。法官作为国家审判权的具体实施者,对法官实施的管理水平,在一定程度上决定了一个国家的法治水平及文明程度。实行法官序列,充分保障法官依法行使审判权,同时也体现出法官与其序列相符的综合能力及水平。初任法官必须取得从事审判工作相应的资格,且需经过严格的培训,成绩合格,方可提请任命。对于院长、副院长、审判委员会委员、庭长、副庭长、审判员进行法官级别上的排序,意味着对审判人员的分类管理,他们享有同等的审判权,但体现出他们不同的审判实力及能力。

第二,明确法官助理的序列。实行法官员额制后,大量的审判工作,需要耗费大量的人力资源,而仅靠法官去完成这项工作是不现实的。法官助理在法官的具体指导下,负责办理诸如组织庭前证据交换、审查诉讼材料、诉讼保全等案件的辅助性工作。对法官助理实行序列管理,让法官助理从事与其能力及序列相符的工作,从而提

---

〔1〕 杨瑞:《民事诉讼当事人合意选定法官制度的冷思考》,载《黑龙江省政法管理干部学院学报》2004年第5期。

〔2〕 牛建华:《科学的人员分类管理与法官制度改革》,载《人民法院报》2013年12月11日。

高审判工作效率。例如,具有较强能力的法官助理,可以在法官的指导下,代拟法律文书。

第三,明确执行人员的序列。“执行难”一直是法院工作中“难啃的硬骨头”。法院生效法律文书的有效执行,法律的权威才得以体现。执行人员作为维护司法权威的执行者,因此,必须加强管理,设置专门的执行人员单独序列,建设一支业务水平高、综合能力强的执行队伍。

第四,明确书记员的序列。书记员队伍的发展在一定程度上制约着法院工作的开展。因此,加强书记员队伍建设是司法体制改革的一项内容之一。实行书记员单独序列,明确书记员的权利与职责,稳定书记员队伍,对法院审判执行工作的顺利开展有积极作用。

第五,明确司法行政人员的序列。法院的司法行政人员主要是服务于审判执行的中心工作,涉及法院各方面工作,是法院队伍中重要的一支队伍,同样需要将其纳入法院人员管理中来考量。

第六,明确司法警察的序列。司法警察负责维持庭审秩序、机关安保、法律文书送达、突发事件处理、提押看管被告等工作,与法院各项工作密不可分。长期以来法院对司法警察队伍建设的重视不够,忽略了司法警察这支队伍。新时期的人民法院需要一直专业素质高、具有较强战斗力的司法警察队伍。因此,司法警察的序列管理显得尤为重要。

综上,法官的职业化、专业化建设,必然要求法院其他工作人员的专业化管理。法院人员分类管理,为法院分案制度的构建奠定人力基础,为提高司法运行效率提供人力保障。

(三)以信息化建设助力案件分配制度之构建

针对本文上述的电脑随机分案系统的缺陷,笔者建议从法院信息化建设的路径,构建一套更科学合理的随机分案系统。

1. 理论基础

要解决电脑随机分案存在的主要问题,就是要解决“人案比”失衡、法官工作饱和度与案件难易程度关系的问题。要达到法官人数与受理案件数平衡,则需要对法官审理的某一件案件的难易程度进行事先评估,通过“人案比”“案件难易度”“法官工作饱和度”的综合考量,以寻求司法资源的最优配置,充分发挥法官的才能及积极性。笔者引用医学上的LOGISTIC回归方法以及运筹学中的指派问题方法来构建,基本理论框架为:把案件当事人的人数、诉讼案件类型以及法官作为变量,提取各变量的关键性指标代入LOGISTIC建模，即可对法官审理的案件难易度进行预测，根据难度系数及法官的司法能力进行分案，以求司法资源的合理配置。

2. 求值分案

给法官和案件进行排序编号，将每个案件的数据以及法官的数据代入建模，便可计算算出每个法官审理案件时的难易指数。第a个法官审理第j个案件的难易系数，取决于第j个案件难度等级以及第a个法官审理第j个案件时“难”的概率，因此，该方程式为：$Minz = \sum a \sum j \sum aj \times Xaj$。〔1〕 假设A市B区法院近期审理的40件案件难易程度等级都是1，运用分案建模 $Minz = \sum a \sum j \sum aj \times Xaj$，通过新型分案系统求解，即可自动生成案件分配方案。由此可以看出，法院可以将一段时间内受理的案件进行排序编号，与此同时，也将法官进行排序编号，通过计算机对案件分配模型进行精准计算，可以将案件难易程度、法官业务能力以及法官工作饱和度等因素进行综合考量，实现案件分配的最优配置，从而达到司法公正与效率的目的。

（四）以审判团队建设促进案件分配制度之设计

案件立案受理后，如何分配到法官手中？传统的“1名审判员+1名书记员”的审判团队模式，在过去案件数量不多、审判资源较充裕的情况下，是有其存在的合理性的。然而，随着社会各类矛盾纠纷呈井喷式涌入法院，案多人少矛盾突出，审判资源相对有限，这种传统的审判团队已不符合时代的要求。笔者认为，在基层法院构建新审判团队，能够解决分配案件中遇到的问题。

1. 新审判团队结构模式

新审判团队结构模式为：“1名法官+N名法官助理+N名书记员”〔2〕。案件主办法官处于该审判团队的核心，发挥着主导作用。考虑到法官的人数为2名以上时，会导致多头指挥、多人管理的交叉局面，影响审判团队的工作开展及效率。因此，主办法官就是审判团队中“1”的指挥棒。

2. 金字塔型的新审判团队

之所以要构建金字塔型的审判团队，理由在于法官的法律知识功底、审判业务水平、案件难易程度等存在个体差异，因此审判团队由初级、中级到高级的递增设计。法官各方面能力表现为一般的，组建“1+1+1”的初级审判团队，主要办理速裁案件、适用简易程序的案件或者是法律关系清晰、双方当事人争议不大的案件。资历较

〔1〕 王小新：《法院分案系统的检视与重构》，载《法律适用》2016年第4期。

〔2〕 周迅：《对基层法院审判团队建设的几点思考》，载《人民法院报》2015年11月4日。

深、审判经验丰富的法官，组建“1 + N + N”的中级审判团队，主要办理法律关系复杂、双方当事人争议较大的案件；优秀法官、庭长、院长等法官，组建“1 + 1 + 1”的高级审判团队，主要办理社会影响较大或者疑难复杂的案件。金字塔型的审判团队可与法院各类人员的序列相匹配，并且可以根据新分案软件计算出的案件难易指数，从而将案件分到具体的审判团队中，以达到高效、公正的司法目的。

结　语

案件分配是法院审判流程中的重要环节。本文运用最贴近基层法院现实的数据客观的剖析了目前案件分配制度存在的问题，总结出现行的分案制度不符合当代司法发展的方向及司法规律，指出案件分配不应当以行政权力的运作形式来表现，而应当是建立在一个符合司法本身运行要求的制度来实施，并通过确定指导原则、法官分类管理、法院信息化建设以及审判团队建设四个维度，对基层法院案件分配制度的改革路径提出几点意见和建议，希望能为法院探索出符合中国国情及司法规律的分案制度提供一点启发。

附件：

最高人民法院关于基层法院民事、刑事、行政案件分配工作的若干规定

（建议稿）

为全面规范各基层法院民事、刑事、行政案件分配工作，保障人民法院依法公正、高效审理民事、刑事、行政案件，根据《中华人民共和国民事诉讼法》《中华人民共和国刑事诉讼法》以及《中华人民共和国行政诉讼法》，制定本规定。

第一条　本规定所称的案件分配，是指通过法定的程序，法定的分案主体将具体案件分配给某一审判员审理的过程。

第二条　案件分配工作遵循法定原则。

第三条　基层法院的案件分配，由司法事务委员会负责。

第四条　司法委员会由一、二审法院的院长、副院长以及法官选举出来的人员组成。

第五条　司法委员会依法独立行使职权，不受任何人、团体、组织的干扰。

第六条 原法官因法定情形无法在法定期限完成审判任务的,司法委员会有权将已分配的案件移交给其他法官审理。

第七条 司法委员会应于每月10日前制定本月案件分配计划及案件分配代替计划,以应付可能出现原法官无法审理的情形。

第八条 自司法委员会案件分配方案发布之日起5日内,每一名法官均有权向司法委员会提出书面异议。司法委员会自接到书面异议之日起3日内作出是否重新分配案件的答复。

第九条 司法委员会重新分配案件的情形包括:

(1)原法官某一时段审理案件负担过重的;

(2)原法官调离原工作岗位的;

(3)原法官存在法定回避事由的;

(4)原法官身体不适合担任该案审理工作的;

(5)其他应当重新分配案件的情形。

第十条 司法委员会分配案件,应当依据案件的类别分配到各个庭室或各个专业审判合议庭,依据案件的编号及法官编号进行随机分案。科技水平达到一定程度的基层法院可以采用电子科技设备的随机分案系统进行二次分案。

第十一条 本院已公布的司法解释与本规定不一致的,以本规定为准。

第十二条 本规定自××年×月×日起实施。

关于员额法官与审判辅助人员职责分工的调研报告

——以完善中级人民法院民事审辅分工制度为视角*

来宾市中级人民法院课题组**

一、广西民事审判领域法官与审判辅助人员分工改革情况

广西有14个地级市,包括海事、铁路两个特别法院在内,共有16个中院。其中,N市中院和B市中院是广西首批试点法院。

(一)分工制度体系建设情况及成效

在各中院民事审判领域,员额法官与审判辅助人员的分工制度体系分为两个层次:一是广西高院发布的分工制度;二是各中院自身制定的实施细则或其他分工制度文件。

1.广西高院分工制度体系构成情况

广西高院确定的分工制度框架,包括审判团队、审判权配置及运行、审判责任制等制度规定。除了上述框架文件,广西高院还下发了分案、履职保护、员额法官退出办法等配套制度。

* 本文为广西壮族自治区高级人民法院青年法官项目课题研究成果,项目编号:GXGY(2016)C01(02)。

** 课题组负责人:黄启平,来宾市中级人民法院法官助理。课题组成员:林荣祥、罗夕、罗熹。执笔人:黄启平。

2. 广西首批试点法院分工制度体系建设情况

课题组获取了 S 市试点法院法律文书签发、合议庭工作规则、专业法官会议制度、审判委员会工作规则四个方面的制度文件。而根据调查问卷反馈结果,两家试点法院还制定了司法权力清单、分案、院领导办案等配套制度。

3. 课题组所在 L 市中级人民法院分工制度体系建设情况

从成文配套制度(含征求意见稿)来看,L 市中院已经制定了司法人员工作职责暂行规定、绩效考核、案件质量评查等方面的配套制度。其余制度则按照广西高院发布的职责分工制度执行。

4. 分工制度体系建设成效

广西分工制度建设成效主要体现在:

一是基本确立了权权相衬、权责一致的分工制度体系。具体表现为审判管理权、审判监督权服务于审判权,审判权依法受审判管理权、审判监督权管理和监督;同时,在不同的审判主体之间界定审判权的分界,形成以审判权相对独立运行、审判管理权相对弱化的衔接有序的分工制度体系。

二是分工制度体系建设进展迅速,建设成效明显。自 2016 年 12 月至 2017 年 8 月,广西高院仅用了 9 个月的时间,就基本确立了较为完备的分工制度体系,建设速度较快。

三是分工制度体系新陈代谢周期较短。截至 2017 年 9 月,在广西高院已发布的各项分工制度中,有 3 项制度已经有了 1 次修订,有 1 项制度已经经过了 2 次修订。从制度修订的周期和频率来看,整个分工制度体系新陈代谢速率较高。

(二)具体分工制度考察及评价

在纵向比较方面,我们着重考察广西高院制定的具体分工制度;在横向比较方面,我们考察广西首批试点中院、课题组所在的 L 市中院及广西 B、Y、C 三个中院的具体分工制度内容。

1. 广西高院具体分工制度考察及评价

我们以《广西壮族自治区高级人民法院关于审判职权配置及运行规范的暂行规定》为例考察广西高院的具体分工制度。

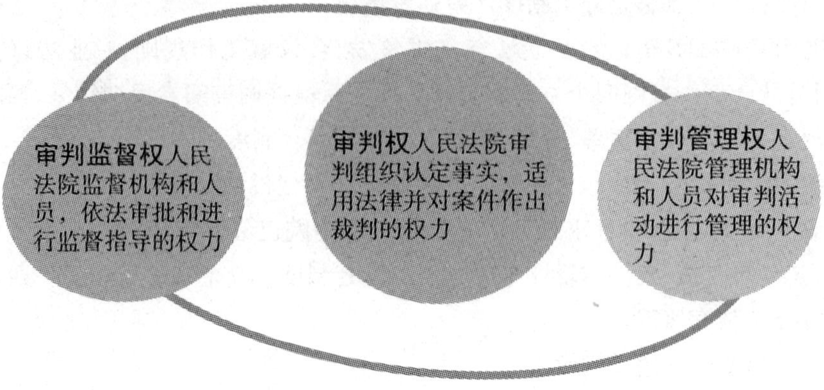

图 1 民事审判权力运行体系

由图 1 我们可以看到，民事审辅分工的依据是民事审判权力配置，核心是审判权，审判监督权和审判管理权是审判权运行的保障。（见图 2）

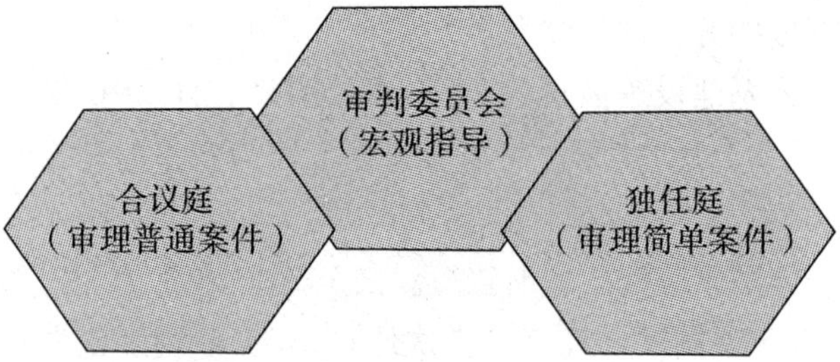

图 2 民事审判权力主体及职责区分

从不同的审判权主体来看，审判委员会处在审判权力主体的顶端，只讨论重大个案，总结审判经验和负责宏观指导。其他案件主要是由合议庭和独任庭负责审理。（见图 3）

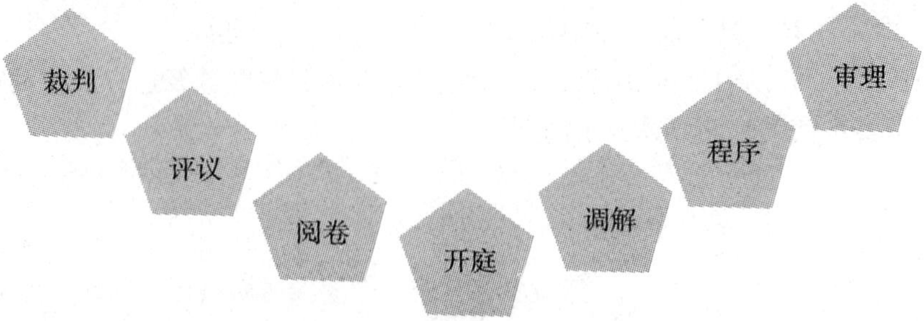

图 3 民事合议庭审判职责

承担具体审判工作的审判权主体是民事合议庭,其审判职责有7项;独任庭的职责和合议庭基本一致,只是少了评议一项。

就员额法官之间的职责分工来说,担任院领导职务的员额法官,除了多出一项审判委员会工作外,其他职责和普通法官无异,这使得多年饱受诟病的"审者不判,判者不审"[1]情况在此次改革中得到解决。包括担任院领导职务在内的员额法官,他们在合议庭内的分工区分度相对较高,审判长履行了组织、领导合议庭的职责,承办法官履行具体审判事务职责,而参加合议的法官则履行参与案件审理的职责。

审判权配置规定还明确了法官助理和书记员的职责,但并未明确此类职责的性质。按照中央和最高人民法院关于法官助理和书记员的分工定位,法官助理定位为业务性辅助性工作,书记员定位为事务性辅助性工作。[2] 课题组认为,我们不妨换一个角度来看待这个分工性质问题。按劳动性质的不同,我们可以把劳动分为体力劳动和脑力劳动。按此划分,我们可以把事务性辅助性工作定义为轻体力劳动[3]和重复性脑力劳动[4];把业务性辅助性工作定义为低重复性脑力劳动。事务性的活动当中,在自动化办公条件下,更多地表现为脑力劳动,但搬运案卷材料、现场勘查等,仍需要从事部分体力劳动。

---

〔1〕 参见周斌:《"合而不议形合实独""审者不判判者不审"影响司法公正饱受诟病 审委会合议庭改革有效避免独断审案》,载《法制日报》2012年1月30日。

〔2〕 不少理论界和实务界人士对法官助理和书记员的职责分工进行界定,观点多有分歧。参见安顺市中级人民法院课题组:《法官助理制度的研究——基于职能定位与组织设置的交叉影响》,载《法制博览》2017年第8期。该文认为,按是否涉及判断权划分,可以把法院工作事务划分为审判核心事务和审判辅助事务,分别由法官和法官助理承担,而审判事务中的笔录及其他司法协助职责,则由书记员承担。参见冯国超:《法官助理协助办案与司法责任制的冲突及制度完善——兼论司法授权理论的可能性、可行性》,载《深化司法改革与行政审判实践研究——全国法院第28届学术讨论会获奖论文集》,第218~225页。该文把法官助理和书记员的职责看成是法官对他们的一种授权。

〔3〕 体力劳动分级,参见国家技术监督局:《中华人民共和国国家标准体力劳动强度分级GB 3869-1997》,载《劳动保护科学技术》1997年第6期。

〔4〕 脑力劳动强度测量,参见张鹏程、廖建桥、杜旌:《脑力劳动测量模型研究》,载《科学学研究》2003年第5期。该文认为脑力劳动者可以分为事务型和决策型两者,事务型占用脑力资源较少。按此定义,法官助理应当为事务型脑力劳动者。参见廖建桥、杜旌:《脑力劳动工作测量方法认可度实证研究》,载《工业工程与管理》2004年第4期。该文认为,脑力劳动的不可视性和低重复性,使得其测量起来比较困难。

表 1 法官助理和书记员职责属性及人岗匹配表

职别	职责内容	劳动性质	是否匹配
法官助理职责	接收、审查诉讼材料	脑体混合	不完全
	协助完成庭前会议、证据交换等庭前准备工作	普通脑力	是
	协助开展调解工作	普通脑力	是
	协助办理保全等程序性事项	普通脑力	是
	协助搜集资料	普通脑力	是
	协助草拟裁判文书	普通脑力	是
	协助案件报批工作	重复脑力	否
	协助办理文书上网	重复脑力	否
	协助网上办案即电子卷宗工作	脑体混合	不完全
	协助办理其他工作	—	—
书记员职责	庭前事务性工作	脑体混合	是
	办理告知事项	重复脑力	是
	检查出庭人员及宣布纪律	重复脑力	是
	记录工作	重复脑力	是
	文字校对及印刷	脑体混合	不完全
	文书送达	脑体混合	是
	归档	重复脑力	是
	其他事务	—	—

从表 1 来看,法官助理和书记员的不少工作职责兼具脑力、体力劳动性质,客观上会造成法官助理和书记员职责的混同。从分工的匹配程度来看,法官助理的分工匹配程度要低于书记员分工匹配程度。

审判权力配置规定还明确了院、庭长(含副职)的审判监督和审判管理职责,但鉴于本文主要研究员额法官与法官助理、书记员之间的分工,故在此不做讨论。

2. 广西首批试点法院 S 市中院具体分工制度考察及评价

我们选择该院合议庭工作守则进行考察,该院把合议庭作为基本的民事审判办案组织。

表 2　广西 S 市中院民事审判中的员额法官分工表

<table>
<tr><th>承办法官</th><th>合议庭成员</th><th>审判长</th></tr>
<tr><td colspan="3">现场调查、勘查</td></tr>
<tr><td colspan="3">庭审发问</td></tr>
<tr><td colspan="3">评议前搜集案件相关资料</td></tr>
<tr><td colspan="3">法律文书制作人对文书质量负责</td></tr>
<tr><td colspan="3">签署裁判文书</td></tr>
<tr><td>庭前准备工作、阅卷并报告合议庭</td><td>必要时参与庭前准备工作</td><td>熟悉案情</td></tr>
<tr><td>庭前证据交换</td><td>熟悉案情</td><td>组织对重大案件的庭前评议、制作庭审提纲、梳理争议焦点、明确庭审分工</td></tr>
<tr><td>归纳争议焦点</td><td rowspan="5">第二顺位发表合议意见</td><td>庭审结束后征询合议庭成员是否当庭宣判</td></tr>
<tr><td>固定证据、事实</td><td>主持评议</td></tr>
<tr><td>未开庭案件接待、询问当事人</td><td>最后发表合议意见并总结结论性意见</td></tr>
<tr><td>提请评议</td><td rowspan="2">督促做好案件有关工作</td></tr>
<tr><td>首先发表合议意见</td></tr>
</table>

从该制度条文结构来看，各项条文安排不是十分合理，表 2 归纳的职责分工，分布在多个条文之中，没有集中归纳各自的工作职责。从条文的内容上来看，有粗有细，但内容不全面，如网上办案、归档等事项，均未涉及。

当然，该工作守则存在一个亮点，即提供了民事案件的评议引导内容，包括审理对象、受案范围、主体审查、事实认定、法律适用、取证、调解、裁判结果和其他事项。这些评议内容，基本上涵盖了民事案件合议时需要考虑的内容。

3. L 市中院具体分工制度考察及评价

按照该院制定的司法人员工作职责暂行规定，提取员额法官和审判辅助人员的职责分工，再与该院近期发布的绩效考核制度内容做对比，了解该院分工制度具体内容。

表3 L市中院员额法官职责、考评对比表

<table>
<tr><th colspan="3">职责分工</th><th rowspan="2">绩效评价</th></tr>
<tr><td>承办法官</td><td>参审法官</td><td>审判长</td></tr>
<tr><td>庭前准备及辅助工作</td><td colspan="2">阅卷</td><td rowspan="2">民主测评占10%;业绩评价占90%</td></tr>
<tr><td>确定举证期限</td><td colspan="2">参加庭审</td></tr>
<tr><td>提请评议程序事项</td><td colspan="2">参加评议</td><td>办案数量</td></tr>
<tr><td>庭审提纲及阅卷笔录</td><td colspan="2">审签文书</td><td>办案质量</td></tr>
<tr><td>证据审查</td><td rowspan="6">其他审判活动</td><td rowspan="2">确定庭审方案、庭审分工、指导职责</td><td rowspan="2">办案效率</td></tr>
<tr><td>审理报告、先发表合议意见</td></tr>
<tr><td>文书校对</td><td>主持庭审</td><td rowspan="2">办案效果</td></tr>
<tr><td>宣判</td><td>主持合议</td></tr>
<tr><td>指导辅助人员</td><td>提交专业法官会议或审判委员会讨论</td><td rowspan="2">特殊案件折抵比例</td></tr>
<tr><td>其他事项</td><td>其他</td></tr>
</table>

从表3可以看到,L市中院员额法官之间分工区分度较高,承办法官承担较重的审判职责。但从考评内容来看,考评注重的是办案的结果,即只考虑办案的“多、好、快”,没有考虑到不同岗位员额法官分工的差异化问题。

表4 L市中院审判辅助人员职责、考评表

<table>
<tr><th colspan="2">法官助理</th><th colspan="2">书记员</th></tr>
<tr><td>职责分工</td><td>绩效考核</td><td>职责分工</td><td>绩效考核</td></tr>
<tr><td>审查诉讼材料</td><td>排期</td><td rowspan="4">负责庭前事务</td><td>材料交接手续</td></tr>
<tr><td>协助证据交换</td><td>指导举证及协助庭前准备</td><td>签收核对材料</td></tr>
<tr><td>协助调解</td><td>协助调解</td><td>送达告知文书</td></tr>
<tr><td>文书上网</td><td>协助调查取证</td><td>庭前准备工作</td></tr>
<tr><td>办理程序事项</td><td>办理程序事项</td><td>检查出庭、宣布纪律</td><td>检查出庭、宣布纪律</td></tr>
<tr><td>搜集资料</td><td>搜集资料</td><td>记录</td><td>记录</td></tr>
</table>

续表

法官助理		书记员	
文字校对	参加讨论	—	录音录像
协助草拟文书	协助草拟文书	—	校核送达文书
网上流程处理	网上流程处理	归档	归档
其他交办事项	其他交办事项	其他事项	其他事项

从法官助理的职责分工与对应的绩效考评项目来看，有7项大致对应，其余不能一一对应，即职责分工范围内的项目没有考核，而考核的项目不在职责分工范围内。从书记员的职责分工来看，所有的职责分工均已纳入到绩效考评之中，但仍存在问题，即部分绩效考评项目不在职责分工范围之内。从法官助理和书记员之间的职责分工来看，法官助理职责范围内的审核诉讼材料、文书校核却纳入到书记员绩效考核项目范围内。

4. B、Y、C三市中院具体分工制度考察及评价

根据广西B市、Y市、C市三地中院发布的招聘公告，三地法官助理和书记员的职责区分如表5：

表5 广西三市中院民事审判辅助人员职责对比表

B、Y市法官助理	B、Y市书记员	C市书记员
排期	庭前事务性工作	材料交接手续
指导举证、庭前工作	检查出庭和宣布纪律	送达告知文书
协助调解	记录	庭前准备
协助调查取证	归档	检查出庭和宣传纪律
办理程序性事项	其他	笔录
搜集资料	庭前事务性工作	录音录像
参加案件讨论		校对送达文书
协助草拟文书		归档
接待当事人		其他
协助调研和流程管理		
网上办案		

从表5可以看到，B市、Y市两地中院的审判辅助人员职责分工一致；而C市中院书记员的职责与B市、Y市虽然不一致，但和L市中院书记员的职责基本一致。从这些情况可以看到，广西大部分中院的职责分工制度，仍处在“照抄照搬”的状态。但就B市和Y市的收案数量来看，B市2017年1月至9月收案11483件，Y市2017年1月至9月收案20720件，两者相差近一倍，根本不在一个数量级上。院情相差如此巨大的两个院，职责分工内容一模一样，难免会出现移植制度导致水土不服的状况。

（三）广西各中院新型民事审判团队组建情况

在广西高院新型民事审判团队组建意见的指导下，各中院结合各自院情实施了民事审判团队改革方案。

1. 广西高院制定的民事审判团队组建蓝本

根据《广西壮族自治区高级人民法院关于组建新型审判团队的意见》，各中院民事审判团队，可以按“1（员额法官）+1（法官助理）+1（书记员）”模式组建。可能考虑到当前正处在改革初期阶段等因素，该意见只是提供了一种组建参考蓝本，并未对组建审判团队做刚性规定。这也是造成广西各中院新型审判团队未能组建的制度根源之一。在审判团队管理上，审判管理部门负责对团队整体和员额法官业绩进行评价，而员额法官负责对法官助理、书记员业绩进行评价。

2. 广西首批试点中院新型民事审判团队组建情况

两个试点法院仍保留原有民事审判业务庭，并按现在的业务口，将原有人员划为民事审判大团队。从调查问卷反馈结果来看，也有个别调查对象反映，他们所在的试点法院实行“1+X”或“1+X+X”审判团队。

从审判辅助人员配备情况来看，部分员额法官能够按1:1:1比例配备法官助理和书记员；部分员额法官能按1:1比例配备书记员；也有部分员额法官不能按1:1:1比例配备法官助理和书记员。我们认为，正是由于法官助理和书记员配备情况不一致，才造成了部分被调查对象误认为他们所在的试点法院实行“1+X”或“1+X+X”审判团队。[1]

3. L市中院新型民事审判团队组建情况

改革前，该院有3个民事审判业务庭，原有法官20人，其中助理审判员7人。改革后，截至2017年9月末，3个民事审判业务庭有入额法官16人。改革后任命的法

〔1〕 因资料有限，对试点法院之后的改革情况没有了解，该结论与现时情况可能不符。

官助理有9人，其中7人为未入额的助理审判员。该院民事审判业务庭的书记员全部为聘用制人员，人员流动性比较大，但总体上仍保持每个业务庭室3名书记员的规模。在新型审判团队的组建上，该院3个民事业务庭，均未组成相对固定的合议庭。在员额法官与审判辅助人员的配备上，3个民事审判业务庭的情况并不一致，有的业务庭由1名法官助理相对固定地对接2名员额法官，有的业务庭则是由员额法官随机安排跟案的法官助理，也有业务庭法官本身未能安排法官助理协助自身工作。在院领导承办本庭室案件时，由承办该案件的业务庭安排法官助理、书记员。

因法官助理、书记员不能按照1:1:1比例配备，该院曾于2017年5月进行大规模的招聘工作，但因政府审批原因，此次招聘的审判辅助人员仍未到位。

2017年11月，该院下文试行组建民事速裁合议庭，人员从该院每个民事审判部门各抽调1名员额法官、1名法官助理和1名书记员组成。但除受理案件独立外，书记员、助理等仍承担业务庭的工作任务。

4. 问卷调查反馈的广西其他中院民事审判团队组建情况

本课题对广西其他中院的审判团队组建情况，主要是从调查问卷中考察。调查问卷对该问题设置了8个选项，要求为单选。从反馈的结果来看，因被调查对象对题目理解不同，大部分法院出现了两种及以上的选项，有些被调查对象一人勾选了两个选项，甚至有些法院的部分选项是相互矛盾的。这反映了各中院在改革透明性方面做得不到位，部分人员并未知悉本院的实际改革工作情况。从统计数据来看，比较集中的选项为“保留原审判庭，组建刑事、民事、行政和审监立案大团队”“在原审判庭内组建相对固定的合议庭”“继续按原审判庭模式办案”和“组建若干个1+X（助理）+X（书记员）审判团队”，各选项被选的次数分别为37次、26次、12次和13次。选择“组建若干个1+X（助理/书记员）审判团队”和“以员额法官主导的其他团队模式”的也有7人。“未保留原审判庭，组建刑事、民事、行政和审监立案大团队”“以院庭领导主导的其他团队模式”未被选择。这充分说明，全区大部分中院选择了改革阻力较小的改革途径，即在现有的业务庭室框架内，按现有的人力资源为员额法官配备审判辅助人员，实际上仍未打破旧有的业务庭管理模式。

当然，也有突破现有业务庭管理模式的，如M市中院。该院成立了民事审判、刑事审判、行政审监、执行四大审判业务中心和诉讼服务中心，五大中心均设立相应的专业法官会议，每个专业法官会议组织设立联络员负责会务工作。五大中心负责人兼任各自专业法官会议召集人，负责人人选从院长、分管副院长或审判委员会专职委员中选任。业务庭庭长除了履行法律规定的审判监督、审判管理职责外，不再负责分案、文书审核签发等案件流程管理职责。

从整体人员配备情况来看,有部分法院部分部门的员额法官能够按1:1:1比例配备法官助理和书记员;有部分法院部分部门的员额法官能够按1:1比例配备书记员;多数法院多数部门的多数员额法官未能够按照1:1:1比例配备法官助理和书记员或按1:1比例配备书记员。

5.广西区内外中级法院新型民事审判团队改革比较

在此,我们选择外省四市中级法院新型审判团队组建情况作为参照,对广西新型民事审判团队改革成效进行总体评价。

从审判组织来看,C市第X中院组建"1+2+2+1+1"的合议庭形式的审判团队,即1名审判长、2名合议庭其他法官、2名法官助理、1名书记员、1名综合部门参与办案法官。合议庭按原有内设机构设立,每个业务庭编排一个或两个合议庭。该院还明确了各办案团队受理的案件类型,确定轮流分案的形式。对专业化审判和协作方面也作了规定:每个办案团队应对法官分工,确定研究方向,从事专业化调研;加强案例研究,提高办案水平;收集审判信息,保证同案同判。一般安排2名法官互为AB角。

S省B市中院按2:1比例给员额法官和未入额法官分配案件。员额法官和未入额法官不能混同编入同一团队;员额法官一般案件裁判文书由合议庭自行签署、签发;未入额法官按原审签制度实行。审判团队依附审判庭组建,分固定合议庭和随机合议庭两种。

从J省J市中院司法信息公开网的公开信息来看,该院民事审判业务部门共有员额法官25人,法官助理6人,编制内书记员0人。从这些公开的数据来看,该院不具备组建新型审判团队的条件。

G省L市中院实行"审辅分离"的改革模式,设立法官中心、审判辅助中心和诉讼服务中心,分别对法官和审判辅助人员进行管理。民商事审判团队是法官中心下设的三大团队之一,每个团队设1名政治协理员和1至2名内勤,政治协理员在机关党委及法官中心主任、副主任管理下工作,团队内勤听从团队法官安排从事内部记录工作。审判辅助中心设民行审判辅助团队(后来分立为三个团队)、刑事审判辅助团队、记录团队(后来撤销该团队,成员安排到其他审判辅助团队)。每个审判辅助团队由若干审判辅助单元组成,每个审判辅助单元由一名法官助理和适量书记员组成,法官助理是审判单元责任人。审判辅助团队还设立程序性合议庭,由员额法官和法官助理组成,负责保全、先予执行、管辖异议等程序性事项审理。诉讼服务中心负责立案、分案、申诉信访、诉前调解等工作。

从总体上来看，广西新型民事审判团队改革仍与外省部分先进中院存在不小的差距，但也取得了一定的成效，主要体现在：

一是任命了一批法官助理，法院人员分类改革工作取得了较大进展。持续多年的法官助理改革〔1〕一直未得到真正落地，此次在全面深化改革的大背景下，这一改革设想随着员额制改革一并落到实处。

二是推动完善了书记员制度。多年来，各地法院为缓解案多人少的矛盾，聘任了大量编制外的书记员从事辅助性工作。在员额改革之后，最高人民法院、最高人民检察院、财政部、人力资源社会保障部联合印发《人民法院、人民检察院聘用制书记员管理制度改革方案（试行）》〔2〕，明确人民法院书记员将采取聘任制为主的录用方案。

三是新型民事审判团队改革取得了一定进展。按照广西高院的"1（员额法官）+1（法官助理）+1（书记员）"新型民事审判团队组建蓝本，L市中院在民事速裁组试行了这一新型民事审判团队改革方案。而在M市中院，该院打破了原有业务庭室，组建大的民事审判业务中心，试行大审判团队模式。还有其他一些中院，不同程度地试行了"1（员额法官）+1（法官助理）+1（书记员）""1（员额法官）+1（法官助理或书记员）"的新型民事审判团队改革。

（四）广西各中院分工改革效果

1. 广西S市中院分工改革前后法官办案情况对比

我们从该院入额法官司法改革前后办案情况对比这一个侧面，考察审辅分工改革后的实际运行效果。我们选取试点法院的某个民事审判业务庭，按照在员额制改革后是否承办案件为鉴别标准，选择8名在员额制改革前后都在该民事审判业务庭工作且已入额的法官作为考察对象。改革前后的数据统计区间分别为2016年1月1日至10月1日、2017年1月1日至10月1日。

---

〔1〕 参见孙祥壮：《试论我国法官助理制度的建构》，载《法律适用》2006年第4期。根据该文所述，法官助理制度改革始于2002年，2004年最高人民法院确定了18家全国试点法院。因此，法官助理制度从改革设想提出至落地，经历了10余年时间。

〔2〕 参见人民法院报编辑部：《全国法院聘用制书记员管理制度改革动员部署视频会议发言（摘登）》，载《人民法院报》2017年5月27日。

表6 广西某试点法院民事审判庭员额法官办案情况表

单位:件

法官代号	改革前办案情况			改革后办案情况		
	收案	结案	未结	收案	结案	未结
LL	38	38	0	68	77	-9
LC	34	19	15	76	92	-16
WRJ	2	2	0	36	21	15
YJ	46	39	7	68	53	15
HXP	45	48	-3	91	65	26
LWL	50	52	-2	64	59	5
QJ	67	67	0	22	55	-33
HMF	32	30	2	17	19	-2
合计	314	295	-19	442	441	1

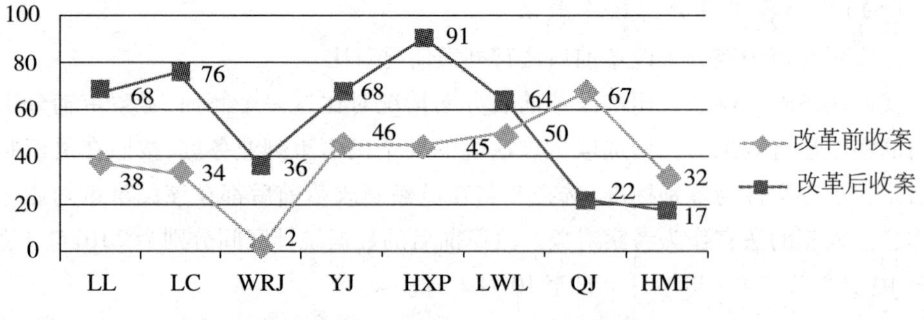

图4 广西某试点法院民事法官改革前后收案对比图

从表6和图4的对比可以看到,该试点法院有6名法官改革后的收案数量多于改革前收案数量,仅有2名法官改革后的收案数量少于改革前收案数量。这说明,在员额制改革之后,员额法官的办案数量较改革前有所提高。从改革前后人均办案数量对比来看,改革前这些法官人均办案数量为39.25件,改革后增至55.25件,增幅高达41%。

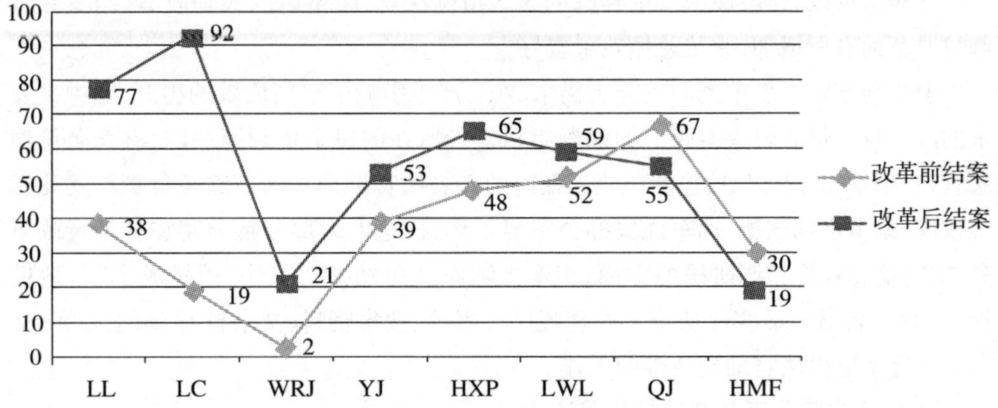

图5　广西某试点法院民事法官改革前后结案对比图

从表6和图5可以看到,该试点法院8名员额法官,有6名法官改革后的结案数量多于改革前结案数量,仅有2名法官改革后的结案数量少于改革前结案数量。这说明,在员额制改革之后,员额法官的结案数量较改革前有所提高。从改革前后人均办案数量对比来看,改革前该8名员额法官人均办案数量为36.86件,改革后则增至55.13件,增幅高达50%。如果再考虑有2名员额法官承办案件数量相对减少,其余6名员额法官人均办案数量增幅超过50%。

从上述数据对比来看,该试点法院的民事审判分工改革取得了明显的效果,在收案数量激增的情况下,仍能保持结案数量的大幅增长,实属不易。

2. L市中院某民事审判庭员额法官改革前后办案情况对比

因课题组负责人在L市中院民事审判业务庭工作,故就以该业务庭为例来说明分工制度运行情况。改革前、后的数据统计区间分别为2016年1月1日至10月1日、2017年1月1日至10月1日。

表7　广西L市中院民事审判庭员额法官办案情况表

法官代号	改革前办案情况			改革后办案情况		
	收案	结案	未结	收案	结案	未结
QXM	31	22	9	42	37	5
QQM	31	25	6	42	33	9
TNF	42	33	9	44	38	6

从表7可以看到，该民事审判庭的3名员额法官，改革后的人均收案、结案数量都较改革前有所增加，改革总体效果较好。

但当前该院民事审判职责分工仍未清晰，严重影响了审判质效的提升，距中央要求的改革目标仍有较大差距。如课题组执笔人所在的民事审判第一庭，有5名员额法官，3名聘用制书记员，包括执笔人在内的3名法官助理。因该庭还负责妇女儿童维权岗、家事审判改革、拥军优属办公室等工作，执笔人大部分精力花在处理行政事务、撰写信息宣传和调研稿件方面，根本无暇顾及协助办案工作，俨然成了“行政助理”。而3名书记员实际从事了办理程序性事项、搜集资料、文书校对、网上办案、文书上网等本应由法官助理从事的工作。

3. G市中院分工制度运行情况访谈

课题组在G市中院座谈时，有员额法官反映，未担任院领导职务且未在民事审判部门任职的员额法官，其在民事审判业务庭承办案件时，在选择合议庭成员和审判辅助人员时遇到困难，即使在多方协调之后也只解决书记员记录和协助送达，其他辅助性事务还是由员额法官亲自完成。还有员额法官反映，在不同的民事业务审判庭，审判辅助人员的工作模式、工作态度、工作质量有较大差距。同是该院的民事业务审判庭，其中的1个庭审判团队磨合比较好，审辅之间配合比较默契。

4. 分工制度改革总体运行效果评价

从法官办案数量对比上来看，广西民事审判领域员额法官与审判辅助人员分工制度改革运行情况良好，除因职务变动原因造成的办案数量减少外，员额法官办案数量和效率较改革前有所提高。不可否认的是，在总体向好的趋势下，分工制度改革仍然面临着不少的困难的问题，值得我们深入探究。

二、当前广西民事审判领域法官与审判辅助人员分工改革存在的主要问题

基于上文的论述顺序，我们仍按制度体系、具体制度和新型审判团队三个方面归纳当前广西民事审判领域员额法官与审判辅助人员分工存在的问题。

（一）制度体系方面的问题表现

在分工制度体系方面，存在的问题主要表现为制度实施效果不理想和缺乏某方面制度。

1. 分工制度实施效果不理想

虽然各项制度均明确了员额法官、法官助理和书记员的职责，也明确了担任领导职务的员额法官的审判管理、审判监督职责，但没有建立相应的工作流程，导致责任

人不能够明确在何时、以何种方式去完成这些工作职责,直接影响了分工制度体系的实施效果。

2. 缺少职责、人员冲突协调解决制度

审判实践中,比较常见的冲突如因书记员不够而未能开庭、因职责分工不清相互扯皮而影响案件审理进程等。这些都需要我们在制定职责分工制度时予以考虑,兜底性条款只能解决一部分问题,并不能完全解决这些问题。我们需要建立解决冲突的工作机制。

3. 缺少均衡工作量控制制度

从调查问卷反馈的结果来看,与课题组预期不同的是,调查对象身份是未入额院领导,他们对分工改革现状的满意率最高,没有人表示不满意;身份为入额的院庭领导(含正副职及相当级别人员)、其他在编人员、聘用人员的调查对象,大部分对改革现状表示满意,也有少数人表示不满意;入额的和未入额的未担任领导职务的法官,他们对分工改革现状满意率不高,大部分人表示不满意。(见表8)

表8　改革满意率调查结果反馈表

身份 满意度	入额的院庭领导	未入额的院庭领导	入额法官	未入额的法官	其他在编人员	聘用人员
很满意		1			1	1
基本满意	15	5	6	8	16	6
不满意	6		12	11	4	1

入额法官是积蓄不满情绪最多的群体,如影响到这部分群体的稳定性,最终也会影响到改革的实际效果。未入额法官也是积蓄不满情绪较多的群体,如果他们通过消极怠工、推诿扯皮等方式表达这种情绪,也会对提高办案质效造成不良影响。

表9 调查问卷关于改革存在问题的调查结果反馈表

问题表现＼身份	入额的院庭领导	未入额的院庭领导	入额的法官	未入额的法官	其他在编人员	聘用人员
院领导挂名办案	11		9	12	3	3
法官助理把工作全部丢给书记员去做			2	1	1	2
院领导整天开会,没时间办案	14	3	9	11	5	5
单位人员忙闲不均,闲的闷死,忙的累死	20	5	15	17	12	5
有些法官助理应付了事,不认真协助办案	15	3	10	3	4	1
现实情况是,整个单位需要聘用人员来支撑运行	6	2	13	8	8	2

改革后存在职责虚化现象:入额的院领导无暇顾及办案工作,让其他员额法官或者法官助理办案,自己只是露个面,挂个名;还有就是法官助理充当"二传手""二老板",把职责范围内的工作全部丢给书记员去做。推诿扯皮的主要表现为:部分未入额的院庭领导和相当级别的未入额人员"无官一身轻",基本上不用承担任何具体的工作职责,而一些入额的年轻法官承担了法官人数减少、入额院庭领导低于人均办案数转移的工作量,造成了"连轴转",法官内部忙闲不均现象较为突出。如有调查对象反映"忙的更忙,闲的更闲"。又如,有调查对象反映:"以我们团队为例,三名入额法官,两名法官助理,一名书记员,其中一个是一位快退休的副处级——我们以前的老审判长,另外一位负责我们庭内勤、党务等其他工作,可以说组建团队以来,从来没有享受过法官助理分担工作的福利"。[1] (见表9)

〔1〕 本文在此引用被调查对象的原话,旨在为本段落的论述提供相应的事实根据。特别声明:被调查对象的观点不代表本文观点。

而地位最低、待遇最低的聘用制书记员，不得不承担起大量的工作职责，这进一步加剧了书记员队伍的不稳定性。这和调查问卷反馈的结果是一致的。有多位调查对象反映："聘用制书记员的工资过低，干的活又是跟在职在编的书记员一样多，工资待遇有待提高"，"书记员薪资由各地财政或各院办公经费开支，导致工资较低，单位不敢签订长期无固定合同，难以留住人，聘用人员流动性大"。[1]

（二）具体制度方面的问题表现

1. 民事法官助理与书记员之间职责交叉混同

广西各中院在改革过程中，均不同程度地存在法官助理、书记员职责混同现象[2]。甚至在广西壮族自治区高级人民法院出台的指导意见中，也明确提出法官助理、书记员可以相互代行各自职责。如有调查对象抱怨："法官助理和书记员职责不分，导致工作中很多推卸事情发生"；还有调查对象反映："书记员数量不够，法官助理现在还在兼任书记员的工作"。又如，执笔人所在的业务部门，由于法官助理承担过多的综合性业务，导致书记员实行上履行了法官助理的送达法律文书、完成法律文书上网、法律文书校对等工作，而其本身的案件归档、退卷等工作却受到影响，案件归档率低、档案差错率高、退卷速度慢。

2. 具体分工制度之间存在冲突

从上文的考察中，我们可以看到，民事审辅分工制度，分布在多个制度之中，部分制度之间未能考虑制度的衔接性，导致职责分工内容存在冲突，影响分工制度运行效果。比如，绩效考核应当针对民事审辅人员的职责范围内的工作进行考核，但L市中院在制定绩效考核实施办法时，未能考虑该院先前制定的审判责任制规定，把民事法官助理的职责纳入书记员的绩效考核之中，造成了分工制度上的混乱，让民事审辅人员无所适从。

同时，还有部分下级法院的分工制度与上级法院的分工制度存在冲突。

---

〔1〕 本文在此引用被调查对象的原话，旨在为本段落的论述提供相应的事实根据。特别声明：被调查对象的观点不代表本文观点。

〔2〕 法官与法官助理之间、法官助理与书记员之间的职责混同交叉，并非只有广西各中级人民法院存在，其他法院也不同程度存在。参见周丹：《对法官助理职责的看法》，载《法制博览》2017 年第 21 期。该文认为，因受法官安排和最高人民法院制定的意见中审判辅助人员之间的职责重合等原因，法官助理与书记员之间的职责存在交叉混同。又见吴思远：《法官助理制度：经验教训与难题突破》，载《法律适用》2016 年第 9 期。该文认为试点地区法院也未能解决法官与法官助理、法官助理与书记员之间的职权边界问题。

3. 部分具体分工制度不适应司法改革发展需要

如广西正在全面推开的家事审判(含少年审判)改革,就是专业化审判趋势的一个缩影。在基层法院,家事案件(含少年刑事案件)可以集中由一个法庭或者一个审判中心来集中受理,但在中院这一层级,我们是无法实现全广西由一个中院来集中审理家事案件,我们只能设立固定的合议庭或家事少年审判庭来审理此类案件。但从当前的审辅分工改革现状来看,相关制度文件与家事审判改革文件并不衔接,专业化审判所需要的审辅分工体系并未完全确立。

在案件繁简分流方面,“简案快办、繁案精审”仍只是一个口号,“一刀切”的分案制度、绩效考评制度等,让承担重大疑难复杂案件的员额法官在绩效考评方面吃亏。

(三)新型审判团队方面的问题表现

组建新型民事审组建新型民事审判团队是实施审辅分工改革的前提和基础,但当前广西大部分中院均未能按照改革要求组建新型民事审判团队,导致该机制空转。

1. 审判团队未能以案定员

自治区高级人民法院提出,要根据工作量和法官人数来组建审判团队。但绝大部分中院在实际改革过程中,均未能实质性打破业务庭结构,编制、职责、运行模式仍维持原业务庭模式。实际上是以原有民事业务庭为基础组建审判团队。

2. 未能组建专业化审判团队

如课题组所在法院,由于民事审判第一庭某阶段人均办案量少,该院立案庭经协商,把民事审判第二庭和民事审判第三庭的案件调配到民事审判第一庭审理。而后,民事审判第一庭收案数量突然增加,不得已又将部分案件调配到民事审判第二庭和民事审判第三庭审理。这实际上架空了专业化审判原则。

3. 审判团队人岗适配性不强

如课题组执笔人所在的民事审判第一庭,每年审理的家事案件占到三成左右。改革之后,原有法官数量由6人减少到5人,除了新补充1名法官助理外,其他人员均未做调整。由于没有考虑员额法官办案专长因素,该庭同一名法官因同一类型案件被当事人投诉,引发了3起轻微舆情,虽然经调查,该法官对案件的处理并不无不当,但如果交由其他有审理此类型案件专长的法官处理,就有可能避免发生此类舆情。

4. 高校短期实习生的人员补充效果不理想

L市中院从广西某高校接收了5名法律专业应届毕业生作为实习生,他们自2017年10月起开始为期两个月的实习生涯。执笔者所在的民事审判业务部门接收了其中1名实习生。通过对该名实习生的了解，该高校最初应L市中院要求，计划选派15名应届毕业生前来实习，后由于该院财务部门难以解决其食宿问题，故而缩减至5名。在实习期间，该名实习生主要是跟随书记员进行实习，协助书记员开展工作，没有起到法官助理应起的作用。

三、广西民事审判领域员额法官与审判辅助人员分工问题的原因多维度交叉分析

造成当前广西民事审判领域员额法官与审判辅助人员分工问题的原因是多样的，我们从主客观、内外部和直、间接三个维度对这些原因进行多维交叉分析。

（一）主客观原因维度分析

1. 对审判辅助人员分工重要性的主观认识不到位

按回收的调查问卷，在书记员能否代行法官助理职责问题上，有1/3的调查对象认为可以，有2/3的调查对象认为不可以。在法官助理能否代行书记员职责问题上，有1/2强的调查对象认为可以，有不到1/2的调查对象认为不可以。

在对法官不能将哪些工作交给审判辅助人员完成的问题上，少数调查对象认为不能将主持调解、主持证据交换、制作阅卷笔录交由审判辅助人员完成，略少于一半的调查对象认为不能将主持问话、拟定庭审提纲交由审判辅助人员完成，多于一半的人认为法官不能将审查证据效力并提出审查意见、提出案件处理意见交由审判辅助人员完成。以上调查反馈结果充分说明，在人员分类分工改革的问题上，部分人还是认识不到位，并未意识到精细化分工与提高工作效率之间的正相关关系。这也是造成制度空转、职责混同的重要原因。

2. 民事审判辅助人员缺口大、分配不均衡的客观影响

从调查问卷反馈结果来看，全部15个中院均有调查对象反映法官助理、书记员均未能按比例配备；上级法院在相关会议的讲话中，也透露法官助理、书记员短缺问题是全国性的问题，并非广西独有的问题。当然也有调查对象反馈法官助理和书记员能够全部配备或者能够配备其中之一的，这说明在各个中院内部，法官助理、书记员的分布是不均衡的。

3. 影响短期法官助理补充效果的主客观原因分析

在主观上，应届高校毕业生和各中院的民事法官助理需求并不匹配。应届高校毕业生希望在法院得到法学实践锻炼，并积累一定的工作经验，为今后就业增添筹码。而各中院的民事审判庭希望短期法官助理，能够尽可能多地分担辅助性工作，减

轻各业务庭室的工作负担。但由于实习时间不长,导致双方都无法满足各自需求,降低了主观积极性。

在客观上,部分应届高校毕业生在大四上学期还需要上课,在大四下学期实习的同时,还需要完成学位论文,故而无法保障其实习时间。而各中院囿于财务、人事等制度限制,在进人、食宿费用开支、工作技能培训等方面面临掣肘。因此,这对短期法官助理对民事审判辅助人员的补充效果。

(二)内外部原因维度分析

1. 分工制度体系内部缺陷原因

一是分工制度设计存在缺陷。例如,法律规定决定拘留、罚款由院长决定。如现行的分工制度,并未考虑到当合议庭多数意见与院长意见冲突时如何处理。

二是各项规则缺乏工作量测定等科学依据。目前课题组所获取到的有限资料来看,广西全区各中级法院在制定制度前均未进行精确的工作量测定工作。

三是规则的有限性。再圆满的规则,总会有缺陷。例如,笔者所在的L市中院,其绩效考核中,只考核书记员录音工作,但在实际工作中,该院要求开庭审理的案件全部全程同步录音录像。这显然是规则条文的有限性导致的。

四是规则的兼容性较差。2016年以来,广西部分中院开展了轰轰烈烈的家事审判改革工作,但按照各中院制定的职责分工制度,相应的制度内容,与家事审判改革目标要求相差甚远。

2. 外部制度过度影响各中院分工制度体系

一是落实上级法院制定的分工制度体系过于机械。从部分中院发布的招聘公告列明的法官助理和书记员的职责来看,有些规定完全一致。如广西B市中院和L市中院,一个沿海沿边,管辖地域大,在编人数200余人;一个是新成立的地级市,管辖地域小,在编人数100余人。在招聘公告中,两院对法官助理和书记员职责的描述基本一致。

二是照抄照搬院外分工制度体系。各中院名曰交流考察,实则在改革任务繁重的情况下,出台的各种制度未经或实质上没有足够的时间走研究、协商等程序,就照抄照搬过来,脱离了各院的工作实际,造成了职责分工制度的水土不服情况。

3. 员额制改革仍然脱离行政级别的深刻影响

在实施单独职务序列套改中,员额法官和法官助理等级仍按照行政级别进行套改。在套改后,也按参照行政级别的职数限制,对法官等级的职数进行限制。这实际上未能真正改变法官、法官助理的职级管理模式。

(三)直、间接原因维度分析

1. 非办案业务直接挤占民事审辅人员时间

从调查反馈结果来看,除了办案和协助办案,身份为各中院入额的院庭领导和未入额法官的调查对象均表示存在以下几种甚至全部的非办案业务:报送数据、报表、案例和材料;参加评选、打传、公安抓捕等行动;以及其他能想到的不能想到的活动。

受制于地方党委政府的绩效考核,院领导不得不把精力投入到中心工作中,再通过转嫁办案任务的方式,把办案主业交由其他法官或法官助理去处理,从而造成入额院领导想办案而不得办案,其他员额法官办案量过大的情况,加剧了改革的矛盾。

2. 脱离实际的改革设想给分工制度体系造成间接影响

不增编增人,仅依靠改革应对激增的工作量不切实际。从调查问卷反馈结果来看,各中院均有调查对象表示工作日和周末存在加班现象,其中大部分调查对象表示工作日加班在1个小时以上;身份为入额的院庭领导、入额的法官的调查对象,大部分表示周末加班时间在2小时以上。从笔者自身情况来看,工作日加班和周末加班已是家常便饭。在不增编不增人的情况下,应对日益激增的案件数量和当地党委政府指派的工作任务,只能依靠法院工作人员牺牲工作日来完成工作,这无疑降低了改革的红利。

让入额院庭领导既办案又承担行政管理、行政事务、审判管理和审判监督责任不切实际。为了加强入额院庭领导办案工作,最高人民法院和广西壮族自治区高级人民法院先后下发了多个文件,对办案数量进行规定。但这些文件印发施行后,各地普遍反映施行难度较大,实施过程中也确实出现了因办案影响到其他工作的情况,中央政法委又下发通知进一步调低该部分入额群体的办案数量指标。这看似解决了矛盾,但实际上是把这些办案工作转嫁到别的员额法官身上,但他们却缺乏向上反映的渠道,只能默默承受,这显然加重了法院内部矛盾,增加了法院队伍的不稳定性。

享受双重绩效只承担业内工作的设想不切实际。各地党委政府在工资制度之外,设置了相应的绩效考核奖金,要享受这些绩效考核奖金,必须完成相应的工作任务。如果法院没有完成不属于自身职责的工作任务,是无法享受该部分绩效考核奖金的。而要完成这些工作,又不得不通过加班形式去完成办案工作。同时,广西未实施省以下法院、检察院人财物省级统管改革,即便各地法院愿意放弃地方绩效考核奖金,也是不能完全推掉不属于职责范围内的工作。

把大部分法院人员压到办案一线只承担办案任务的设想不切实际。从各中院工作现状来看，主业之外的工作任务越来越多，工作要求越来越高，部分工作动辄报送数量巨大的材料，图片、数据、报告等不一而足。如妇女儿童维权工作、拥军优属工作、留守儿童局际联席会议、精准扶贫等，这些工作与业务工作有关，但在行政人员减少之后，综合部门人均工作量有相应增加，其也只能通过把这些工作任务转嫁给业务部门。这样一来，就会造成人多了但事也杂了的情况，改革效果大打折扣。

3. 广西高院单一蓝本制约了新型民事审判团队组建

广西高院对新型民事审判团队的组建仅提供了"1（员额法官）+1（法官助理）+1（书记员）"一种蓝本，而在广西各中院新型民事审判团队改革实践中，各中院按照各自院情组建了多种形式的新型民事审判团队。如L市中院组建的相对独立的民事速裁组；在速裁组外，原有的3个审判业务庭仍然存在，大多表现为"4（员额法官）+2（法官助理）+2（书记员）"团队模式。又如M市中院组建的民事审判业务中心的大审判团队模式。我们认为，1∶1∶1比例的员额法官与审判辅助人员的配备比例，可以由各个中院在院内自行掌握和调配，甚至在部分案件数量偏少的中院，可以适当降低审判辅助人员的占比，降低新型审判团队组建难度。

四、完善广西各中院民事审判领域员额法官与审判辅助人员分工制度的对策建议

课题组建议，我们可以通过如下措施，进一步完善中院民事审判领域员额法官与审判辅助人员分工制度。

（一）完善现有分工制度体系

当前广西各中院民事审判领域员额法官与审判辅助人员分工制度体系主要存在两大问题：一是存量制度存在冲突或实施障碍；二是缺少部分具体制度。课题组建议，我们应当把整合存量制度与制度查缺补漏相结合，进一步完善分工制度体系。

1. 统筹解决院内、院外具体制度冲突问题

我们把不同层级法院的制度冲突称为院外制度冲突，把法院内部的制度冲突称为院内制度冲突。解决院外制度冲突，必须坚持下级服从上级的原则。而对于院内制度冲突，可以按制度地位、制定时间先后等进行取舍。

2. 建立司法亲历性保障制度

为了防止出现担任领导职务的员额法官职责虚化和员额法官转嫁工作等情况的出现，必须严格贯彻司法亲历性原则，明确员额法官必须由其本人亲自履行的审判工作职责，确保审判权运行符合改革所确定的目标。具体来说，一是明确员额法官亲自

参与庭审、进行推理、发表处理意见、签署文书等；二是明确禁止审判辅助人员独立处理必须由法官本人亲自履行的职责范围内的事务。

3. 探索建立常态化制度修订机制

家事审判改革、案件繁简分流等改革以及扶贫攻坚、党委政府安排的大型活动任务等，都会对分工制度造成影响。因此，我们要根据工作环境、条件的变化，定期对制度进行效力性审查并及时修订，以适应社会经济和审判工作发展需要。

4. 建立流程式分工指引

外省C市第X中院对民事案件办理流程实施节点管理，明确各个流程节点的工作任务，这为我们建立流程式分工指引提供了可资借鉴的制度蓝本。

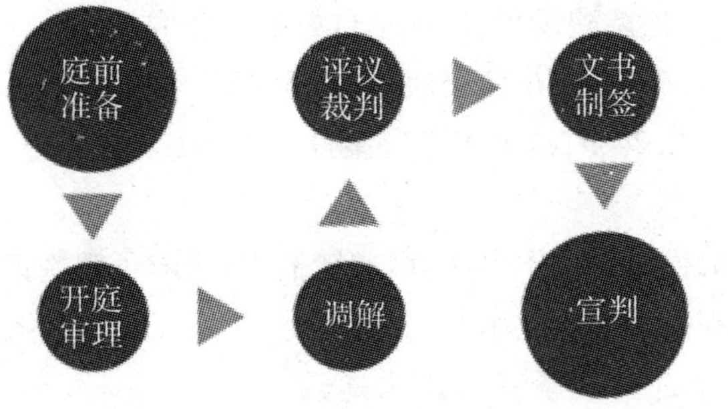

图6　C市第X中法院办案流程节点

图6六个节点，囊括了民事审判的全部流程。该院把调解独立为一个节点，设定了专门的规定，并规定了具体的内容。

5. 建立民事案件评级、随机分案及超限预警控制制度

设置案件评级、分级随机分案和超限预警控制制度，目的是保障员额法官的工作时间、审理质量，避免因改革造成个别法官工作量过大、院内人员忙闲不均等不正常现象。

6. 推广人机分工制度

当前，人工智能技术已经在中国的制造业、物流行业等进行了成功的应用，极大地提高了生产率水平。按J省J市电子法院建设经验，2015年下半年该院辖区法院收受各类案件38 195件，其中有电子卷宗案件25 604件，占比为67%；而2016年下半年该院辖区法院收受各类案件34 901件，有电子卷宗案件28 276件，占比为81%，较去年同期提高了14个百分点，极大地减轻了书记员的归档压力。

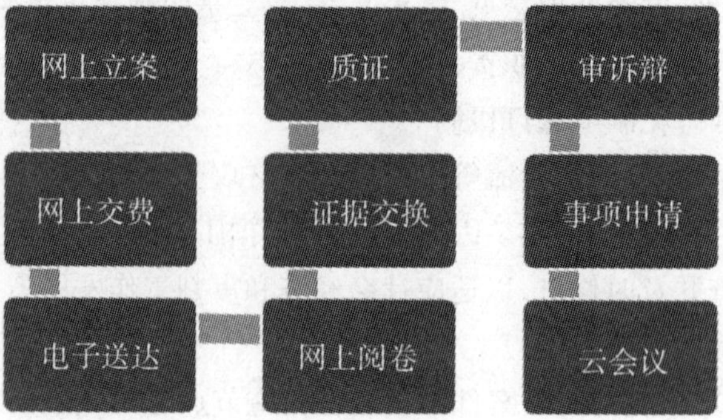

图7 J省J市中院电子法院民事审判工作流程图

该院在推动电子法院建设后，取得了良好的工作成效。

在民事审判工作领域，全市两级法院2016年下半年收受民事案件共21 723件，占各类案件总数的62.24%，有电子卷宗案件共18 912件，有电子卷宗案件占比高达87%。

在德国，民事诉讼中的电子书状、声像转播审理、电子裁判记录、电子档案等现代化通讯工具，切实提高了庭审效率[1]。

(二)大力加强新型民事审判团队建设

1. 推广固定团队模式

固定的审判团队，可以通过一定时间的磨合，从而达到默契配合、无缝衔接的专业化协作目标，因而，应当推广固定团队模式，逐步减少随机合议庭等非固定审判团队的工作模式。在中院民事审判领域，推广组建"3+X+X"模式的合议庭，即由3名员额法官和若干名法官助理、书记员组成固定的合议庭。这种模式，既有利于审判专业化分工趋势，也有利于提高协作效率。当前，组建"3+X+X"模式的前提是打破原有业务庭结构，否则在单个业务庭内部员额法官人员不能被3整除时，就会出现某些员额法官无法与他人组建合议庭的情况。

2. 建立人员出缺替补制度

职责分工规范的运行，时刻受到人员变动的影响，如请假、出差、工作调动等变动情形。G省L市中院针对合议庭法官的缺席、冲突，专门出台相应的替补规定，解决了这一方面的问题。但在广西全区范围内，未见有中院在民事审判工作中建立这一

[1] 参见王阁:《论多元纠纷解决机制下的民事审判权力配置——以德国为视角的考察》，载《西部法学评论》2012年第5期。

替补机制。替补机制大致包括替补人员来源、替补方式、缺席或冲突告知、业绩评价等内容。

3. 建立备用人才库

G省L市中院实行民事“审辅分离”分工模式。[1] 该院对审判辅助人员进行了细化分工,提高团队协作效率,尤其是在各不同团队之间的沟通方面,该院积累了较好的经验。比如,该院建立了合议庭成员缺席、冲突替补机制,要求法官中心每两个合议庭之间要结对子。在缺席时,替补次序为,先由结对子合议庭法官替补,仍不能解决的由其他合议庭法官替补,之后再由机动法官替补。

课题组结合广西实际情况,认为在员额法官出缺方面,可以建立在各地中院(军事、海事等特殊法院的同层级法院)设立民事影子法官候任库,并按照工作能力评价等次、位次确定民事影子法官排名(初始排名参照遴选分数、得票率等确定)。民事影子法官与民事员额法官一起,由省级法官遴选和惩戒委员会按相同的程序选任。当民事员额法官空缺时,由缺额法院所在的候任库按排位依次考核民事影子法官替补。

在聘用制书记员招录方面,各中院可以在每年高校暑期放假前和春节后组织大规模的聘用制书记员招聘工作,对未录用人员信息进行登记,书记员缺位时直接从中替补。

4. 拓宽民事审判辅助人员来源

短期(实习)法官助理,也是法院解决审判辅助人员短缺的一种重要方式。例如,美国的短期法官助理以法官助理、法律专家或研究员等名义聘用,这些人具有法律专业教育背景,毕业后直接任职并协助法官工作。[2] 最高人民法院也发文鼓励各地法院通过引进应届高校毕业生来院实习,解决法官助理短缺问题。

各中院可以主动和高校联系,通过设立实习实践基地、联合培养协议等方式,引入即将毕业的法律专业学生到各级法院担任短期(实习)法官助理,进一步拓宽辅助人员来源,缓解当前各中院审判辅助人员短缺情况。

5. 建立书记员相对集中管理和培训制度

由于聘用制书记员流动性大,故还要解决教育培训问题。课题组所在的L市中院民事审判业务部门,就出现了因教育培训不到位,各书记员之间的职业能力差距较

---

〔1〕 关于G省L市中院“审辅分离”模式的全部资料,均来源于G省L市中院内部网站,最后访问时间分别为2017年1月4日和2017年7月28日。

〔2〕 参见魏玮:《美国法院的司法辅助人员》,载《人民法院报》2002年8月5日。

大,部分书记员不能独立完成记录工作。可以在审辅适度分离之后,把书记员集中交由法官助理或统一的辅助管理部门进行管理,集中进行培训教育,使之具备相应的职业能力,提高工作效率。

(三)理顺民事员额法官与审判辅助人员的管理关系

加强管理,是提高民事审辅分工效率、效果的重要工作方面。由于法官在合议庭中有着不同的分工,因此,理顺审辅管理关系,包括了法官内部、审判辅助人员之间以及法官与审判辅助人员之间的管理关系。

1.健全以审判权为中心的民事法官审判权力分配体系

在改革之后,审判管理权和审判监督权让位于审判权,审判权成为审判权力的中心权力。在今后的改革中,我们既要注意避免审判管理权、审判监督权对审判权的不当干预,更要注意避免审判权过度依赖于审判管理权和审判监督权。

一要规范审判管理权、审判监督权行使方式。如德国法官区分审判权和管理权,审判权由法官行使,只服从法律;而管理权由院长以及行政长官或兼任行政职务的法官行使。[1] 要明确规定担任领导职务或者合议庭审判长的法官,必须通过召开合议庭会议、专业法官会议等方式行使审判管理权和审判监督权。要禁止前述权力主体借用监督、管理名义,对案件进行不当干预。二要防止审判权行使主体以汇报案件、工作请示等方式,怠于履行审判职责。三要进一步健全合议庭评议制度,避免合议庭成员出现"附议"等现象。

2.探索建立法官指导下的民事法官助理责任制

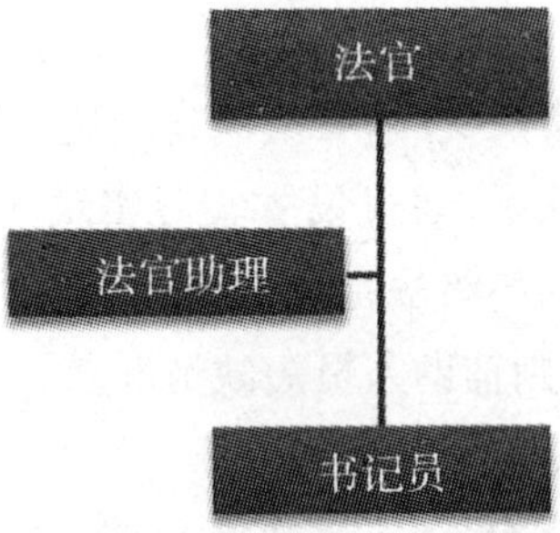

图8 S省B市中院审辅管理层级

按S省B市中院司法责任制实施细则,法官助理在工作业绩、晋升时接受法官评价,实质上确立了员额法官与法官助理之间的管理与被管理关系。而在书记员的管

〔1〕 参见梁三利:《德国法院管理探析》,载《玉林师范学院学报》(哲学社会科学)2008年第6期。

理上，书记员要受法官和法官助理的工作指导；书记员的工作业绩也由法官和法官助理进行评价。

对于法官助理与法官的职责分工，是国内外讨论较多的学术话题。国内有人提出在强调法官助理服从性的同时，也要保持一定的独立性，如拒绝代行核心审判职责、独立服从法律等。[1] 而对于法官助理个人态度对案件可能造成的不当影响，曾在美国引起了大范围的讨论。[2] 按《最高人民法院关于完善人民法院司法责任制的若干意见》规定，法官助理需按职责分工承担相应的责任，具有指导责任的法官也承担相应的责任。无独有偶，《最高人民检察院关于完善人民检察院司法责任制的若干意见》也提出，检察官助理参与办案的，要根据职权分工承担责任，负责审核把关的检察院也要承担相应的责任。因此，责任制是法官助理必须要承担的分工模式。法官助理履行的是法官指导下的协助义务。因此，我们把法官助理的这种分工模式称为法官指导下的民事法官助理责任制，即在民事员额法官的指导下，民事法官助理独立完成法官授权交办事项并对法官负责。这种管理模式，既强调法官助理对法官的服从，也重视法官助理工作的独立性，在二者之间建立了相互监督制约的关系。

按张鹏程、廖建桥、杜旌关于脑力劳动的分类来看，[3]法官的工作属于决策型脑力劳动，而法官助理的工作属于事务型脑力劳动。按照脑力劳动测量模型，我们可以有效区分法官和法官助理的工作。法官助理对其职责范围内的工作独立负责，承担相应责任。

3. 建立以劳动性质区分的审判辅助人员内部分工制度

鉴于脑力劳动的低重复性，我们可以把事务型脑力劳动进一步区分为重复性脑力劳动和浅脑力劳动。按此分类，由书记员负责的事务性辅助工作包括轻体力劳动和重复性脑力劳动；由法官助理负责的业务性辅助工作就只包括浅脑力劳动。在双方职责交叉地带，应当建立沟通机制。我们可以通过赋予法官助理对书记员的工作指导职责、书记员对交办工作的报告等，建立起经常性工作沟通机制。

4. 探索设立民事审辅人员之间工作业绩评价系统

为了促进审辅人员之间的磨合和工作交流，形成良性的工作互动，可以设立工作

---

[1] 参见张太洲：《现行与展望：我国法官助理制度完善机制研究》，载《海峡法学》2016 年第 2 期。

[2] 参见江振春：《美国联邦最高法院与法官助理制度》，载《南京大学学报》（哲学·人文科学·社会科学）2010 年第 2 期。

[3] 参见张鹏程、廖建桥、杜旌：《脑力劳动测量模型研究》，载《科学学研究》2003 年第 5 期。

业绩评价系统，由法官、法官助理、书记员之间进行相互评价，并互相反馈，促进工作。

(四)多途径疏解非业务性工作

司法体制改革之后，各中院的司法行政人员数量有多减少，但法院系统因此承担的外部性非业务性工作却并未减少，甚至还有上升势头，因此，必须高度重视对此类业务的疏解工作，否则必然会影响到整个民事审辅分工制度的运行效果。

1. 民事员额法官应当承担的非业务性工作

因中院具有对下指导职责，因此，民事法官应当承担相应的调研工作任务。此外，明确规定由个人承担的党支部活动、政治性学习、教育培训等由法官个人独立完成。

2. 绩效考评制度应当适度考虑非业务性工作

课题组所在的 L 市中院制定的绩效考评制度，并未考虑到非业务性工作的考核问题。实际上，因部分员额法官和审判辅助人员承担非业务性工作，才能让法院整体上享受了当地党委政府发放的绩效考核奖金。因而，法院内部绩效考核制度，也应当相应地考虑到非业务性工作的考核。

3. 同类民事审判辅助人员应均衡地承担非业务性工作

基于保障办案需要和方便绩效考评制度，应当把非业务性工作均衡地分配给审判辅助人员完成，避免由少数人承担全庭非业务性工作。这样既能让审判辅助人员均衡地承担业务性工作，减轻员额法官负担；又能让每个审判辅助人员都能接触非业务性工作，扩大业务范围，提升业务能力。

当然，在均衡承担非业务性工作的同时，应当充分发扬审判辅助人员的业务专长，相互促进，共同提高。

实务探讨

适用责令退赔与追缴的几个问题探讨

韦宗昆*

《刑法》第64条规定，犯罪分子违法所得的一切财物，应当予以追缴或责令退赔。但上述条文中关于追缴、责令退赔的规定过于笼统，相关司法解释或规范性文件对此的规定也过于分散，如何正确适用追缴、责令退赔或者追缴、责令判决主文如何执行一直是困扰刑事审判实践中的一个突出问题。特别是在当前强调保护被害人合法权益、保护公民合法产权制度的形势下，如果贯彻得不好，既不利于惩治侵财性犯罪和经济犯罪，也不利于保护被害人和其他公民的合法权益。因此，本文就刑事审判实践中如何正确适用责令退赔、追缴几个问题做一探讨，以求教于广大同人，达到规范刑事司法的目的。

一、正确适用责令退赔与追缴的重大意义和要求

（一）正确适用责令退赔与追缴的重大意义

2014年之前，《刑法》第64条规定的由刑事判决主文确定的责令退赔、追缴的判项是否应当由人民法院强制执行没有明确规定，所以，责令退赔和追缴在刑事审判实践中不太受重视，法院刑事判决责令退赔、追缴固然正确，不判责令退赔、追缴也不能说错误，实践中判与不判一个样。2014年之后，相关司法解释及刑事指导性政策密集出台，责令退赔

* 广西壮族自治区高级人民法院刑二庭副庭长。

与追缴被上升到事关被害群众切身利益和保护公民合法财产的大事来看待。主要司法解释、规范性文件有：

1. 2014年10月30日下发的《最高人民法院关于刑事裁判涉财产部分执行的若干规定》第1条规定，本规定所称刑事裁判涉财产部分的执行，是指发生法律效力的刑事裁判主文确定的下列事项的执行：(1)罚金、没收财产；(2)责令退赔；(3)处置随案移送的赃款赃物；(4)没收随案移送的供犯罪所用本人财物；(5)其他应当由人民法院执行的相关事项。第15条规定，执行过程中，案外人或被害人认为刑事裁判中对涉案财物是否属于赃款赃物认定错误或者应予认定而未认定，向执行法院提出书面异议，可以通过裁定补正的，执行机构应当将异议材料移送刑事审判部门处理；无法通过裁定补正的，应当告知异议人通过审判监督程序处理。

2. 2014年12月17日下发的《最高人民法院关于依法平等保护非公有制经济促进非公有制经济健康发展的意见》第8条意见强调，对犯罪分子非法占有、处置非公有制经济主体的财产，要依法予以追缴或者责令退赔；犯罪分子非法毁坏非公有制经济主体财产，非公有制经济主体提起附带民事诉讼的，依法予以支持。

3. 2016年11月28日出台《最高人民法院关于充分发挥审判职能作用切实加强产权司法保护的意见》第4条意见强调，加大对非公有财产的刑法保护力度，依法惩治侵犯非公有制企业产权以及侵犯非公有制经济投资者、管理者、从业人员财产权益的犯罪。对非法占有、处置、毁坏财产的，不论是公有财产还是私有财产，均依法及时追缴发还被害人，或者责令退赔。第8条意见强调，严格区分违法所得和合法财产，对于经过审理不能确认为违法所得的，不得判决追缴或者责令退赔。

上述司法解释、规范性文件的规定表明，追缴和责令退赔事关被害人合法权益，事关维护公民合法财产权益，应当予以高度重视，并在审判实践中加以贯彻落实。

(二)正确适用责令退赔与追缴的要求

1. 拟提请法院判决处置涉案款物的应当提交清单。目前我国诉讼法并没有规定涉案物品必须随案移送，各方博弈的结果是，公诉机关应当移送需要法庭判决处置的涉案物品清单供法庭调查。但审判实践中，很多案件公诉机关没有提供专门供法院法庭调查、判决处置使用的涉案款物清单，而是直接以侦查机关查封、扣押清单或者收款收据要求法院处置，这显然不够严肃，也是侦查、公诉机关推卸责任的一种表现。因为如果不单独制作提请法院处置涉案物品清单，则查封、扣押在案涉案款物有多少、权属性质等具体内容公诉机关也不清楚，这必然会影响法院对涉案款物的判决处置。强调要提供专门供法庭调查使用的涉案款物清单目的在于敦促公诉人认真核查相关涉案款物，并在法庭调查中说明涉案款物数量、性质，并明确要求法庭作出判决处置。

2. 提请判决处置的涉案财产必须经过法庭调查、辩论。在法庭审理过程中，对查封、扣押、冻结的财物及其孳息，应当调查其权属情况，对于不能确认系违法所得或者依法应当追缴的其他涉案财物的，不得没收，以保护财产所有人的合法权益。

3. 判决主文的涉财产判项必须内容具体、表述明确，便于执行。《最高人民法院关于适用刑法第六十四条有关问题的批复》指出，被告人非法占有、处置被害人财产的，应当依法予以追缴或者责令退赔。据此，追缴或者责令退赔的具体内容，应当在判决主文中写明；其中，判决前已经发还被害人的财产，应当注明。被害人提起附带民事诉讼，或者另行提起民事诉讼请求返还被非法占有、处置的财产的，人民法院不予受理。所以，判决主文不能再笼统判决“查扣在案的涉案财产由公安机关依法处置”，因为公安机关对生效判决没有执行权和处置权。例如，南宁市中院 2008 年以来判决的多起涉众型经济犯罪案件，都因为这样笼统判决，至今仍得不到妥善解决，虽然也算是结案了，但涉案财产善后处置仍然悬而未决，当事人的合法权利没有得到法律的保护，对司法公信力产生很大的负面影响。

二、关于正确适用责令退赔与追缴的几个问题的探讨

（一）刑事案件中如何适用责令退赔或者追缴

在刑事案件中，有的法院适用责令退赔被害人，有的法院则适用追缴违法所得退还被害人。如何正确适用责令退赔和追缴，仁者见仁，智者见智。笔者观点如下：

1. 责令退赔的适用。一般适用非法占有型侵财案件，即应当直接判令责令退赔被害人经济损失，而非继续追缴违法所得责令退赔被害人。

2. 继续追缴的适用。一般适用以下两种情况：

（1）需要退还被害人的涉案款物尚在或者已销赃给第三人的，可以追缴返还被害人。依据是《全国法院维护农村稳定刑事审判工作座谈会纪要》明确，对因犯罪分子非法占有、处置被害人财物而使其遭受的物质损失，应当根据《刑法》第 64 条的规定处理，即应通过追缴赃款赃物、责令退赔的途径解决。如赃款赃物尚在的，应一律追缴；已被用掉、毁坏或者挥霍的，应责令退赔。但善意取得的除外，依据是《关于办理诈骗刑事案件具体应用法律若干问题的解释》第 10 条第 2 款和《关于办理非法集资刑事案件适用法律若干问题的意见》第 5 条第 2 款对此进行了明确。

（2）对涉案款物需要没收上缴国库的，应当追缴或者继续追缴，上缴国库。贪污

贿赂案件中,对已退出或者已扣押在案的涉案款物,予以追缴上缴国库;对未退出的涉案款物,判决继续追缴,上缴国库;对于刑事案件中被告人有其他违法所得尚未退出的,依据《刑法》第64条规定判决继续追缴、上缴国库。

（二）关于一审法院没有判令被告人责令退赔、二审法院能否直接改判责令被告人责令退赔的问题

在审判实践中,对于一审法院遗漏判决责令被告人责令退赔的案件,二审法院能否直接改判增加责令退赔的内容,存在争议:一种意见是认为不可以,理由是二审增加了责令退赔的判决主文违反了上诉不加刑原则,同时二审终审又剥夺被告人的再上诉权利,在此情况下,只能待判决生效后通过审判监督程序纠正;另一种意见是认为可以,理由是二审改判责令退赔是适用《刑法》第64条是对涉案款物的处置,不是增加主刑或附加刑,不存在加重刑罚或剥夺被告人相关权利的问题,其既然构成犯罪,责令退赔当然是其依法承担的法律道义,是惩治犯罪应有之义,故二审可以直接改判,以切实保护被害人的合法权益。

笔者同意第二种意见,理由是:

1. 判决被告人责令退赔是依据《刑法》第64条对涉案款物的处置,不属于刑种,既不是主刑,也不是附加刑,不存在上诉加刑的问题。

2. 二审增加责令退赔的判决主文是以被告人构成犯罪为前提,其既然终审认定其构成犯罪,则依照《刑法》第64条规定依法判决其对未责令退赔被害人的经济损失是法律应有之义,除非其不构成犯罪。

3. 二审增加责令退赔的判决条文是确定被告人有罪后判令其应当履行有义务（如不主动履行即强制执行）,是判决其犯罪的必然结果,而不存在剥夺其权利之说。其对二审判决责令退赔有异议的,只能通过申请再审确认其无罪,才能不承担责令退赔的义务。

4. 如果说要保护权利的话,法律应当优先保护被害人的权利,即被害人有权要求法院在惩治犯罪的同时,一并判决被告人责令退赔其造成被害人的损失,无论是一审或者是二审法院,只要判决认定被告人有罪,被害人都有权要求法院判决被告人责令退赔。

5. 如果机械执法,片面地强调保护被告人所谓的权利而损失了被害人的真正合法权益,对被告人来说是有利的、求之不得的,如果法院只能通过审判监督程序纠正,对国家来说意味着浪费司法资源增加了司法成本,对被害人增加了讼累,显然不符合社会主义司法的核心价值观。

综上,一审遗漏判决责令退赔的情况下,二审法院如果认为被告人构成犯罪的,可以直接改判增加责令退赔的判决主文。

(三)关于共同犯罪案件能否以无法分清分赃事实而笼统判决共同责令退赔被害人经济损失的问题

如A是某医疗机构的负责人与社会人员B勾结,共同骗取医疗保险金100万元。上述事实有书证及银行走账单等证据以及B供述证实,A是零口供。对于骗取所得款项全部打入B的账户,B供述取出所得款后,两成交给A,自己得一成。因A是零口供,一审法院认为分赃的事实无法查清,即笼统判决A、B共同责令退赔医疗机构经济损失100万元。

上述案例的判决责令退赔情况在审判实践中并不鲜见,法律界也见怪不怪。主流观点认为,这样判决没有问题,道理很简单,待移送执行部门后由执行部门按照民法连带责任的方式执行,即谁有财产就先执行,之后再由共同犯罪的被告人内部分担、追偿;另一种观点认为,共同犯罪责令退赔也要明确各被告人具体责令退赔数额,否则,执行部门也无法执行。道理也很简单,审案的法官都分不清,怎样苛求根本不知道案情的执行法官代替办案法官去区分、去执行?

笔者同意后一种观点,理由是:

1. 刑事追赃的原则是赃款去到哪里就追到哪里。这是刑事审判实践的共识,依据是《关于办理诈骗刑事案件具体应用法律若干问题的解释》第10条规定,行为人已将诈骗财物用于清偿债务或者转让给他人,具有下列四种情形之一的,应当依法追缴……他人善意取得诈骗财物的除外;《关于办理非法集资刑事案件适用法律若干问题的意见》第5条也有相同规定。这样规定的目的就是不能让占有他人财物的被告人获益。

2. 责令退赔不适用民事连带赔偿的形式。以上述案例为例,如执行部门执行了B的财产,即是B代A履行了责令退赔义务,B再向A追索赃款缺乏法律依据,人民法院也不可能支持、认可。而且,责令退赔适用连带责任也未找到法律依据。

3. 责令退赔必须明确、具体,以便于执行。《最高人民法院关于适用刑法第六十四条有关问题的批复》规定,被告人非法占有、处置被害人财产的,应当依法予以追缴或者责令退赔。据此,追缴或者责令退赔的具体内容,应当在判决主文中写明;其中,判决前已经发还被害人的财产,应当注明。《最高人民法院关于适用〈中华人民共和国刑事诉讼法〉的解释》第356条规定,对查封、扣押、冻结的财物及其孳息,应当在判决中写明名称、金额、数量、存放地点及其处理方式等……涉案财物未随案移送的,应当在判决中写明，并写明由查封、扣押、冻结机关负责处理。《最高人民法院关于刑事裁判涉财产部分执行的若干规定》第6条规定，刑事裁判涉财产部分的裁判内容，应当明确、具体。涉案财物或者被害人人数较多，不宜在判决主文中详细列明的，可以概括叙明并另附清单；判处没收部分财产的，应当明确没收的具体财物或者金额；判处追缴或者责令退赔的，应当明确追缴或者责令退赔的金额或财物的名称、数量等相关情况。上述司法解释之所以作出这样规定，因为执行部门是依据判决主文执行，如果上述案例主文笼统判决：“被告人A、B共同责令退赔被害人经济损失100万元。”执行法官在不了解案情的情况下，当然不知道应该执行A多少财产、B多少财产，无论怎样执行都找不到法律依据，当然包括找不到参照民事连带责任方式执行的依据，最终结果当然是不了了之。这显然无法保护被害人的合法权益。

4. 笼统判决共同责令退赔不利于被告人主动履行判决。一些被告人服刑后，因为有关司法解释明确主动履行判决确定的赔偿义务能够减刑，在这种情况下，被告人当然会考虑主动、积极履行判决确定的责令退赔义务以期获得减刑。但如果笼统判决共同责令退赔，而且共同责令退赔金额过大，被告人就可能存在没有能力赔偿或者就算有能力赔偿但赔偿后获得减刑空间有限或者代同案人赔偿后可能无法追偿等因素，这些都会影响被告人主动履行判决的积极性，进而影响了被害人可能获得赔偿的可预期权益。

所以，共同犯罪案件的责令退赔必须明确被告人的具体责令退赔数额，不能笼统判决共同责令退赔。如上述案件，法官完全可以采信B的供述，即认定A分得100万元中的2/3，即67万元，B分得其中的1/3，即33万元，并按B供述判令二人具体的责令退赔数额。当然，如果某一个案件中，两名共同犯罪被告人都推诿说是对方占有、自己没有占有的，是否可以各打五十大板、各承担50%责令退赔数额？笔者认为可以，除非两被告人能举出自己没有占有的证据或理由，从另一个角度来说，这样判决也是倒逼被告人举证以免除自己的责令退赔责任，如果一审判决二被告人各承担50%责令退赔责任后，其中一被告人不服提出上诉，并在二审中举证自己没有占有50%而是占有20%的，二审法院还可以直接改判。总之，法官应当根据在案的证据综合案情作出共同犯罪分赃的判断并判令各被告人承担具体的责令退赔数额，确实分不清分赃情况的，可以根据各被告人在共同犯罪中的地位、作用由法官自由裁量，作出按份承担赔偿责任的判决，努力避免笼统判决共同犯罪的被告人共同责令退赔被害人经济损失，确保案件责令退赔主文能够得到执行，保护被害人的合法权益。

（四）关于继续追缴被告人未退出的赃款的判项能否作为强制执行的依据的问题

应该说，如果赃款赃物尚在，法院判决追缴的，该判决主文当然可以作为强制执行的依据，如《全国法院维护农村稳定座谈会纪要》指出，赃款赃物尚在的，应一律追缴。《关于办理诈骗刑事案件具体应用法律若干问题的解释》第10条规定，行为人已将诈骗财物用于清偿债务或者转让给他人，具有下列四种情形之一的，应当依法追缴……他人善意取得诈骗财物的；《关于办理非法集资刑事案件适用法律若干问题的意见》第5条也有相同规定。所以，如果赃款赃物尚在，判决追缴的主文可以作为强制执行的依据并无疑义。

但是在审判实践中，法院判决主文通常写为："继续追缴被告人某某未退出的赃款××万元。"该主文是否能够作为强制执行的依据，存在争议。一种意见是可以作为强制执行的依据，理由是既然是法院判决主文，当然可以强制执行，否则就没有判决的必要，特别是职务犯罪案件，必须"对贪污贿赂犯罪分子违法所得一切财物一追到底，不设时限，永不清零"。另一种意见是不能作为强制执行的依据，理由是在审判时都不能发现赃款赃物，判决生效后也不可能发现，就算发现，也必须通过判决再行确认、再执行。

笔者同意后一种意见，既然是继续追赃，顾名思义，只能追缴赃款赃物，不能执行笔者合法财产充抵（被告人、家属同意除外）。对于这种判决主文，笔者认为虽然可以作为执行依据，但事实上无法执行，理由是：执行阶段要执行判决尚未明确有具体执行对象（即赃款赃物）已不可能。法院经过审理后都无法确定案件赃款赃物的去向，判决中继续追缴赃款赃物就是尚无具体指向对象，只期待今后任何时候发现即能追缴，目的是不让犯罪分子获得利益。但既然案件经过侦查、起诉、审判等强大的国家强制程序都无法查清赃款赃物去向，怎么可能在执行阶段能够发现？就算能够发现，也必须通过审判监督程序确认是否赃款才能判决处置。所以，在执行阶阶段继续追赃的判决主文更多是具有象征意义而已，除非是被告人自动履行或者他人检举告发。所以，在上述追赃事项的执行上，只能通过下列方式促使被告人以及其家属自动履行：

1. 不履行退赃义务的严格限制减刑，不得假释。2016年9月19日《最高人民法院关于办理减刑、假释案件具体应用法律的规定》第2条、第3条、第7条、第9条、第11条都明确即确有履行能力而不履行或者不完全履行生效裁判中财产性判项的，要严格控制限制减刑，不得假释。从而实现了与判决追赃判项对接，我们刑事法官近段时间不断接到职务犯罪分子家属电话要求履行追赃判项义务，无疑是上述司法解释正在发挥威力。虽然上述减刑、假释司法解释于2017年1月1日刚开始施行，效果尚待观察，但应该说还是有值得商榷之处，即对于履行生效判中财产性判项的前提是“确有履行能力而不履行或者不完全履行”，但是，这是不是会催生犯罪分子找人去开证明证实自己没有能力、去花钱打通监狱监管进行减刑，或者由谁去核实这个问题？所以，对于职务犯罪、涉黑犯罪、涉危害金融秩序及诈骗等财产犯罪，应当作为一个硬性条件，即不履行或者不完全履行财产性判项的，不得减刑和假释。

2.悬赏。通过向社会公开悬赏，鼓励全社会提供被告人的财产线索，只要证明其有财产且未完全退赔的，不得减刑和假释。

3.纳入失信名单。拒不履行责令退赔义务的犯罪分子刑满出狱后，对其未履行生效判决财产性判项的情况，应当由监狱部门纳入社会诚信黑名单，让其出狱后因诚信原因依然处处受限，最终实现“对贪污贿赂犯罪分子违法所得一切财物一追到底，不设时限，永不清零”〔1〕的目标。

〔1〕 裴显鼎等：《〈关于办理贪污贿赂刑事案件适用法律若干问题的解释〉的理解与适用》，载《人民司法·应用》2016年第19期。

职务犯罪案件自首认定的疑难问题、对策及其成因

唐玉迪*

我国刑法用1个条文、2个条款共113字对自首的认定及处理做出了明文规定,并根据犯罪嫌疑人、被告人是否自动投案区分为“普通自首”和“准自首”(或称“余罪自首”)两种情形。但是司法实践中,自首的认定问题看似简单,实则复杂。犯罪嫌疑人、被告人归案的情形千奇百怪,供述的情况也是五花八门。为了准确把握“自动投案”“如实供述自己的罪行”“主要犯罪事实”等问题,最高人民法院又先后于1998年出台了《关于处理自首和立功具体应用法律若干问题的解释》(法释〔1998〕8号)司法解释,于2009年、2010年相继出台了《关于办理职务犯罪案件认定自首、立功等量刑情节若干问题的意见》(法发〔2009〕13号)、《关于处理自首和立功若干具体问题的意见》(法发〔2010〕60号)等规范性文件[1],来指导审判实践,以准确认定自首。可以说,刑法理论的发展永远在路上。诚然如此,仍有部分案件,尤其是部分职务犯罪案件的自首认定问题存在较大分歧。下面以一则争议案例为例,提供各方观点供读者参考,进而试图寻找解决问题的对策并分析问题的成因。

---

* 广西壮族自治区纪律检查委员会案件审理室主任科员。

〔1〕 根据《最高人民法院关于司法解释工作的规定》第6条的规定,司法解释的形式分为“解释”“规定”“批复”和“决定”四种。故“意见”属于规范性文件,不属于司法解释,但在实践中仍然起着指导审判实践的“准司法解释”的重要作用,相关司法解释文件汇编也将此类“意见”编辑入册,审判实践中应细加区分。

一、基本案情[1]

2016 年 6 月,某省纪律检查机关(以下简称纪委)在查办 A 市某一市领导的严重违纪案件过程中,发现了 B 市市委常委甲收受商人乙大额钱款的违纪问题线索。同年 7 月,甲到纪委主动投案,但没有交代组织已掌握的其收受乙钱款的违纪问题。次日,纪委决定对甲采取集中谈话措施。经过调查组八天的思想教育,甲承认了其通过他人收受商人乙大额钱款的违纪问题。同年 8 月,纪委对甲立案审查并采取“双规”措施。在接受组织审查期间,甲还另外交代了组织尚未掌握的其收受乙之外的其他人员所送钱款的违纪问题。同年 12 月,纪委将甲严重违纪涉嫌犯罪的问题及线索移送给检察机关。当月,检察机关对甲涉嫌受贿犯罪立案侦查。立案侦查期间,甲除供认了其收受乙等人钱款的受贿犯罪问题外,还另主动供述了滥用职权的犯罪问题。后,公诉机关向人民法院提起诉讼,指控甲犯受贿罪、滥用职权罪。

二、争议问题——甲是否具有自首情节

对于被告人甲利用职务上的便利,非法收受他人财物,为他人谋取利益,并且滥用职权,致使公共财产、国家和人民利益遭受重大损失,同时构成受贿罪和滥用职权罪,应依法数罪并罚这一定罪问题,审判实践中均无异议。但对于是否应认定甲具有自首这一重要量刑情节,有较大分歧。

(一)关于甲所犯受贿罪是否成立自首?即其主动到纪委投案的行为是否构成自首

观点一认为:甲所犯受贿罪不构成自首。理由:我国《刑法》第 67 条第 1 款规定,犯罪以后自动投案,如实供述自己的罪行的,是自首。可见,要认定构成自首必须同时具备“自动投案”和“如实供述”两个要件,缺一不可。甲虽具有向办案机关(纪委)自动投案这一要件,但是其在投案前期并未如实供述自己的(受贿犯罪)罪行,后期虽能如实供述,但系在组织对其进行了长达八天的思想教育后,才供述组织已掌握的其收受乙贿赂的犯罪事实,说明其自动投案的目的不是接受审判。甲的投案动机不纯,其供述非其本人真实意愿,而是调查组思想教育和进一步调查取证的结果,因此,不应当认定甲构成自首。

观点二认为:甲所犯受贿罪应认定自首。理由:一是甲具有投案的自动性。虽然

[1] 案例中各方观点有一定虚拟性,意在剖析问题,指明争点所在,并非庭审实况。

甲收受乙钱款的违纪问题线索组织已在查办其他案件中发现和掌握,但毕竟尚未对其采取调查措施和强制措施。甲在尚处于人身自由的阶段前来投案,就具有投案的自动性。二是甲如实供述了自己的罪行。虽然,甲在投案前期带有一定的思想包袱,未能完全交代自己的违纪问题。但经过组织的教育、挽救和帮助之后,能够全面认识到自己的错误深重,如实坦白了组织已掌握的收受乙贿赂的违纪问题。此后,组织才对其宣布"双规"等立案审查措施,这说明甲之供述对于确定其违纪和犯罪行为具有重要意义,也节省了司法资源。故,甲在组织对其立案"双规"之前的坦白仍属于如实供述。并且在纪委立案审查之后,甲又主动交代了组织尚未掌握的收受乙之外的其他人员所送贿赂的违纪问题,系对组织忠诚之表现。综上,甲虽然在投案前期没有如实供述自己的(受贿)罪行,但在经过组织教育后,在组织宣布正式立案前,尚能如实供述的,仍应当宽大处理,认定其具有自首情节。

(二)关于甲所犯滥用职权罪是否成立自首?即其在检察机关立案侦查受贿犯罪问题期间主动供述了受贿犯罪行为之外的滥用职权犯罪事实是否构成自首

观点三认为:甲所犯滥用职权罪不构成自首。理由:甲被司法机关采取强制措施后,方供述其滥用职权之行为,缺乏自动投案的要件,不属于自首。

观点四认为:根据《刑法》第67条第2款"被采取强制措施的犯罪嫌疑人、被告人和正在服刑的罪犯,如实供述司法机关还未掌握的本人其他罪行的,以自首论"之规定,虽然甲因涉嫌受贿犯罪被司法机关采取了刑事强制措施,但其如实供述了司法机关还未掌握的滥用职权犯罪。再根据《最高人民法院关于处理自首和立功具体应用法律若干问题的解释》第2条"被采取强制措施的犯罪嫌疑人、被告人和已宣判的罪犯,如实供述司法机关尚未掌握的罪行,与司法机关已掌握的或者判决确定的罪行属不同种罪行的,以自首论"之规定,甲主动供述的滥用职权罪与司法机关已掌握的受贿罪显属不同种罪行。故,甲因涉嫌受贿犯罪被采取强制措施,在此期间,如实供述了司法机关尚未掌握的涉嫌滥用职权犯罪的问题,应对其滥用职权犯罪部分以自首论处。

三、争议问题的探讨及解决对策

前述四种观点,虽系拟制意见,但在司法实践中具有一定的普遍性,在控辩双方甚至是审判机关内部以及上下级审判组织之间都有相当的代表性,能够较为全面地反映实践中的各种分歧意见。关于甲所犯受贿罪和滥用职权罪是否构成自首的问题，逐一探讨如下：

（一）关于受贿罪部分是否成立自首的问题

观点一认为，被告人甲虽有自动投案行为，但未如实供述，故不能认定为自首。观点二认为，被告人甲如实供述在组织立案之前，仍然可以认定为自首。可见，两种观点的分歧集中在甲之供述是否如实上。申言之，如实供述的时间界限如何把握？是否要求投案后第一次供述即如实供述自己的罪行？如不要求第一次供述即坦白认罪，则至迟于何时仍能具备如实供述的条件？可以从以下几方面来审查甲之受贿罪是否成立自首：

1. 从甲投案的动机来看。甲在其收受乙之受贿罪行被办案机关（纪委）查办其他案件中发现后，前来投案，但是未能如实交代组织已掌握的收受商人乙贿赂的问题。受限于案例提供的证据材料，我们无法确切知晓甲投案时交代的具体内容。[1] 但是，可以推定的是甲投案目的要么带有欺骗性，系在关联人员案发后，前往打探组织是否掌握其本人严重违纪问题线索的试探行为；要么带有侥幸性，试图交代本人其他较轻的违纪问题（如在作风方面违反生活纪律），进而掩盖其他严重违纪违法之涉嫌犯罪的问题，意图瞒天过海。无论是上述哪一种情形，可以肯定的是其投案目的均缺乏接受审判之认罪心理。需要指出的是，有些同志认为最高人民法院、最高人民检察院、公安部于1984年公布的《关于当前处理自首和有关问题具体应用法律的解答》所规定的"对于犯罪分子作案后，同时具备自动投案，如实交代自己的罪行，并接受审查和裁判这三个条件的，认为是自首。"已于1997年修订《刑法》时，在自首的条文上做了变动，不再要求具备"接受审查和裁判"这一条件。实际上，上述观点是对立法原意的误解。最高人民法院有关同志在《〈关于处理自首和立功具体应用法律若干问题的解释〉的理解与适用》一文中专门指出，[2] 法律（《刑法》第67条）之所以没有明确规定接受审查和裁判这一条件，主要基于两点考虑：一是接受审查和裁判的内容和要求能够通过"自动投案、如实供述自己的罪行"这两个条件明确地体现出来；二是接受审查和裁判这一条件可操作性不强，实践中不好掌握。同时，该同志进一步指出，如果

〔1〕 当前职务犯罪审判实践中普遍存在问题线索来源不清、案件线索移送材料不全等现实的共性问题，这些问题有待于《国家监察法》颁布后予以进一步解决。

〔2〕 张军、黄尔梅主编：《最高人民法院自首、立功司法解释案例指导与理解适用》，法律出版社2012年版，第253、254页。

犯罪分子在投案后又逃跑,逃避司法机关对其审查和裁判的,就不应认定为自首。[1]

2.从甲供述受贿罪行的时间节点来看。甲投案当天没有如实供述,次日组织对其采取了集中谈话措施,在调查组对其思想教育八天后,甲做了如实供述。之后,组织对其立案"双规"。因此,甲之供述处于组织采取集中谈话措施之后,立案"双规"之前,此时之供述属于组织采取调查措施期间的坦白认罪,并非自首交代罪行。根据《最高人民法院关于办理职务犯罪案件认定自首、立功等量刑情节若干问题的意见》的规定,"犯罪事实或者犯罪分子未被办案机关掌握,或者虽被掌握,但犯罪分子尚未受到调查谈话、讯问,或者未被宣布采取调查措施或者强制措施时,向办案机关投案的,是自动投案。在此期间如实交代自己的主要犯罪事实的,应当认定为自首",[2]甲供述的内容是组织已经掌握的犯罪事实,供述的时机是被采取集中谈话这一调查措施之后交代的,不属于条文规定的犯罪分子虽被掌握,但尚未被采取调查措施时这一(自动投案)期间如实交代自己的主要犯罪事实的这一情形,也不应当认定为自首。

事实上,甲本具有把握自首政策的良机(罪行虽被发现,但组织尚未采取措施前来投案,如实供述即可成立自首),但因甲投案后企图瞒天过海、混淆视听,拒不如实供述组织已掌握的受贿犯罪事实。若任其回家反省错误、自书检讨材料,难免不会发生订立攻守同盟,转移、销毁、隐匿证据,甚至采取自残、自杀等极端的行为方式来对抗组织审查。此时正是"草未打而蛇已惊"的千钧时刻,组织果断于次日对其采取集中谈话之调查措施。至此,甲即失去了把握自首政策的战略主动权。在集中谈话期间,经组织长达八天的"思想教育",甲才仅是供述组织已掌握的其收受乙贿赂之问题。直至组织对其宣布立案等"双规"措施后,方进一步供述组织尚未掌握的收受其他人之受贿问题。可见,从甲的心态来看,系抱着侥幸心理,先是前来投案,试探关联人员是否将其罪行供出,在组织对其采取调查措施并经过了八天的思想教育之后,也

---

[1] 学界有观点认为"自首不问动机",即无论投案人出于认罪悔罪心理,还是出于对法律的敬畏或者良心发现抑或认为潜逃无望等各种心理,只要其自动投案后如实供述自己罪行的,均不影响自首的认定。需要明确的是,该观点之不问动机是不问如实供述的动机,哪怕是作案后为了从轻、减轻处罚而如实供述的(这本是自首的原理和真义),也成立自首,但动机之不问的前提是如实供述。如既没有如实供述,又不分析其投案动机,则有宽纵罪犯的重大漏洞。

[2] 需要说明的是,该规范性文件表述的主体是犯罪分子。对此,笔者认为,该"犯罪分子"应从广义上来理解,涵盖纪律审查的被审查人、刑事诉讼的犯罪嫌疑人、被告人等人员,并非仅指刑事诉讼中的犯罪嫌疑人、被告人。对此,可采用体系解释之方法,试看该文之下段部分"犯罪分子向所在单位等办案机关以外的单位、组织或者有关负责人员投案的,应当视为自动投案。"显然,该"犯罪分子"涵盖了刑事诉讼之前的纪律审查阶段之被调查人、被审查人。

仅是供述组织已掌握之受贿罪行，仍对其余受贿罪行抱持侥幸心理，幻想组织能对其网开一面。待组织对其宣布立案"双规"之后，幻想破灭才如实供述其余尚未掌握的受贿罪行。故此，从甲供述的主动性来看，亦属于被动供述，而非主动供述。虽不强求甲在第一次供述时即如实供述，但综观全案，甲虽自动投案，并在组织对其宣布立案前供述了自己的问题，终因其供述的是组织已掌握的犯罪事实，且是在组织对其采取调查措施之后才供述的，仅属于坦白，不宜认定为自首。

（二）关于滥用职权罪部分是否成立自首的问题

观点三认为，该罪行供述在侦查机关立案侦查之后，故非自首。而观点四则认为，该罪行之供述系在采取强制措施阶段交代的不同种罪行，属于"准自首"。

笔者认为，两种观点皆有进一步探讨之余地。就观点三而言，因其仅注意到普通自首即《刑法》第67条第1款之自动投案的情形，未能意识到该滥用职权罪行的供述虽系被告人甲被采取刑事强制措施之后，但如实供述的是受贿犯罪之外的其他罪行。忽视了《刑法》第67条第2款以及前述司法解释关于"准自首"之审查。因此，观点四比观点三思考得更为全面，但这并非意味着观点四就当然成立。《最高人民法院关于处理自首和立功若干具体问题的意见》中规定"关于司法机关还未掌握的本人其他罪行和不同种罪行的具体认定——犯罪嫌疑人、被告人在被采取强制措施期间如实供述本人其他罪行，该罪行与司法机关已掌握的罪行属同种罪行还是不同种罪行，一般应以罪名区分……但如实供述的其他犯罪与司法机关已掌握的犯罪属选择性罪名或者在法律、事实上密切关联，如因受贿被采取强制措施后，又交代因受贿为他人谋取利益行为，构成滥用职权罪的，应认定为同种。"根据这一规范性文件的规定，虽然滥用职权罪与受贿罪罪名不同，但如案例中甲所供述的滥用职权罪行与受贿罪行属事实上密切相关之关联罪行，则不属于如实供述"不同种罪行"，不可认定为"准自首"；如甲之滥用职权罪行系独立于受贿犯罪事实以外之罪行，则可成立自首。

综上，甲所犯之受贿罪不应当认定自首，甲所犯之滥用职权罪，则需视滥用职权罪行与受贿罪行是否在事实上密切相关才能做出判断。

四、职务犯罪案件自首认定疑难的问题成因分析

从案例中，我们可以发现职务犯罪案件的自首认定问题较普通刑事犯罪案件的自首认定问题更为疑难、复杂，究其原因大致如下。

一是在"纪法衔接"方面存在一定的衔接空白点。从把纪律挺在法律前面的要求来看，"自首"是纯粹的法言法语，在执纪审查中并无"自首"一词，与之相对应的是

“主动交代”。《中国共产党纪律处分条例》第39条第1款规定,本条例所称主动交代,是指涉嫌违纪的党员在组织初核前向有关组织交代自己的问题,或者在初核和立案调查其问题期间交代组织未掌握的问题。第2款进一步规定,在初核、立案调查过程中,涉嫌违纪的党员能够配合调查工作,如实坦白组织已掌握的其本人主要违纪事实的,可以从轻处分。可见,第1款的“主动交代”对应刑法中的“自首”,第2款“如实坦白”对应刑法中的“坦白”。但,细加比较“主动交代”与“自首”,刑法理论中自首的成立,既包括主动向办案机关(包含纪检监察机关)交代组织未掌握的问题,也包括了组织已掌握相关违纪问题,但尚未采取强制措施之前,自动投案并如实供述的情形,甚至还包括了被采取强制措施脱逃后,再次自动归案成立自首的诸多情形。可以说,二者的内涵与外延并不完全一致,相对而言,“自首”的外延比“主动交代”更大。这也从某个侧面反映出“纪比法严,纪在法前”。也正是如此,在纪律处分中没有主动交代的,在刑事审判中未必就不构成自首。二者的适用阶段不同,构成要件也不完全相同,确有进一步研究、探讨的必要。

二是职务犯罪案件的审讯突破具有高度的政策性。是否构成自首,能否认定自首,在刑事审判中应当依法予以认定。诚然如此,由于职务犯罪案件证据的相对单薄性,取证对象的特殊性,不得不承认,当下的司法实践中,犯罪嫌疑人、被告人的口供,其认错和认罪态度对于定案仍然具有重要意义。也因此,出于严惩重大职务犯罪的需要,坚持惩罚与教育相结合,贯彻宽严相济的刑事政策,办案机关往往会给予一定的政策,来分化、瓦解腐败分子,从而使得职务犯罪案件自首的认定更具有政策性。

三是职务犯罪案件自首的认定之法律适用更具复杂性。从案例可以直接看出,甲是否成立自首不仅要适用《刑法》,还要适用《最高人民法院关于处理自首和立功具体应用法律若干问题的解释》等司法解释,还需要掌握《最高人民法院关于处理自首和立功若干具体问题的意见》以及《最高人民法院关于办理职务犯罪案件认定自首、立功等量刑情节若干问题的意见》《最高人民法院、最高人民检察院关于办理受贿刑事案件适用法律若干问题的意见》等规范性文件,甚至还要掌握宽严相济刑事政策,所需适用的法律法规司法解释等规范性文件更多,法律解释性更强。前述诸观点一至四均没有全面考虑职务犯罪中自首的条文规定,而是从各自的立场做了选择性解读,带有一定的局限性。

四是当前的反腐败协调机制有待进一步整合、完善。目前,职务犯罪案件普遍是由纪律检查机关先行调查,在党纪处分之后方移送司法机关依法处理。办案机关的不同,导致执纪执法理念存在一定的差异,对于在纪律审查期间所形成的谈话笔录、被审查人的自书材料和相关的同步录音录像是否移送,能否交审判机关审查,往往各执一词。尤其是那些被审查人不认罪,或者认罪后翻供的相关笔录和自书材料,纪律检查部门通常都不会移送相关的材料。加之,行贿人的交代究竟是在受贿人供述之前还是之后,也即所谓的受贿事实是属于"先供后证",还是"先证后供",也难以确实审查相应的证据材料。中央办公厅曾下发《关于在查办党员和国家工作人员涉嫌违纪违法犯罪案件中加强协作配合的意见》以加强违纪违法犯罪案件的协作配合,但是上述种种情形并没有全部解决。司法实践中,被告人是否成立自首就颇为依赖纪律检查机关提供的书面情况说明,这容易导致对职务犯罪案件的自首认定问题流于形式,从而往往成为庭审的争论焦点和上诉意见之一。相信随着监察体制改革的推进,上述问题有望从根本上予以解决。

民事诉讼二审新证据的认定与适用

苏　嘉*

引　言

王某诉吴某甲、吴某乙买卖合同纠纷一案。(一审法院:R 市 D 县人民法院,二审法院:R 市中级人民法院)

王某从事番茄种子销售,2013 年 5 月 19 日,王某向北京米瑞柯国际农业科技发展有限公司 A 县总代理购买"红赞"品种番茄种子 42 包,支付价款 16 800 元。次日,吴某甲、吴某乙购买王某的"红赞"品种番茄种子 42 包,并共同向王某出具收条,收条内容为:"今收到王某同志小番茄(红赞)种子肆拾贰包,未付款。今年收果还清。"之后,吴某甲、吴某乙未依约向王某支付番茄种子款项,王某多次催款未果而诉至法院。一审法院判决吴某甲、吴某乙支付番茄种子款 16 800 元给王某。吴某甲、吴某乙不服一审判决,上诉至二审法院。二审期间吴某甲、吴某乙提供广西农村信用社转账业务凭证一份,用以证明吴某甲、吴某乙在 2013 年 7 月已经支付王某种子款 5000 元,剩余部分待收果后再付清。二审法院审理认为,对广西农村信用社转账业务凭证载明的 5000 元款项的性质,吴某甲、吴某乙主张是种子款,王某辩解是化肥款,但在二审庭审中的举证程序前,吴某甲、吴某乙曾问王某,双方之间除存在种子交易外是否还有其他经济来往,王某陈述是没有,故该陈述与之前的辩解存在矛盾,后经二审法院释明,要求王某于庭审后五日内提供有关化肥销售的凭证,

* 河池市中级人民法院办公室干部。

但王某逾期未提供也未说明合理理由，故其应承担举证不能的不利后果，吴某甲、吴某乙转账的 5000 元款项应属于本案争议的部分种子款，应在总价款中予以扣除，则二上诉人还应支付给被上诉人番茄种子款 11 800 元（16 800 元－5000 元）。由于二审出现新证据，致使二审法院对一审判决予以变更，遂判决吴某甲、吴某乙支付给王某剩余番茄种子款 11 800 元。

一、二审新证据立法分析

在我国民事诉讼中，二审新证据认定和适用对案件事实非常重要，民事诉讼各阶段立法对此也进行了规定。

（一）1991 年《民事诉讼法》

1991 年我国《民事诉讼法》并未规定举证时限，对证据提出采取的是随时提出主义，第 125 条规定“当事人在法庭上可以提出新的证据”。有些当事人借证据随时提出主义搞证据突袭，导致整个诉讼程序拖沓，矛盾纠纷不能得到解决，当事人的合法权益不能保障，在一定程度上影响了司法权威，降低了司法公信力。

（二）2001 年《最高人民法院关于民事诉讼证据的若干规定》

2001 年《最高人民法院关于民事诉讼证据的若干规定》（以下简称《证据规定》），提高诉讼审判效率，解决民事诉讼司法实践中各种问题。《证据规定》第 41 条、第 42 条、第 43 条、第 44 条对新的证据作了具体规定。《证据规定》设立了举证时限制度。对逾期举证采取了证据失权原则，当事人在法院指定的举证期限内未向法院提交证据，且不存在举证期限的延长或举证期限重新指定情形的，丧失提出证据的权利，丧失证明权。[1] 证据失权原则对提高审判效率、制约当事人恶意、突袭举证起到了很好的效果。但证据失权原则存在不合理之处，对于逾期证据机械地采取了证据失权原则，对案件起决定作用的逾期证据不予采纳，虽然实现了程序正义，但是牺牲了实体正义，对裁判的实体公正造成了损害。

（三）2008 年《关于适用〈最高人民法院关于民事诉讼证据的若干规定〉中举证时限规定的通知》（以下简称《举证时限通知》）

2008 年最高人民法院下发了《举证时限通知》，对举证时限在司法实践中出现的问题进行了规定，第 10 条对新证据的认定进行了专门规定，扩大了新证据的范围，把

---

〔1〕 李国光：《最高人民法院关于民事诉讼证据若干规定的理解与适用》，中国法制出版社 2002 年版，第 275 页。

一些影响案件实质的证据认定为裁判的依据,有利于实现案件的公正。但由于举证时限的一旦发生关于失权效果的规定仍然没有改变,司法解释本身操作的问题无法根本解决 。

(四)2012 年《民事诉讼法》

2012 年《民事诉讼法》第 65 条规定当事人负有及时提出证据的法定义务,该条规定当事人逾期提供证据,法院应当责令其说明理由;对于拒不说明理由或者理由不成立的,法院根据不同情形可以不予采纳该证据;采纳该证据后对当事人予以训诫、罚款。但该法对二审新证据的规定仅第 169 条涉及,没有明确、具体规定什么是"二审新证据"。审判实践中,法官对二审新证据的认定和适用有很大的自由裁量权。

(五)2015 年《最高人民法院关于适用〈中华人民共和国民事诉讼法〉的解释》(以下简称《民事诉讼法司法解释》)

2015 年《民事诉讼法司法解释》对逾期证据进行了更加详细的规定,对于新证据的认定和适用更加倾向案件实体。司法实践中为追求案件事实,保证案件的实体公正,法官对当事人提出的证据都要进行审查。第 101 条、第 102 条规定逾期证据的几种情形及法律后果,规定提出二审新证据当事人的证明责任,由当事人对逾期证据的原因加以证明,限制了法官对二审新证据的认定和适用的自由裁量权。

通过以上对我国各阶段"新证据"相关立法规定进行梳理,证据提出理念也在不断变化,即宽松的证据随时提出主义—严格的证据适时提出主义—严格的证据随时提出主义—宽松的证据适时提出主义—严格的证据适时提出主义。[1]

二、二审新证据实践问题探究

立法上对"二审新证据"的认定标准在摸索中不断变化,给审判实践带来的很多问题。

(一)司法政策重实体轻程序

我国历来司法政策处理原则是重视实体纠纷的处理、忽略程序规定的要求,很多民众认为程序只是实体的保障,程序只是实体的工具,还没有形成程序与实体并重的观念。民事诉讼司法实践为解决纠纷、追求案结事了,对二审新证据认定范围的不断扩大,对逾期证据的不断容忍。有的当事人举证意识和举证能力的不足,由于证据不足导致一审败诉,收集相关证据提起上诉并提交新证据;有的当事人在一审中故意不

〔1〕 于鹏:《论我国民事诉讼证据失权制度》,上海交通大学 2008 年硕士学位论文。

向一审法院提交关键的证据，而是在二审上诉时搞证据突袭，增加当事人诉讼成本和公共司法诉讼成本。

(二)法律规定重保护轻处罚

对当事人因客观原因逾期、故意或重大过失提出的新证据，法律保护对案件处理有实质影响的证据。《民事诉讼法》第 65 条、《民事诉讼法司法解释》第 102 条虽然规定了逾期证据的法律后果，但是对处罚的情节、具体处罚要求并没有明确，而且处罚与当事人恶意行为造成的后果不对称，无法起到处罚的效果，司法权威受到一定的影响。

(三)法官实践重过程轻释明

释明是为了使诉讼关系得以明确，而赋予法院事实上、法律上的事项向当事人发问或敦促其举证的一种权能。[1] 在我国，由于当事人法律意识的不足，导致其举证意识和举证能力的不足，法官在审理案件时需要对当事人的诉讼请求和证据的释明。但司法实践中，法官没有真正用好释明权，一方面担心释明容易被滥用而造成双方当事人地位不平等，另一方面担心对一方释明从而引起另一方当事人的不悦。当事人如果经过释明后需要重新举证时，法院要重新指定举证期限，还要重新组织开庭进行举证质证，加大法官审判工作量，很多法官也不会选择释明。因此在审判实践中法官对释明较为轻视。

三、二审新证据合理认定

(一)二审新证据“新”的认定

新证据的认定有可能对案件产生决定性的影响，要充分明确新证据“新”体现在什么方面。新证据最显著的特征应是“新”，证据既未经过公开展示，也未经当事人质证，又未经法院认证的事实材料或证据材料。[2] 《证据规定》第 41 条第 2 款对二审新的证据规定了两种情形。实践中，新证据应当从以下三个方面体现二审新证据“新”：(1)从证据产生的时间看，一审庭审结束后至二审开庭前产生的证据、一审举证期限届满后产生并为当事人所发现但被一审法院错误排除在一审新证据之外的证据；(2)从证据发现的时间看，证据在一审举证期限内就已经存在，但当事人当时未能发现，待一审举证期限届满后至二审开庭前才发现；(3)从证据最终产生实质性影响

〔1〕 张卫平：《民事诉讼“释明”概念的展开》，载《中外法学》2006 年第 2 期。

〔2〕 韦经建、李广军：《论我国民事诉讼中“新的证据”》，载《当代法学》2006 年第 5 期。

的时间看,从诉讼开始以后到正式庭审活动当事人提供证据之时,此类证据的特点在于其不断发展变化的延续过程中直接影响到对待证事实及当事人的诉讼请求的最终及实质性认定,如医疗事故、人身侵权纠纷中,受害人人身受损的后遗症状在不断发生变化等情形〔1〕。

(二)"与案件基本事实有关的"应作为认定二审新证据的标准

根据《民事诉讼法司法解释》第101条、第102条的规定,对案件基本事实有关的重要证据,即使当事人逾期提供证据的,法院应当责令其说明逾期提供证据的理由,非因故意或者重大过失逾期提供的证据,法院应当予以采纳;即使当事人因故意或者重大过失逾期提供的证据,都应当予以认定,并对其予以训诫、罚款。因此,二审新证据从关联性方面必须能够反映出案件的基本客观事实,并结合该证据的客观性、合法性、关联性与案件事实综合评判。不能将"过错排除"标准作为认定二审新证据的标准,也不能将"故意或者重大过失排除"标准作为认定二审新证据的标准。

(三)"是否会严重损害公平正义"应作为认定二审新证据的标准

如前所述,非因故意或者重大过失或因故意或者重大过失逾期提供的证据,但与案件基本事实有关的,法院应当采纳。但"与案件基本事实相关"的标准应该如何进行认定?当事人向法院提交证据,目的是证明其诉讼请求,当事人向法院提交的绝大多数证据都与案件基本事实相关。这是不是意味着,这些与案件基本事实相关的证据被当事人逾期提供时,都应予以采纳?还应该结合认定新证据"是否会严重损害公平正义"的标准加以考虑,而非简单地只要与案件基本事实有关就无条件地进行采纳、认定。二审新证据的认定既要考虑与案件基本事实是否有关,也要考虑到逾期证据是否会影响诉讼效率,如采纳该逾期证据会导致诉讼效率严重降低的,则该证据不应得到采纳。认定二审新证据要在公平正义的基础上,提高诉讼效率,认清案件事实,保护当事人合法权益。

(四)二审新证据种类的排除

书证、物证可以被认定为二审新证据,但当事人陈述、证人证言等证据不符合属于二审新证据的情形,一般不得认定为二审新证据。因为当事人的陈述、证人证言等此类证据有较强的主观性,法官认定这类证据的客观性、真实性有很大的困难,如果当事人在二审上诉中仅提交新的证人证言作为其二审新证据,这些新的证人证言可能在一些情况下出现变化,如果对这类证据予以认定,可能造成与客观事实不符的认

〔1〕 毕玉谦:《民事证据原理与实务研究》,人民法院出版社2011年版,第363页。

定的出现,导致实体公正、程序正义与程序效益受损的危险,容易产生司法不公,因此当事人陈述、证人证言等证据不应认定为二审新证据。

(五)关于引言案例中二审新证据的认定

本案上诉人吴某甲、吴某乙在二审中提交的广西农村信用社转账业务凭证在一审举证期限届满前就已经存在,本来上诉人吴某甲、吴某乙是在一审中能够提交该份证据的,因为上诉人没有认识到该证据的重要性而没有向法院提交,一审法院也没有对当事人进行相关举证方面的释明,一审法院判决吴某甲、吴某乙支付全部货款后,吴某甲、吴某乙才意识到该份证据的重要性,通过上诉并提交该份证据证明已经其支付部分种子款,该份证据应该符合能够被认定为二审新证据的情形。二审审理过程中,对该份转账业务凭证载明的5000元款项的性质,吴某甲、吴某乙主张是种子款,王某辩解是化肥款,吴某甲、吴某乙曾问王某双方之间除存在种子交易外是否还有其他经济来往,王某陈述是没有,吴某甲、吴某乙已经完成其二审举证义务即5000元款项是种子款,二审法院经过向王某释明,要求其在合理期限内向法院提供有关化肥销售的凭证,但王某逾期未提供也未说明合理理由,故王某应承担举证不能的不利后果。上诉人吴某甲、吴某乙已经支付部分种子款5000元的事实是客观存在的,因此二审法院对吴某甲、吴某乙二审提交的新证据予以采纳,并对一审判决作出了改判。

通过民事审判实践,方便审判实践应用,整理出能够被认定为二审新证据的几种情形:(1)证据在举证期限内就已经存在,只是当事人主观上并不知道该证据存在或没有掌握该证据。(2)当事人明知该证据客观存在,也没有其他客观原因阻碍其获取,只是因为没有认识到该证据的价值而没有向法院提交(排除法院已经明确告知的情形)。(3)由于客观原因当事人不能在举证期限内取得的证据。(4)针对对方当事人庭审过程中提出的观点进行反驳,但在举证期限后才找到的证据。(5)由于客观原因导致不能在举证期限届满前向法院提交证据,经法院准许在延期内仍无法提交证据,但该证据对案件事实的认定有关键作用。

四、二审新证据法律建议

(一)建立统一"新证据"规则

俗话说"打官司打的就是证据",可见证据在民事诉讼活动中是非常重要的。然而,我国与二审新证据相关的法律法规显得过于简单、浅显。正如前文分析的《民事诉讼法》及其司法解释、《证据规则》等有关证据的法规,对二审新证据的规定只是很粗略的一带而过,规定不够详细导致可操作性也不高,面对具体问题的处理显得单薄。由于二审新证据认定的问题在司法实务中缺乏统一标准,这会使法官在处理案件时主观能动性过大,特别是对二审新证据的认定和适用掌握了较大的自由裁量权,容易滋生司法腐败。因此民事审判司法实务中迫切的需要建立统一"新证据"规则,明确统一的"新证据"认定的标准、范围。

(二)完善"新证据"规则的配套制度

首先,法官要行使好释明权。法官在民事诉讼过程中的行使其释明权是很有必要的。在我国,由于当事人的知识文化水平、法律意识有很大的差异,如果法官在诉讼过程中不向当事人做举证方面的释明,普通民众作为当事人可能不会在合理期限内积极全面正确地完成举证义务。法官应当秉承公平公正的理念,遵循辩论原则和处分原则,行使好释明权,引导当事人进行举证,在当事人证据不充分时提醒其补充完善,在当事人陈述不清楚、意思表达不明确时提醒其明确其观点,对于不举证的不利法律后果向当事人释明,保障当事人的程序权利。

其次,落实好庭前准备程序。庭前程序是在庭审前将各方当事人在举证期限前提交的证据固定集中起来,组织当事人进行证据交换、举证质证,保障各方当事人在诉讼过程中进行有效防御和进攻,避免在诉讼过程一方当事人搞证据偷袭。我国的证据交换是以法院为中心,证据交换需要在法院的组织下完成,但在审判实践中,由于案件量大、法官事务繁忙,庭前准备程序被很多法官所忽视。诉讼证据的不对称不利于弱势一方当事人,重视落实好庭前准备程序,可由法官助理主持庭前准备程序,可以保障各方当事人充分质证辩论的权利,也可以促使新证据提出的情况减少。

(三)落实逾期证据罚款、训诫制度

《民事诉讼法》和《民事诉讼法司法解释》对于逾期提供证据,针对不同情形规定了不同的处理原则。对于当事人逾期提供证据的,仅规定"责令其说明理由",而对于故意或重大过失逾期提供证据的,在不予采纳的原则下,又规定了"与基本案件事实有关的",证据还是会被采纳,仅是应对其进行训诫、罚款。但是《民事诉讼法》仅在对妨碍民事诉讼的强制措施一章有罚款的规定,法律并没有明确逾期举证是否属于"妨碍民事诉讼"的行为,当事人因故意或重大过失逾期举证中的"罚款"是否适用条文中的罚款金额也尚未明确,导致罚款制度在司法实践中不具有可操作性。为维持诉讼程序的稳定,防止案件被故意拖延以及司法资源的浪费,应当进一步明确对故意或重大过失逾期提供证据的当事人的处罚情形,加大对其的处罚力度,落实好逾期证据罚款、训诫制度。

（四）建立民事诉讼强制代理制度

民事法律关系错综复杂，民事诉讼大多涉及专业而复杂的法律问题。由于大多普通民众欠缺法律专业知识，在民事诉讼中如果没有委托律师或者法律工作者等专业法律人员作为其诉讼代理人，其诉讼中的攻击防御能力就可能处于弱势。在普通程序中，建立民事诉讼强制代理制度，双方当事人都能委托诉讼代理人进行诉讼活动，可以在大致平衡的攻击防御能力下对话。在如今司法资源有限的现实中，法院审判压力很大，诉讼周期长，如果由具有法律专业素养的诉讼代理人来帮助当事人实施诉讼行为，适时、有效收集提供证据资料来支持当事人的主张，减少逾期证据的提出，针对法官归纳的争议焦点进行针对性的辩论，有利于减轻法院的负担，使整个民事诉讼程序更加顺畅，提高审判效率。

结　语

本文通过对真实案例进行分析，就其中关于二审新证据认定的问题进行了探讨，将其放在我国民事证据背景下去研究。以二审“新证据”作为案件争议焦点作为切入点，进而从宏观层面去分析了我国有关“新证据”立法现状的优点及缺点，最后提出了一系列完善的建议。目前有关二审新证据的法律相对不健全，保护诉讼当事人的利益问题仍需要不断的探索。当然也相信随着法治进程的深入，更为完善的证据规则制度值得我们期待。由于自己才疏学浅，对于许多问题的掌控还不够周全，文章中阐释的观点有不足的地方还请多多包涵。

民事先予执行透视

——以法官/法院的行动选择为视角*

刘中伟**

由于先予执行制度严格的适用条件、范围和不完善的救济保障程序等原因,使得该制度与同为保障、维护当事人利益的财产保全制度相比,在司法实务中适用极少,甚至有些法院一年都没有该类案件。为何作为民事诉讼法中众所周知的一项专门制度,在司法实践中却难以实现有效适用、达到保护当事人权益的目的呢?为此,本文阐述了先予执行制度的立法渊源、演变发展以分析该制度的社会价值;通过审判实务中法院对该制度的适用情况、具体案例,以法官/法院的行动选择为视角,来剖析该制度适用中存在理论与实践背离的原因,分析其在司法实务中适用的困境;针对实务中出现的问题并借鉴国外立法操作方法,提出对先予执行制度的构建与完善意见,以达到充分发挥该项制度的社会价值,保障当事人权益的目的。

一、概念引入:先予执行制度的设计与重要的社会价值

(一)先予执行制度的概念与演变

1. 先予执行制度

先予执行是指人民法院在审理民事、行政案件过程中,因权利人生活和生产的需要,根据当事人的申请,裁定一方当事人预先给付另一方

* 本文获第二十七届全区法院学术讨论会优秀奖。

** 南宁市青秀区人民法院执行局助理审判员。

当事人一定数额的财物,或者立即实施或停止某种行为的诉讼制度。[1] 我国《民事诉讼法》第 106 条、第 107 条规定对此也有专门规定,人民法院可以根据当事人的申请,在当事人之间权利义务关系明确、申请人的生活或者生产经营困难、被申请人有履行能力的情况下,可以对追索赡养费、扶养费、抚育费、抚恤金、医疗费用的、追索劳动报酬的或其他因情况紧急需要先予执行的案件裁定先予执行。

2. 与财产保全适用中的区别

先予执行与财产保全虽然都是在法院未作出生效判决的前提下,为保证将来可能的胜诉判决的实现,防止出现迟来的正义,对被申请人的财物进行强制性保护的措施,但先予执行同时具有预先满足申请人的诉讼请求,以防止申请人继续忍受损害或进一步扩大损失,克制被申请人借上诉之机会而转移财产、隐匿财物、拖延执行的社会价值。它更侧重于实现将来可能的胜诉判决,提前保障申请人的生产生活,而不致使将来的判决因被申请人转移财产变成"一纸空文"。

3. 演变发展

先予执行制度在我国法制化的进程中扮演着重要的一环。我国最早出现该制度是在 1956 年《最高人民法院关于各级人民法院民事案件审判程序总结》中,先予执行与查封、扣押、冻结等共同被列为财产保全措施。在此之后的法律也都有类似的规定, 1982 年我国《民事诉讼法(试行)》中先予执行与诉讼保全等其他保全措施并列起来,同属保全程序的重要内容。[2] 从这些法律中可以发现,在最初的立法过程中,先予执行明确作为保全措施的一种始终存在、发展。需要注意的是,先予执行虽带"执行"二字,并具有一定的执行性质,但其立法的目的以及发生的诉讼阶段、执行依据与普通民事执行程序有着本质的差别。归根结底,先予执行仍然属于保全程序的一种,为保障债权人的权利而设定。

(二)先予执行制度的社会价值

通过对先予执行制度理论探寻与分析,发现该项制度并不是空穴来风,它是伴随着我国法制化进程而逐渐演变发展的。在该项制度顶层设计中,既考虑事前保障生活生产困难的申请人的权益,也防止了当事人恶意拖诉、转移财产等影响公正判决实现的事情发生,甚至对破解当下人们饱为诟病"执行难"问题也大有裨益,社会价值不容忽视。

---

[1] 江必新:《强制执行热点问题新释新答》,人民法院出版社 2010 年版,第 96 页。

[2] 徐静:《论先行执行与制约恶意上诉》,载《扬州大学学报》(人文社会科学版)2007 年第 11 卷第 6 期。

根据上述分析，先予执行制度有着重要的社会价值，理应在司法实务中得到申请人广泛使用，但根据调查发现，该项制度适用率微乎其微。为什么一项始终在中国民事诉讼法中扮演着重要一环的保全制度，却在司法实务中先予执行措施极少使用呢？接下来，本文通过引入具体的案例，并主要以法官/法院的行动选择为视角，思考先予执行适用中存在的问题，并提出自己的看法与建议。

二、实务剖析：民事先予执行在法院中的适用困境

（一）数据分析：以 Q 法院为视角分析

"法院是法律帝国的首都，法官是帝国的王侯。"[1] 分析一项法律制度，离不开使用该制度的权力机构。本文选择以 N 市 Q 法院为视角，通过实证分析法，剖析民事先予执行制度在法院适用情况，以进一步分析。Q 法院是我国三千多个基层法院法院的一个缩影，在 N 市具有案件数量大、种类多样的特征，具有一定的代表性。从 2013～2015 年审理的民事案件中，分析赡养、抚养等四类案件、医疗费用案件、劳动报酬案件中存在先予执行措施的数量及所占比例。

通过数据统计发现，2013～2015 年 N 市 Q 法院共收民事案件 31 764 件，其中审理赡养、抚养等四类案件 127 件、医疗费用案件 194 件、追索劳动报酬案件 1141 件，但审理案件过程中采取先予执行措施的案件数不足十分之一。通过该组数据不难发现，先予执行在法院实务审判中的适用少之又少。

（二）案例分析：以腾讯与奇虎 360 商战视角分析

或许有人指出，先予执行案件需申请人提出申请且法院有时会根据案情让申请人提出担保，因赡养、抚养等四类案件、医疗费用案件、劳动报酬案件的申请人生活难以保障的情况下，申请人囿于对法律的认知和经济条件的限制导致先予执行在法律实务中极少适用。那么发生在 2010 年的中国知名互联网综合服务提供商之一腾讯公司与中国领先的互联网和手机安全产品及服务供应商的奇虎公司的不正当竞争的混战，更能引发人们对先予执行适用的反思。

2010 年秋，腾讯公司推出的腾讯 QQ 医生及升级版网络安全软件的推广成为其与奇虎公司积蓄已久商战导火线，案件后来以腾讯公司宣布起诉奇虎公司不正当竞争并随着法院作出终审判决要求奇虎公司停止发行使用涉案 360 隐私保护器 V1.0 beta 版（即扣扣保镖）而结束。案件的最终结果我们暂不讨论，但案件审理过程中是

---

〔1〕［美］德沃金：《法律帝国》，李常青译，中国大百科全书出版社 1996 年版，第 361 页。

否涉及先予执行的问题值得我们反思。本案诉讼时间跨度较长,在法院未作出终审判决前,腾讯公司作为受损的当事人并不是及时向法院申请先予执行以限制奇虎公司在审理期间持续作出损害行为,而是在起诉后采取一种"二选一"的反制措施,把两个公司之间商业战争造成的损害由消费者"埋单",通过绑架公众消费者的选择来抵制奇虎公司,极大伤害双方用户。腾讯公司跟赡养、抚养等上述几类当事人不同,公司有专业的法务人员,也有充分的财产担保,能够向法院申请先予执行,防止侵害,但腾讯公司没有这样做,这种弃法律手段不用而采用自力救济的手段来抵制奇虎公司的行为让人不得不反思先予执行制度司法实务价值。[1]

立法者设置一项制度,其期待的价值是该制度很好地被运用于现实社会中。从先予执行的产生演变与其扮演的社会角色来看,先予执行都始终我国民诉法中存在并有着重要的社会价值。而我们产生疑问的是,为什么在实践中先予执行制度的没有得到很好地被运用呢?[2]为何民诉法发展过程中该制度一直存在、发展,但在司法实务中很难出现它的身影,被当事人与法院束之高阁,不能得到充分适用呢?

三、实践与理论背离的原因:以法官/法院的行动选择为视角

(一)适用范围狭窄

1.法律的严格限定

我国对于先予执行适用范围的规定主要集中在《民事诉讼法》第106条以及最高人民法院在《关于适用〈中华人民共和国民事诉讼法〉的解释》(以下简称《民诉法解释》)中的细化规定,法律明晰了"紧急情况"是指需要立即排除"侵害和妨碍行为"、立刻制止"某一危急行为"、立马追讨"用于生产、经营需要的保险理赔"和需要"立即返还社会保险金、社会救助资金的"及不立即返还款项将严重影响权利人生活和生产经营的类案件。可以说上诉法律及司法解释的规定明确了先予执行的适用范围,法院/法官只需按照法律规定的适用该范围严格适用即可,具有一定可操作性。那么司法实务中果真如此吗?

2.实务中的适用

实务中发现,先予执行适用条件中的一些概念,因法官/法官对其认知不一,出于谨慎的原因,法官不会轻易地采取先予执行措施,影响着法官的判断。

---

〔1〕 常敏:《腾讯与奇虎之争的法院判决引发的思考》,载《法学杂志》2011年第12期。

〔2〕 杨春华:《对我国先予执行制度立法定位的思考》,载《河北法学》2008年第11期。

首先，我国现行法律明确规定先予执行的适用种类仅是涉及当事人生产或生活的传统的民事案件，虽然也规定了“其他紧急情况”的兜底条款，但因该条款属弹性的模糊规定，“情况”是否“紧急”的认定也只有司法解释中的五项情况，具体是否符合“情况紧急”也只能依靠由法官判断。在先予执行对法院以及办案法官来说具有一定的潜在风险情况下，法官/法院更倾向当事人选择安全性比较高、可操作性更强的财产保全制度。

其次，虽然司法解释以扩大性的解释方法完善先予执行制度的适用范围，但却因没有保留其他可以自由裁量的空间，致使“情况紧急”情形仅局限在司法解释的五类情形中，不仅不可在立法意义上修补民事诉讼法的缺陷，而且随着经济社会的发展、司法改革的深入，该解释也因范围有限性使得大量民商事纠纷无法通过先予执行程序保障权益（如本文中腾讯与奇虎360商战），从某种意义上该司法解释缩小了先予执行制度的范围。

通过以上剖析可以发现，先予执行制度仅适用于特定几类金钱给付的案件中，对于其他非金钱给付的案件，如上文提到限制作出某一行为的民商事案件，只能通过法院/法官的自由裁量来判断该情况是否符合法律规定的“因紧急情况需要先予执行”这一兜底条款的规定。由于立法上先予执行内容模糊不清、法律及司法解释范围狭窄、司法实务难以操作等原因，法院/法官一般无法依据主观来判明案件是否可以采取先予执行措施，而更倾向于当事人选择有一定替代性且更具可操作性的财产保全制度，这使先予执行制度在司法实践中的适用必然受到阻碍。

（二）模糊的适用条件

1. 难以决断的“明确”

民诉法规定先予执行的适用需要满足的两个条件：“当事人之间权利义务关系明确不先予执行将严重影响申请人的生活或者生产经营的”以及“被申请人有履行能力”。这样产生了一个疑问：何为“明确”？先予执行程序发生在法院立案后作出生效判决前，当事人权利义务明确的时间及具体认定标准法律没有细化的规定，案件进展到什么程度才算“明确”，只能根据法官的个人判决，即法官的自由裁量。如若审判法官在行使其自由裁量权时，出于对双方当事人利益的综合权衡、出于谨慎等其他原因，即使申请人目前的情况符合法律所规定的生产、生活急需帮助或需要立即制止某项行为的情况，但因当事人间的权利义务未经审理确定或案情复杂、被申请人强烈抗辩，不认可申请人的诉讼请求并抵触法院的先予执行裁定的情况下，法院/法官基于社会稳定及各方当事人权利的权衡，法院往往不会做出先予执行的裁定，而告知申请人必要的情况下可以采取诉讼保全措施，这导致的后果是先予执行制度被不断地拒绝适用，束之高阁。这种情况在案件涉及人数众多的债务人时更是如此。

2. 缺乏操作的"证明"

另外，现行法律规定，先予执行的适用还需满足当事人生产生活急需且被申请人有履行能力时才能申请先予执行，才能得到保护。对于大量不属于生产生活急需的权利或者无法确定被申请人是否有履行能力的情况，因不属于先予执行的保护范围，只能等待诉讼结束后才能维护自己利益。在先予执行依申请而提出的情况下，法院/法官只能被动地审查申请人的申请，而不能依职权宣告，这也使得当事人在证明生活或生产急需和被申请人有履行能力方面存在一定的困难，缺少细化的标准。

（三）其他原因困扰着法院/法官的选择

根据现行法律的规定先予执行程序除满足法律规定的范围与适用条件外，还有其他的原因影响着法院/法官对该制度的选择，影响着该项制度的适用。

1. 担保问题

申请人申请先予执行措施，法院/法官可以责令申请人提供一定的担保。"可以"意味着法院/法官有一定的自由裁量权，在司法实务中，因诉讼尚未结束，法院/法官出于对双方当事人权利义务的不明确，同时未防止申请人败诉产生的赔偿责任，而多数责令申请人提供担保并将申请人引向财产保全，影响着先予执行的适用。

2. 救济途径

先予执行缺乏有效的救济程序。当事人不服法院/法官作出的先予执行裁定可以复议一次，在复议机关与原作出裁定机关一致的情况下，法院/法官作的复议裁定是具有终局效力的复议一次的规定，难免不能充分保障当事人救济的权利，也正因为该项制度的存在，法院/法官往往不轻易地作出先予执行的裁定，这也间接地影响了该程序的适用。

四、探索剖析：先予执行制度的完善与细化

实践中，由于先予执行制度在具体适用范围、适用条件以及操作层面上欠缺的原因，既影响了当事人对此项制度的选择，也影响着法院/法官的决断，进而发生先予执行制度在司法实务中适用率低的局面。关于此项制度，笔者认为，可以通过拓展先予执行的适用范围，构建更具操作性的适用条件，匹配更完善的救济保障程序等措施，提升先予执行的可操作性与适用率，以便在更大程度上发挥其保障当事人权益，制约恶意上诉等重要社会价值。

(一)拓展适用范围

目前我国民事诉讼法及司法解释中对先予执行程序范围的规定除了几类涉民生案件,还有兜底条款“紧急情况”,理应涵盖大部分案件。但司法实践中发现,随着经济社会发展,大量的民商事案件有先予执行的需求,以上列举依然无法满足形形色色的个案。同为大陆法系的德国,也有与我国先予执行类似的给付处分措施。德国给付处分最初仅适用于支付生活费、工资、劳动报酬义务下的金钱债权,此后逐步发展到返还财产、命令作为、不作为等情形,适用范围不断的拓展,我国先予执行制度可以借鉴这种由点及面的发展模式,不断扩宽我国先予执行的范围。

先予执行应顺应司法实践发展的需要和制度本身的功能定位,将适用范围扩大到因当下情势紧迫而有必要暂时实现当事人诉讼请求的案件,案件符合先予执行的适用条件,即可适用先予执行。同时,为彻底贯彻先予执行的保全目的,可参照财产保全制度的规定,还可以允许诉前提起先予执行申请。

(二)放宽适用条件

首先,先予执行程序适用极少的重要原因在于对其适用条件的规定过于原则和苛刻。我国民诉法对先予执行的实施仍需满足两个特定的条件。但实践中若过于严格要求“权利义务关系明确”,但何谓“权利义务关系明确”,缺乏具体标准,只能在法庭上陷入无止境的扯皮,也不利于法院/法官果断的作出决策。其次,把“不先予执行将严重影响申请人的生活或生产经营”作为前提,也加重了申请人的证明难度,申请人在疲于证明自己的情况下而选择放弃该制度。我国部分地区在类似的案件中,具有前瞻性的允许个别案件便捷保障申请人的权益,如广东省高级人民法院、广东省公安厅《关于处理道路交通事故案件若干具体问题的补充意见》第 2 条,广东省的部分法院早已准许在因交通事故请求医疗赔偿的案件中,法院可以在权利义务关系不明了时对保险人进行先予执行。因此笔者认为,针对一些民生案件可以建立一种速裁模式,发挥先予执行预先保障的优势,实现公平与效率的结合。

(三)完善先予执行的救济保障程序

我国民事诉讼法对先予执行的救济途径有两条规定:(1)人民法院可以责令申请人提供担保,申请人不提供担保,驳回申请。申请人败诉的,应当赔偿被申请人因先予执行遭受的财产损失。(2)当事人对保全或者先予执行的裁定不服的,可以申请复议一次。复议期间不停止裁定的执行。这涉及申请人与被申请人双方的救济程序保障问题。

首先,从申请人角度来看,复议程序的设置实际上没有充分的保障申请人的权利。申请人因不服驳回先予执行裁定而申请复议的，复议机关是原裁定机关，在法院/法官已经对案件充分审查作出其认为合法的裁定的情况下，那么人民法院或法官在当事人未提交新的有证明力的证据情况下，一般不会简单地基于当事人的不服，而改变自己已经作出的裁定。另外，法院/法官作的复议裁定是具有终局效力的。依据现行法律的规定，被裁定驳回先予执行申请的当事人只能申请复议一次。不管复议机关作出的裁定是维持还是撤销原裁定，该裁定都必然产生终局的效力，双方当事人都不再享有异议权利。在复议机关与原作出裁定机关一致的情况下，复议一次的规定难免不能充分保障当事人救济的权利，也正因为该项制度的存在，法院/法官往往不轻易的作出先予执行的裁定，这也间接地影响了该程序的适用。

其次，构建对被申请人的损害赔偿具体的程序救济。根据民事诉讼法的规定，申请人败诉的，应当赔偿被申请人因先予执行所遭受的损失。但赔偿损失与执行回转是不同的，后者可以直接适用执行程序，而先予执行中赔偿损失并没有法律规定能够适用执行方面的法律，需要一个独立的程序来解决，我国民事立法并没有明确规定被申请人通过何种途来救济。一旦被申请人胜诉，法院/法官即面临被申请人损害赔偿问题，而立法并没有可操作性的规定，影响了法院/法官的选择。

综上所述，由于设计上的不合理，作为先予执行救济制度的复议程序，已经违背了其存在的立法初衷，复议程序不能充分保障申请人的权益，赔偿程序没有可操作性的措施保障被申请人的利益。有鉴于此，为了进一步优化先予执行制度的适用，完善其合理的救济程序刻不容缓。

（四）其他方面的完善

针对先予执行适用率的情况，以法院/法官视角要增加告知义务。案件立案起诉后至作出生效判决前，如果当事人符合先予执行的条件，法官应告知当事人有申请先予执行的权利，并予以必要的解释。在这一制度仍少有人知的情况下，这样可以极大地扩展先予执行的使用频率，提醒当事人去维护自己的合法权益。

法官/法院对先予执行措施的慎重裁决的原因，除了适用范围与适用条件等限制外，先予执行可能面临损害赔偿问题也是法院/法官需要考虑的问题。因此在我国对先予执行的赔偿没有明确操作规范的情况下，明确提供担保的条件，完善担保细则就没有什么必要。根据民诉法的规定，当事人提出先予执行的请求，法院/法官申请人可以责令当事人提供担保，这也就是说针对先予执行的担保法院/法官有一定的自由裁量权，其往往出于对当事人双方利益安全保护以及预防申请人败诉出现的赔偿责任而责令当事人提供担保。

针对担保问题，笔者认为，应具体分析，完善担保细则，在具体适用时可区分不同情形：对于提前执行医疗、生活费用，且提供文件证明生活确有困难的，无须提供担保；对于那些能够证明权利的存在，且能够证明不先予执行将严重影响申请人的生活或生产经营的，考虑其已身处困境，可不责令申请人提供担保；对于那些能够证明权利的存在，申请先予执行的目的是避免损失的进一步扩大、防止恶意上诉或其他可能致使将来生效判决无法执行情形发生的，还应当充分权衡双方可能造成的损失，因为先予执行对申请人来说自然是权利保全的措施，但对被申请人而言，则会带来现实的不利益。因此，通常只有在申请人的可能损失大于被申请人的预期损失，申请人又能够提供足够的担保时，方裁定先予执行。

通过对担保情况的不断细化，不仅当事人能够不考虑担保的情况下，根据自己的案情向法院提出先予执行的申请，而且也便于法院根据不同案情，作出可操作的裁量，这在保护申请人利益，避免损失的进一步扩大、防止恶意上诉以及其他可能致使将来生效判决无法执行等情况有重要的意义，而且也将提升先予执行制度的适用度。

当然，先予执行制度之所以在司法实践中形同虚设，从法院/法官视角来看，其中的原因，除了现有的先予执行制度具体的操作层面规定太少，法律适用范围、适用条件实践中缺乏可操作性外，还有很多因素的影响，如裁定作出的时段、期限缺乏约束、申请人撤诉情况的处理、一审与二审衔接等方方面面的问题，因篇幅有限，不一一展开。

劳动者超期申请工伤认定救济模式的选择和优化

——兼论二元化工伤认定模式的构建

何　鹏*

对于劳动者发生事故伤害后申请工伤认定的期限,《工伤保险条例》第17条作出如下规定,如用人单位未在规定期限内提出工伤认定申请,工伤职工或者其近亲属、工会组织在事故伤害发生之日起一年内,可以直接向用人单位所在地的社会保险行政部门提出工伤认定申请。[1]超过上述期限申请,社会保险行政部门将不再作出工伤认定。但在实践中,经常遇到因种种原因劳动者未能在规定的一年期限内申请工伤的情形,如劳动者缺乏工伤法律法规知识或者为了保住工作,以及用人单位有意、无意的懈怠拖延,导致劳动者因工发生伤害事故后却得不到相应的赔偿救济。由于工伤认定属于一种行政权主导的确认行为,故目前我国其他机构包括劳动仲裁部门、法院都无权认定工伤,导致出现劳动者明明因为工伤受到伤害,却因超期申请而不能享受工伤保险待遇的怪象,有悖于"有权利必有救济"的准则。司法实践中,亦出现了很多错过工伤认定的劳动者直接起诉至法院要求用人单位赔偿的案件,有鉴于

---

* 贵港市港北区人民法院民一庭审判员。

〔1〕《工伤保险条例》第17条中将事故伤害发生之日起一年内申请工伤认定的主体表述为"工伤职工",笔者认为有待商榷,因为申请工伤认定的结果也有可能不构成工伤,在工伤结论出来之前,便将劳动者界定为"工伤职工"是不严谨的,此处应当使用"劳动者"的概念较为准确。

此，本文以劳动者超过工伤认定申请期限后如何救济的视角出发，将我国工伤救济法律制度进行梳理，并将目前司法实践中的几种做法逐一进行分析和对比，在此基础上提出笔者自己的观点，试图为受伤劳动者寻求一条最佳的法律救济途径，同时也为司法实践中工伤超期申请救济问题法律适用和处理模式提供参考意见。

一、问题的由来——从一起案例说起

（一）案件简介

2013 年 2 月 18 日，原告吴某到韦某经营的贵港市某胶合板厂务工，双方未签订书面劳动合同，月工资为 2000 元。同年 10 月 24 日下午，原告吴某在工作中被砂轮机碎片伤到左眼，随后被送往医院住院治疗 60 日。事故发生后，经双方协商，某胶合板厂向原告吴某赔偿了医疗费 24420 元。2013 年 12 月 31 日，贵港市贵医司法鉴定所对原告吴某的左眼伤残程度进行技术鉴定，鉴定意见为：被鉴定人吴某因工所致左眼损伤伤残属陆级。2015 年 6 月 3 日，原告吴某向贵港市人力资源和社会保障局提交工伤认定申请，该局于 2015 年 6 月 11 日以吴某提交的工伤认定申请超过 1 年期限为由，作出《不予受理决定书》。吴某认为被告实际赔偿数额过少，遂向法院提起民事诉讼，请求判决被告某胶合板厂按照工伤保险待遇标准支付医疗费、住院伙食补助费、护理费、停工留薪期工资、一次性伤残补助金、一次性工伤医疗补助金、一次性伤残就业补助金等工伤保险费用共 157 159.78 元[1]。

经法院主持调解，被告某胶合板厂赔偿原告吴某经济损失 100 000 元。

（二）分歧和争议

虽然该案最后是在法院主持下调解结案，但这个案件在审理过程中，合议庭对如何处理该案存在极大的分歧和争议。本案中，吴某遭受工伤后因收到胶合板厂经营者的部分赔偿款，便没有及时向社会保险部门申请工伤，过后发现赔偿数额太少欲申请工伤认定时，才发现已超过申请期限。吴某受伤后虽然与胶合板厂达成过赔偿协议，但当时吴某没有做工伤认定和劳动能力（伤残）鉴定，此时吴某对自己的权利内容及状态遭受的损害情况并未认知，该赔偿协议显失公平的。因此，本案中吴某仍然享有获得继续赔偿的权利，可以通过与该厂继续协商或者另行提起民事侵权之诉。但是本案中，吴某提起的诉讼请求却是要求被告胶合板厂按照工伤保险待遇赔偿的标准进行赔付，因此合议庭就吴某是否有权提起工伤保险待遇之诉，以及其是否丧失了

[1] 案例引自贵港市港北区人民法院（2015）港北民初字第 1842 号。

获得工伤保险待遇赔偿的权利产生了分歧。虽然该案是调解结案,但合议庭最后并没有达成一致意见。该案所引发的争议和思考,涉及该类案件中劳动者的权利如何获得最大程度的保护和救济的问题,故有必要对其继续进行探讨、研究。

(三)法理检视

《工伤保险条例》明确规定了劳动者申请工伤认定的期限为一年,那么这个期限究竟是何种法律性质,超过该期限申请工伤又会产生何种法律效果?在讨论超期申请工伤后如何获得保护和救济的问题之前,有必要对该期限进行深入的法理检视,还原其立法本意,以便探寻一条更准确、合理的救济模式。

1. 一年工伤认定申请期限的法律性质

《工伤保险条例》第17条规定对受伤劳动者在事故伤害发生后申请工伤认定的期限规定为一年,对于该一年申请期限,并未对其法律性质作明确规。对于这个问题,司法实践中存在两种观点:

一种观点认为,该申请期限的法律性质为除斥期间,不应适用时效期间中止、中断及延长的规定。因为该规定确定申请期限的起算点为"事故伤害发生后之日",并不是"当事人知道或者应当知道权利侵害之日",也未明确规定该期间可以中止、中断或者延长,故应属于不变期间。[1] 且从行政效率原则的角度来看,设定工伤申请期限可以督促受伤劳动者积极运用法律武器维护自身的合法权益,因为"法律永远不保护权利上的睡眠者"。受伤劳动者在一年的申请期限内未申请工伤认定,应视为其对自己权利的放弃。故劳动者在该期限内没有提出工伤认定申请的,则将丧失获得工伤赔偿的实体权利。

另一种观点认为,工伤认定申请期间的性质应当为行政法范畴的诉讼时效,可以适用诉讼时效中止、中断和延长的相关规定,这样更加有利于保护劳动者的利益。[2] 2014年9月1日施行的《最高人民法院关于审理工伤保险行政案件若干问题的规定》第7条规定了"被耽误的时间不计算在工伤认定申请期限内"的七种情形,在某种程度上表明工伤认定申请期限可以因法定情形中止;最高人民法院办公厅于2014年2月24日发布的《关于印发〈行政审判办案指南(一)〉的通知》中,亦规定申请工伤认定的"1年期限"可因不归责于申请人的正当事由中止或者中断,故工伤认定申请期间的规定类似民法通则中的一年短期时效的规定,具有诉讼时效的性质。

---

〔1〕 田晓梅:《浅议超过工伤认定时限的工伤保险待遇问题》,载《中国医疗保险》2016年第1期。

〔2〕 谢肖肖:《对1年工伤认定申请期间性质的分析》,载《中国劳动》2016年第7期。

笔者认为,一年工伤认定申请期限的性质既不是除斥期间,也不属于诉讼时效,而是一种行政程序申请期限。首先,除斥期间的适用对象一般为形成权。受伤劳动者提出工伤认定申请的行为并不能直接发生获得工伤保险赔偿的法律效果,仅是依《工伤保险条例》行使请求劳动保障行政部门为其进行工伤认定的权利。因此,工伤认定申请权的性质不是形成权,而是一种请求权,不适用除斥期间制度。此外,除斥期间不可中止、中断、延长,但《工伤保险条例》却规定了用人单位申请工伤认定可以提出延长申请期限的权利,故工伤认定申请期限不符合除斥期间的法律属性。其次,从诉讼时效的法律性质看,时效届满,胜诉权消灭,但实体权利本身以及程序意义上的起诉权均不消灭。而超过申请工伤认定的期限,丧失的是获得工伤赔偿的实体权利。法律也未规定工伤认定申请时限可以中止、中断,因此其亦不具有诉讼时效的性质。同时,根据《工伤保险条例》的立法本意以及该条例第 5 条第 2 款的规定,社会行政保险部门按照国务院有关规定具体承办工伤保险事务,而《工伤保险条例》只是其行使工伤认定的行政管理职权过程中所应遵循的法律规范,并不是法院或者当事人在诉讼程序中所应遵循的法律规范,所以认为工伤认定申请期限属于诉讼时效也是没有依据的。〔1〕 故工伤认定申请期限的性质就仅属于社会保险行政部门受理工伤认定申请的程序期限规定而已。

2. 超过工伤认定申请期限的法律后果

依据法律规定,超过法定期限未申请工伤认定的法律后果有:第一,社会保险行政部门对受伤劳动者提出的工伤认定申请不予受理,劳动者也无法获得工伤认定;第二,伤者无法启动劳动能力鉴定部门的劳动能力鉴定;第三,伤者无法从工伤保险基金或者具备用工主体资格的组织或者自然人处获得工伤保险待遇。

笔者认为,根据"有权利必有救济"的原则,劳动者遭受工伤后未在法定期限内申请工伤认定,只是不再适用工伤认定的行政程序,并未丧失从其他救济途径获得工伤赔偿待遇的权益。回归到本案中来看,吴某作为一名劳动者,因工受伤享受工伤保险待遇是宪法和法律规定的基本权利,故应当允许其通过行政程序以外的其他救济途径获得工伤保险待遇的救济,故对于该类案件法院应当受理,否则有违公平原则。但是在目前的法律框架体系下,法律并未明确授予法院对工伤进行认定的权利,而且工伤认定制度中的行政权和司法权划分不清,权限配置不合理,故法院能否通过审查直接认定工伤,并按照工伤标准来赔付实质上是行政权与司法权冲突与协调的问题。

---

〔1〕 陈婵:《工伤认定超申请期限并不等于超诉讼时效》,载《人民司法》2014 年第 14 期。

秉持司法最终解决原则,通过协调两者的关系,对司法权与行政权重新进行配置,探索出保护受伤劳动者超期申请工伤后最合理、最优化的救济模式,亦是下文需要重点探讨的内容。

二、诉讼困境:司法实务中对工伤超期申请案件的不同处理模式

(一)司法实务中三种处理模式

司法实务中,出现了很多错过工伤认定的劳动者直接起诉至法院要求用人单位赔偿的案件,但各地法院对于该类案件判法并不统一,同案不同判现象严重,导致受伤职工的合法权益没有得到有效保障,司法权威亦大打折扣。因劳动者遭受工伤包括第三人侵权的情形,此种情况下发生工伤请求权与侵权请求权竞合,即使劳动者未在规定期限内申请工伤认定,仍然可以选择侵权之诉要求第三人赔偿,故本文只探讨非第三人侵权的情况下,受伤劳动者错过工伤认定期限后如何处理的问题。司法实践中,法院对于错过工伤认定的劳动者直接起诉至法院要求用人单位赔偿的案件,主要存在以下三种做法:

1. 不予受理或者驳回起诉。理由是工伤认定属劳动保障行政部门的行政权力,如果用人单位或者劳动者未在规定期限内申请工伤认定,应视为对其权利的放弃。而且工伤认定是社会保险行政部门职责,是一种行政确认行为,人民法院不能直接行使或者越权,否则将导致司法权与行政权的冲突。工伤认定是必经的前置程序,未经工伤认定而请求赔偿,法院无法对伤害是否构成工伤,伤害程度、构成残疾的涉及残疾等级的评定等专业性问题予以认定,故在司法实践中,有些法院对于因超期申请工伤认定而被社会保险行政部门不予受理,转而起诉到法院要求工伤赔偿的案件,直接以没有工伤认定为由不予受理或者驳回劳动者的起诉。[1] 该种做法所持的法律依据为《最高人民法院关于审理人身损害赔偿案件适用法律若干问题的解释》第 12 条第 1 款的规定,依法应当参加工伤保险统筹的用人单位的劳动者,因工伤事故遭受人身损害,劳动者或者其近亲属向人民法院起诉请求用人单位承担民事赔偿责任的,告知其按《工伤保险条例》的规定处理。

2. 按照一般民事侵权诉讼处理。理由是:劳动者与用人单位之间本质上属于雇员与雇主的关系,只不过因为工伤保险制度的介入,本应由用人单位承担的用工风险

[1] 参见广州市中级人民法院《广州市法院进一步加强劳动争议审判工作的若干问题》(2005 年)第 2 条。

通过工伤保险的方式进行了分摊而已。[1] 工伤认定申请超期后，既然社会保险行政部门依法不能做出工伤认定，那么受伤劳动者也无法继续进行劳动能力鉴定，更无法提起劳动仲裁请求工伤赔偿。工伤保险救济这条途径已经彻底走不通，故只能转而从民事损害赔偿的角度来处理，参照人身损害赔偿标准按照一般的民事侵权诉讼处理，判令用人单位承担雇主人身损害赔偿责任。

3. 按照工伤保险待遇纠纷进行处理。该种做法认为，实质上劳动者就是因工负伤，仅仅是没有及时申请工伤认定而已，按工伤保险赔偿标准赔偿也是还事情的本来面目。法院在审理过程中，审查相关证据后能够认定受伤劳动者构成工伤，可以参照工伤保险待遇标准判令用人单位赔付。

（二）对三种模式的评析

对于第一种处理模式，笔者认为，该种做法既违背"有损害必有救济"的原则，也不利于保护弱势的劳动者的合法权益。劳动者发生工伤事故后，提起工伤认定申请是法律规定的用人单位的一项法定义务，在用人单位怠于申请的情况下，受伤劳动者因种种原因也未在规定期限内提出申请，最终的结果却是用人单位不需要承担行政上的工伤赔付责任，对劳动者极为不公平。同时也会诱发用人单位因利益驱使和规避法律进而阻扰受伤劳动者提起工伤认定的道德风险。上述最高人民法院的解释之所以规定先让劳动者按照工伤程序进行处理，主要是考虑到用人单位为劳动者购买了工伤保险的情况下，用人单位可以通过工伤保险基金进行赔付从而降低用工的风险，劳动者也能快速地从工伤保险基金中获得赔偿，但立法本意上并没有从根本上排除和否定劳动者通过司法救济的途径获得工伤赔偿。法院直接驳回起诉做法不仅有违公平正义原则，同时损害了劳动者的合法权益，笔者并不赞同。

对于第二种处理模式，笔者认为，这种做法确实使受伤劳动者在工伤认定超期后获得经济赔偿，但是存在一定的局限性：(1)劳动者举证责任加大。不同于工伤认定的无过错赔偿原则，一般人身侵权诉讼适用的是过错责任原则，劳动者需要举证证实用人单位存在过错，增加了诉讼难度。(2)判决结果不确定性。民事侵权有些赔偿项目标准不明确，酌情认定的随意性较大，甚至可能出现同案不同判的可能。(3)赔偿数额较低。在某些赔偿项目上，依据人身侵权赔偿标准计算出来的数额往往比工伤待遇的标准偏低；同一伤残情况下，按照工伤的鉴定标准鉴定出来的伤残等级也比人身损害赔偿标准鉴定的伤残等级高。(4)在第三人侵权造成工伤的情形中无法适用。

[1] 张煌辉：《错过工伤认定后劳动者合法权益该如何保护》，载《法律适用》2009 年第 10 期。

例如，受伤职工在上下班路上因交通事故造成工伤，若其无法通过向第三人主张权利获得赔偿的情况下转而要求单位承担工伤保险责任，此时，用人单位不可能对其构成侵权，适用一般人身侵权诉讼是违背法理基础的。(5)人身损害赔偿诉讼时效期间也为1年，在工伤认定申请超期的情况下，很有可能也超过该1年的期限。

笔者赞同第三种处理模式。劳动者未在规定的申请期限内向社会保险行政部门申请工伤认定，只是无法从工伤保险基金中获得工伤赔偿，但是法律并没有明确规定错过该期限后，劳动者不能向法院提起诉讼并要求获得工伤赔偿。该种做法的好处是劳动者能继续按照劳动法律法规中工伤赔偿的标准获得足额赔偿，最大限度地保护了劳动者的合法权益，更加符合工伤救济的原则和宗旨。但是在目前法律框架下，工伤认定属于行政权，法院的认定属于司法权，此种做法实际上突破了行政权和司法权的界限，行政诉讼法中也未赋予法院可以对工行认定结论进行变更，存在一定的法理障碍，但是可以通过对程序进行优化、对制度进行构建解决上述问题，亦是下文重点探讨的内容。

三、实证比较：民事侵权赔偿模式和工伤保险赔偿模式的成本—收益分析

司法实务中的三种处理模式，由于第一种直接驳回劳动者的起诉过于简单粗暴，既不符合立法本意，也无法保障弱势的劳动者的合法权益，劳动者未获得实际赔偿，故不列入比较的范围。在此，结合本文首部所举的案件为例，对原告吴某因工受伤导致六级伤残后，假设分别选择上述两种模式进行赔偿，运用法律经济学的成本—收益研究方法，对两种模式的赔偿结果进行剖析、比较，可以直观地看出是按民事侵权赔偿标准来处理还是按照工伤保险赔偿标准出来更为合理、可行。

1.本案吴某因工受伤、致残，根据《工伤保险条例》《广西壮族自治区实施〈工伤保险条例〉办法》的相关规定，其应当享受的赔偿项目有：医疗费、鉴定费、交通费、住院伙食补助费、停工留薪期待遇、生活护理费、一次性工伤医疗补助金、一次性伤残就业补助金。具体计算如下：

表1　吴某按照工伤保险待遇赔偿标准可获得的赔偿项目和数额

按工伤保险标准赔偿	
医疗费	24420元
住院伙食补助费	60天×15元/天=900元
停工留薪期待遇	2个月×2000元/月=4000元

续表

按工伤保险标准赔偿	
生活护理费	3904 元/月 ÷21.75 天 ×60 天 ×1 人 =10770 元
一次性伤残补助金	2000 元 ×16 个月 =32000 元
一次性工伤医疗补助金	2000 元 ×16 个月 =32000 元
一次性伤残就业补助金	2000 元 ×14 个月 =28000 元
合　计	132090 元

2. 根据《侵权责任法》《最高人民法院关于审理人身损害赔偿案件适用法律若干问题的解释》以及《2015 年度广西道路交通事人身损害赔偿标准》的相关规定，吴某因工受伤、按照民事侵权赔偿标准的赔偿项目有：医疗费、鉴定费、交通费、住院伙食补助费、营养费、误工费、护理费、残疾赔偿、精神抚慰金。具体计算如下：

表 2　吴某按照人身侵权赔偿标准可获得的赔偿项目和数额

按民事侵权赔偿标准赔偿	
医疗费	24420 元
鉴定费	2000 元
交通费	300 元
住院伙食补助费	6000 元
营养费	1000 元
误工费	2000 元/月 ÷30 天 ×60 天 =4000 元
护理费（住院期间）	3904 元/月 ÷21.75 天 ×60 天 ×1 人 =10770 元
残疾赔偿金（农村居民）	7565 元/年 ×50% ×20 年 =75650 元
精神抚慰金	5000 元
过错程度	50%
合　计	64570 元

从表 1 和表 2 的赔偿数额直观对比可以得知，同一案件在适用工伤保险待遇的标准进行处理后，受害劳动者能够获得更多的赔偿。因为在适用工伤待遇标准的时候，无须考虑劳动者举证，也无须考虑劳动者的过错程度以及其农村居民还是城镇居民的身份；而按照一般人身损害侵权案件来处理时，上面的种种因素都要考虑进去，

故其最后得到的赔偿数额往往低于工伤保险赔偿的数额，并不能给予受伤劳动者最大程度的救济。相比之下，按照工伤保险待遇赔偿标准进行处理更具有合理性、可操作性。

同时，从公平合理的角度来看，在司法实践中，工伤超期申请的情况往往存在于那些规模小、用工不规范的企业，该类企业不与劳动者签订劳动合同并且不替劳动者缴纳工伤保险的情况非常严重。[1] 一旦发生工伤事故，该类企业往往不会主动向社会保险部门申报工伤，而受伤职工为了获得工伤保险赔偿，所需要走的法律途径复杂冗长：先行提起确认劳动关系仲裁→民事诉讼一审→民事诉讼二审→申请工伤认定→行政复议或行政诉讼一审→行政诉讼二审，在确定了劳动关系和构成工伤的情况下，用人单位若对工伤赔偿金额有异议，则又要再次启动劳动争议程序来解决。而该类企业受伤劳动者农民工占大多数，文化水平和法律知识较为缺乏，有时甚至无法弄清侵权方和用人单位是谁，时常因主体错误的问题败诉，不得不再耗时重新起诉，极大地增加了劳动者的诉讼成本。如果允许劳动者在超过工伤认定申请期限后，直接向法院起诉要求用人单位承担工伤赔偿责任，不仅可以减少当事人的诉累，节约司法资源，让受伤劳动者及时地得到应有的最大限度的救济。

四、选择和优化：司法权的有限介入——二元化工伤认定模式的构想

通过上述法理、实证分析比较可以得知，对于劳动者超期申请认定工伤而直接起诉用人单位赔偿的案件，法院经审查认为构成工伤的，按照工伤保险待遇的赔偿标准判决用人单位赔偿，是司法实务中最合理的选择。但是，该种处理模式仅仅是司法实践中部分法院的做法而已，尚未形成统一的意见，主要是对法院在审理过程中是否有权认定（确认）工伤（本质上为司法权与行政权的冲突与制约）、如何认定工伤、工伤伤残程度如何评定等关键问题存在争议，因为上述问题均已涉及司法权替代行政权的嫌疑。现笔者以行政权与司法权的关系为视角，对上述疑问和争议的逐一厘清和论证，为工伤认定二元化模式的构建之路扫清障碍：

（一）法院是否有权确认工伤

根据主流的学术观点和实务做法，法院在行政诉讼中只能对行政机关作出的行政行为进行合法性审查，不能直接对该行政行为直接改变。如果劳动者发生工伤事故，因种种原因超过申请期限而丧失了通过行政程序进行工伤确认的可能，那么是否

---

〔1〕 李莉：《我国工伤超期申请救济法律问题研究》，载《前沿》2015年第8期。

也因此丧失司法确认的可能呢？笔者认为，答案显然是否定的。工伤认定是应当事人的申请而由社会行政部门进行的一种行政确认，行政确认是对事实进行的一种甄别和判断，它不是导致法律事实产生的原因和前提。工伤是劳动者因工受伤的客观事实，是一种事实状态，它不因认定程序上的问题而改变。如果劳动者未经行政确认，其丧失的仅为依照《工伤保险条例》获取的工伤保险待遇，但并未丧失获得因工伤所造成的损失的赔偿权利，仍可以进行司法确认。实质上，工伤认定的若干特征与司法权属性相近，与行政权一般特性相去较远。在现实生活中，由行政部门对损害赔偿责任的构成要件作出判断的情况还有很多，如交警部门对交通事故作出的事故认定书，医学会对是否构成医疗事故的鉴定结论。法院审理相关案件过程中，上述认定和结论仅仅是作为法院判断是否符合责任构成要件的证据使用，而对于责任认定的最终职权，始终由法院享有。故法院作为司法部门不能越权代替行政部门进行行政确认，但并不排斥法院在审判过程中对劳动者是否遭受工伤的事实进行确认。

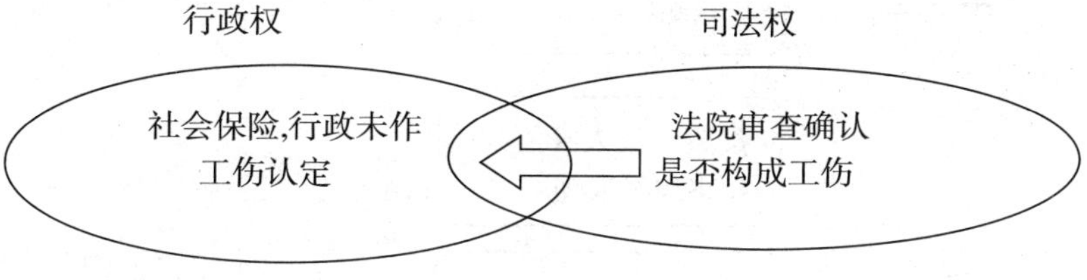

图1　工伤认定主体

（二）法院如何确认工伤

现行的工伤认定程序，主要是由社会保险行政部门先查看受伤劳动者的申请材料，再向用人单位做一份问话笔录，了解事故的相关损失以及申请人和被申请人的关系，最后做出是否予以认定的决定。适用的法律依据主要是《工伤保险条例》第14条、第15条、第16条以及相关部门规章文件。而法院作为审判机关，对于上述法律法规的理解和适用并无难度，判定某个案件是否构成工伤并不存在法律障碍，只是目前我国现行的法律框架下，未赋予法院直接认定工伤的权利而已。故笔者认为，法院在审理案件过程中，通过开庭听取双方当事人的意见，由双方进行辩论，在此基础上做出是否认定工伤的判断，该结果的准确性和公正性并不会比社会保险行政部门做出的结论低。[1]

〔1〕 赵盛和、乔娟：《工伤认定职权划分模式问题研究》，载《法治论坛》2012年第1期。

(三)法院如何确定劳动者的伤残等级

现行工伤认定模式中,主要是由劳动能力鉴定委员会负责鉴定,适用的标准是《劳动能力鉴定职工工伤与职业病致残等级》。笔者认为,法院在审理过程中,可以委托当地劳动能力鉴定委员会或者司法鉴定机构按照上述标准对受伤劳动者的伤残等级进行鉴定。司法实践中,此种做法并不少见,[1]亦不存在技术难度。

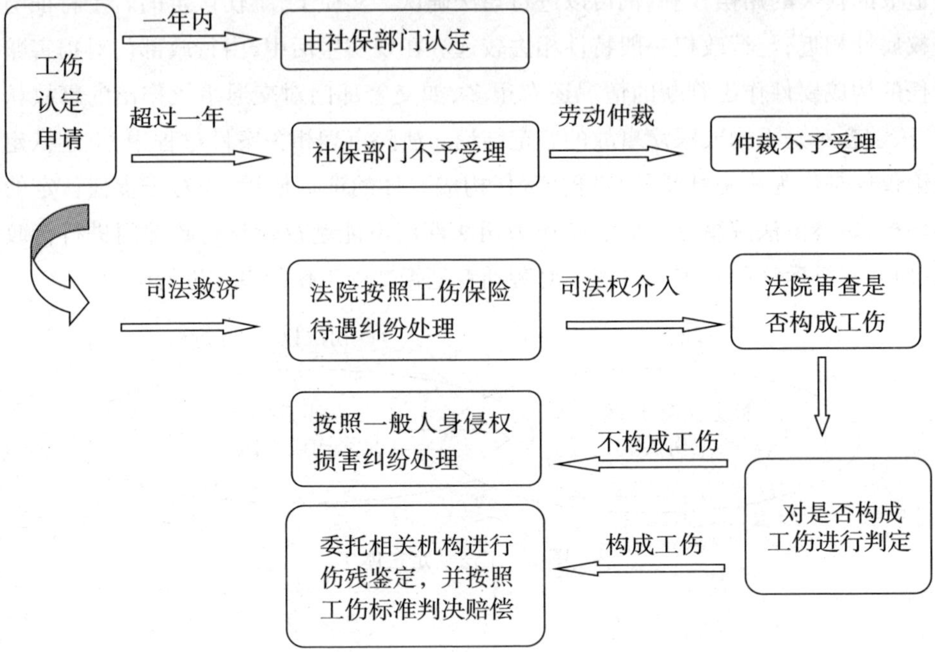

图2　二元化工伤认定模式构想

综上,笔者的二元化工伤认定模式构想可概括为:受伤劳动者在规定的一年申请期限内申请工伤的,由社会保险行政部门受理;劳动者未在该申请期限内申请工伤认定的,可以起诉到法院要求用人单位按工伤待遇标准进行赔偿,法院审查后,根据现有证据能够认定为工伤的,应在判决中对劳动者是否构成工伤进行判定,并参照工伤保险待遇标准判令用人单位进行赔付;不构成工伤的,告知劳动者按照一般人身侵权损害赔偿案件处理。

〔1〕 参见广东省佛山市禅城区人民法院(2013)佛城法庙民初字第406号判决书。

专利侵权中制造、使用、销售行为的认定研究

——以产品专利为例

陈雪娇*

一、研究背景和意义

目前关于专利侵权案件的研究,大多集中在专利侵权判定原则和判定方法的讨论上,即通过将被控侵权技术方案与权利人主张的相关专利权利要求所记载的技术方案进行比较,以判定是否侵犯了专利权,这样的做法确实比较直接并且高效,但严格来说,并非是"技术方案"本身侵权,而是侵权人的"行为"侵犯了他人的专利权。从现有文献来看,学界对专利侵权行为的类型及各行为之间的区别和联系等问题研究很少,笔者提出这个问题并进行研究,一方面是由于从一般侵权案件的角度看,侵权行为类型研究属于基础研究的范畴,对此问题的研究有助于正确理顺侵权法律关系;另一方面则是因为在审判实践中,法官无法回避对侵权行为属于何种类型的判断,虽然制造、销售、使用的概念在日常生活中经常使用,理解起来并不困难,但是在一些新类型案件中,制造、使用、销售行为之间的界限有着不同程度的模糊,一旦对行为性质判断错误,将会直接导致不同的法律后果,因此,准确识别行为的类型有助于公平合理地划分侵权行为人的责任、维护权利人的利益,具有较大的理论研究意义。本文尝试结合一些案例,通过在个案中分析各侵权行为类型,尝试归纳出各行为的特征及其区别。

---

* 广西壮族自治区高级人民法院民三庭法官助理。

二、有关制造、使用、销售行为的法律规定和概念

我国《专利法》第11条规定,发明和实用新型专利权被授予后,除本法另有规定的以外,任何单位或者个人未经专利权人许可,都不得实施其专利,即不得为生产经营目的制造、使用、许诺销售、销售、进口其专利产品……外观设计专利权被授予后,任何单位或者个人未经专利权人许可,都不得实施其专利,即不得为生产经营目的制造、许诺销售、销售、进口其外观设计专利产品。这是我国专利法对专利侵权行为类型作出的规定,根据该规定可以得出侵害发明和实用新型专利权的行为类型有:制造、使用、许诺销售、销售、进口五种类型;侵害外观设计专利权的行为有制造、许诺销售、销售、进口四种行为类型,使用行为不属于侵害外观设计专利权的行为。

此外,《专利法》第70条还规定了不用承担赔偿责任的侵权行为类型,即为生产经营目的使用、许诺销售或者销售不知道是未经专利权人许可而制造并售出的专利侵权产品,能证明该产品合法来源的,不承担赔偿责任。从这些法律规定可以看出,侵权行为类型的认定直接影响到是否承担侵权责任以及侵权责任的承担方式。

表1 公正与效率相统一原则的标准解构

专利类型	侵权行为类型				
发明和实用新型专利	制造	使用	许诺销售	销售	进口
外观设计专利	制造	—	许诺销售	销售	进口

但是,具体什么是制造、使用和销售,我国专利法并没有直接给出明确的定义,在相关的专利法司法解释中,也仅是就部分侵权行为的认定做出了解释。如《最高人民法院关于审理侵犯专利权纠纷案件应用法律若干问题的解释(二)》第19条规定,产品买卖合同依法成立的,人民法院应当认定属于《专利法》第11条规定的销售。但该解释只解决了认定构成销售行为的一种情形,即买卖合同依法成立的情形,并不是对"销售"这一概念的周延解释。

关于这些行为的概念,更多是散见在理论研究和裁判文书之中,如制造行为是生产厂家利用劳动力、资金、设备、技术等生产要素,以自己的名义向社会提供产品的行为。使用行为是指在专利产品制造出来后,对专利产品加以利用的行为,并且并未继续以买卖或赠与的方式转让的,使用行为成立。[1] 销售行为是指以有偿的方式将落

〔1〕 祝建军:《知识产权疑难案件裁判思路》,法律出版社2015年版,第86~87页。

入专利权保护范围的侵权产品的所有权从卖方转移到买方的行为等。

确实,要在法律层面对这些日常生活中经常使用的词汇重新下一个明确的法律定义是比较困难的,对这些行为的定义如果过于严格,将会降低专利权的价值;定义过于宽松,又会使得权利人权利膨胀,影响社会公众的利益。如何准确把握这些行为的概念,笔者认为还是要回到司法实践中,回到具体的案件中,仔细对各方的权利和利益进行考量和平衡,才能得出合法、合理、公平的法律判断。

三、司法实践中对制造、使用、销售行为的认定和分析

(一)建设工程中的制造、使用和销售行为

将建设工程中的专利侵权行为单列出来讨论,是因为建设工程中涉及的主体较多,有设计方、发包方、承包方、施工方等多个主体,如在建设工程中发现了侵害专利权的产品或原材料,如何对侵权行为进行判断,直接影响到侵权法律关系的认定以及各主体之间责任的划分。

设例:原告 A 公司享有"一种板条及条缝吸音板"的实用新型专利,被告 B 公司是某市音乐厅的建设单位,其委托某设计院对音乐厅室内吸音墙进行设计,之后,B 公司依法经过招投标程序将涉案音乐厅工程发包给 C 公司,要求 C 公司按照设计院提供的图纸进行建设工作。在工程的具体施工建设上,C 公司又将吸音墙的建设工作分包给 D 公司。D 公司按照设计图纸完成建设后,原告 A 发现施工完成的吸音墙侵犯了其实用新型专利,遂引发纠纷。事实查明:设计单位提供的设计并未落入原告主张专利权利要求的范围,但最后的施工结果落入专利权保护范围。

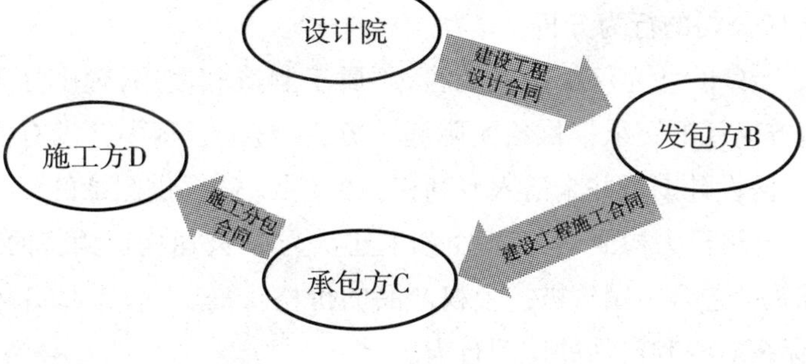

图1 案情

1. 施工方 D 公司的行为分析

这类案件中,施工方一般都被要求按照发包人提供的技术方案制造专利产品或

者在专利产品的形成中要体现发包方提出的技术要求,但是因为知识产权侵权责任的归责是无过错原则,只要施工方实际实施了侵犯专利权的行为,不管发包方是否提出了要求或者施工方是否按照要求施工,都不影响其侵权责任的成立。那么,施工方的行为到底是制造、销售还是使用?施工方并非直接到市场上购买专利产品来安装,而是根据设计图纸利用普通原材料(如钢条、木材等)制作出能够实现专利技术方案的产品并安装在音乐厅上,也就是说,D的行为有两个:一个行为是利用原材料制作出专利产品的行为,另一个行为则是将这个专利产品安装在音乐厅上,即其行为分别构成制造行为和使用行为,对此实践中并没有太大的争议。

对于是否构成销售行为,有观点认为D以包工包料的承包方式建设涉案音乐厅,被诉侵权产品用于工程施工并成为工程成果的一部分,取得的工程款中包含了被控侵权产品的对价,即被控侵权产品所有权随工程成果的交付一并有偿转让,故D公司的行为构成销售被控侵权产品的行为。笔者认为,销售行为一般是基于买卖合同,以有偿的方式将标的物的所有权从卖方转移到买方,即构成专利侵权行为的"销售"至少应当具备以下几个要素:(1)当事人之间的基础法律关系是买卖合同关系;(2)合同的标的物落入专利的保护范围;(3)合同标的物的所有权从卖方转移到买方;(4)买方支付了报酬。本案中,施工方和承包方的基础法律关系是施工分包合同关系,并非买卖合同关系,施工方有可能在中途停止履行建设义务,也有可能最终提交的工程成果与专利产品并不一样,也就是说,在签订合同时合同标的物并没有明确。如果将所有涉及所有权变动的行为都视为销售,那么大部分的合同都可以解释为买卖合同,使得买卖合同的概念过于泛化。因此,笔者认为,施工方D以包工包料的承包方式提供工程成果的行为并不构成销售。

2.承包方C公司的行为分析

有观点认为,C的行为仅仅构成销售,不属于制造和使用,理由如下:首先,C仅仅是将经发包方确认的图纸提供给实际施工方,在整个过程中并没有实施任何具体的建设行为,且该设计图纸并未落入专利权保护范围,C提供图纸的行为不属于制造行为。其次,C公司行为构成销售,理由如上述认为D公司构成销售的观点,即C公司收取的工程款中包含了销售被控侵权产品的价格。最后,因为C并未实际使用专利产品,故不存在对专利产品的使用行为。

笔者认为,从事实角度分析,承包方的行为有:提供设计图纸以及要求施工方按照设计图纸施工的行为。提供设计图纸的行为不属于侵犯专利权的行为,但是要求施工方的按照设计图纸施工,施工方在按照图纸施工造成侵害专利权的结果,该结果与承包方C的行为不可分割，应该认定承包方和施工方共同实施了专利侵权行为，构成共同侵权，承包方的侵权行为类型应当根据施工方的行为来确定。所以承包方的行为构成侵犯专利权行为中的制造行为和使用行为，理由同施工方D的行为认定。

3. 发包方B公司的行为分析

有观点认为，发包方B的行为构成使用而非制造，因为B的行为仅仅是提供未落入专利保护的设计图纸，不构成制造行为，但是因为涉案音乐厅里面使用了被控侵权产品，B公司作为音乐厅的建设单位，其行为属于使用行为。

但是笔者认为，B作为发包方，如果没有其存在，侵权行为也不会出现，虽然专利侵权行为并不需要考虑原因关系，但是并不意味着可以将发包方、承包方和施工方的行为分裂来看，事实上，三者的行为造成了同一损害，属于共同侵权，因行为具体实施者为施工方，所以发包方B的侵权行为类型同样应以施工方D的行为为准。

综上，笔者认为，针对这类涉及多个关联主体的专利侵权案件，并不能简单的割裂各主体之间的关系来单独分析各自的行为，这类案件需要通盘考虑，如果构成共同侵权，应当追加全部共同被告进入诉讼，一方面便于查明事实和准确划分侵权责任，另一方面也避免了权利人针对同一事实重复起诉、重复得利的情况。

(二)将专利产品作为零部件进行生产的行为

关于将专利产品作为零部件进行生产的问题，最高人民法院在2009年做出的《关于审理侵犯专利权纠纷案件应用法律若干问题的解释》第12条中规定，将侵犯发明或者实用新型专利权的产品作为零部件，制造另一产品的，应当认定属于使用行为；销售该另一产品的，应当认定属于销售行为；将侵犯外观设计专利权的产品作为零部件，制造另一产品并销售的，应当认定属于销售行为，但侵犯外观设计专利权的产品在该另一产品中仅具有技术功能的除外。虽然对此问题司法解释已有明确定论，但在具体适用过程中仍然有着不同的理解。

案例一：原告享有名称为“可焊接式电信号铜铂丝传输线”的实用新型专利权，被告从第三方购进上述传输线，作为耳机的传输线材使用在耳机上，然后对外销售耳机。

有观点认为，被告的耳机传输线上并没有标明生产厂家的相关信息，这种行为使得市场上不知情的第三人认为该耳机的所有部件都是被告生产制造的，被告应当承担制造者的法律责任。倘若被告在耳机传输线上标明了生产商的名称、商标或者其他识别标记，则该行为可以认定为使用行为。这样的观点在以前的专利审判中也是经常出现的。[1]

案例二：原告享有名称为“钢质门（招财进宝）”外观设计专利权，被告从第三方购入有与外观专利相同或近似的招财进宝图案的钢质压花板，用来制作钢质门，然后对外销售带有此图案的钢质门。被告抗辩其用购来的构件材料组装成门扇的行为不是制造行为。

法院认为，被告的组装行为实际是一种加工制造行为，该行为与产品的使用安装行为有着明显的区别。产品组装与产品使用安装的主要区别在于：产品组装一般需要使用专门的工具、设备在一定的生产场地进行，而产品使用安装只需简单的工具甚至不需要借助工具就可以就地组合安装；组装好的产品除非重大修理一般不可再拆分，而产品的使用安装其主要部件和附属配件随时可以拆分再重新组合安装，不影响其使用。该案被告的钢质门显然不是使用简单工具随地可以完成的，而且组装成型之后的门扇一般也不可再拆分还原成上述构件，因此，被告使用所购材料组装成门扇的行为就是一种加工制造行为。

司法实践中之所以会有与司法解释不一致的理解，笔者认为，问题的关键在于对“将专利产品作为零部件制造另一产品”中“零部件”的理解。在专利侵权中，对零部件和原材料的区分直接影响到侵权行为类型的判断，如果将专利产品判断为零部件，侵权行为类型将会认定为使用行为或销售行为，行为人具有提出合法来源抗辩的条件，但是认定为原材料的话，侵权行为就会被认定为制造行为，缺乏合法来源抗辩的基础。可见，对专利产品的性质理解不同，将会导致不同的法律后果。

严格来讲，“零部件”并非一个法律概念。根据《现代汉语词典》中对“零部件”解释是零件和部件的合称。在机械学上，可以将机械加工设备分为：原材料（raw material）、零件（part）、分组件（sub - assembly）、组件（assembly）、部件（component）、设备（equipment）、系统（system）。其中，零件指机械中不可分拆的单个制件，是机器的基本组成要素，也是机械制造过程中的基本单元。其制造过程一般不需要装配工序。部件是机械的一部分，由若干装配在一起的零件组成。

当然，要求法官严格按照机械学的标准对专利产品在法律适用中进行区分是不太可能也不太现实的，笔者认为，在认定专利产品是否属于被控侵权产品中的零部件这一问题时，不能以专利产品是否可以从被控侵权产品中拆分或者还原来判定，而是应该从机械学的基本概念出发考虑该零部件的使用是否需要装配程序，前者是从侵

〔1〕 程永顺主编：《专利权纠纷案件法官点评》，知识产权出版社 2003 年版，第 79 页。

权产品出发进行逆向判断,后者则是从专利产品本身出发正面认定,后者更符合逻辑和公平原则。例如,螺丝钉、合页等产品本身不需要进行加工处理便可直接使用,则可认定为零部件,但是需要进一步加工处理的,如吸音墙案件中被告购买的铝材,并不能直接使用,需要对铝条本身进行处理,即在铝条表面上进行切割形成大小不一的凹槽,这种情况下被告购买的铝条就应该是原材料而非零部件。在耳机案中,被告从他处购买的耳机传输线是不需要另行处理就可以直接使用在产品上,应该认定为产品的零部件,被告的行为构成使用和销售行为。压花板案件中,虽然对压花板的大小会根据门的尺寸做裁剪,但是始终保留着“招财进宝”的外观设计图案以达到美观的效果,并没有实现什么技术功能,所以根据最高人民法院的司法解释,行为人用“招财进宝”钢质压花板来制作钢质门并进行销售的行为,并非制造行为,而是应当认定为销售行为。

(三)回收专利产品重新利用的行为

旧物回收再利用在日常生活中经常可见,这本是一种资源循环使用的绿色环保的行为,应当予以鼓励,但是,若回收利用的旧物曾是专利产品或专利产品的重要组成部分,该回收利用行为是否属于侵权行为?司法实践中,这类案件虽然不多但是争议很大,从已有的案件看,问题主要集中在外观设计专利产品上。

案例一:原告鞠爱军申请了一种“酒瓶”外观设计,被告古贝春集团与第三方签订经销协议,由第三方提供通过旧物回收方式得到的酒瓶,被告将酒瓶洗净消毒,灌装散酒进行包装后交由第三方进行销售。[1]

案例二:原告河南维雪啤酒公司享有“啤酒瓶”的外观设计专利权,被告黑加伦公司将其回收的享有外观设计专利权的啤酒瓶用于灌装其生产的黑加仑饮料,并在市

---

〔1〕 一审法院认为,外观设计专利产品名称为“酒瓶”,其工业上应用价值在于作为酒的包装物与酒作为一个整体投入市场。专利权用尽应指使用这种设计的酒瓶的酒产品合法投入市场并售出后,购买者自己使用或再次销售该酒产品的行为。本案被告以生产经营为目的的生产销售行为已突破了专利产品合法购入者使用的内涵,不适用权利用尽原则,而成为一种变相的生产制造外观设计专利产品的行为。因此,被告的行为构成侵权。二审法院则认为,原告使用该外观设计专利酒瓶生产、销售白酒,白酒售出后,原告已经获得了收益,体现在酒瓶的专利权已经用尽,根据专利权用尽原则,购买者的使用或者再销售行为就不构成侵犯其专利权。详见(1999)济知初字第57号(一审),(2000)鲁经终字第339号(二审)。

场上销售。[1]

案例三:原告张日明享有名称为“净水桶”的外观设计专利权,被告易伟力在与张日明任职的佛山某饮料厂开展业务合作时,从该厂合法获得了涉案专利桶,被告将涉案专利桶进行重新冲洗、消毒、灌水和重新打包后进行销售。[2]

这三个案件的共同之处就是回收利用的旧物都是有专利权的外观设计,被告重复再利用的行为是属于不侵犯外观设计专利权的使用行为还是构成侵权的制造、销售行为?对此法院有着不同的理解,案例一的法院认为根据专利权用尽原则,购买者的使用或者再销售行为就不构成侵权;案例二的法院认为不适用专利权利用尽原则,被告的行为是变相的制造行为,构成侵权;案例三的法院则直接认定被告的行为是使用行为,不属于侵害外观设计专利权的行为类型。相似的案件事实却有着不同的裁判理由和结果,主要还是因为对专利权利用尽原则存在不同的理解和认识。

我国《专利法》第 69 条第 1 项规定,专利产品或者依照专利方法直接获得的产品,由专利权人或者经其许可的单位、个人售出后,使用、许诺销售、销售、进口该产品的,不视为侵犯专利权。学理上将这个规定概括为权利用尽原则,这样规定是为了平衡专利权人的专有权和社会公众的利益而做出的,避免权利之手延伸过长而限制商品的自由流通。根据法律规定和相关理论研究,把握权利用尽原则有以下几个要点[3]:(1)权利用尽原则是专利权人对产品在市场上流通所拥有的控制权的限制,该原则所限制的专利特权不包括专利产品的制造和对专利方法的使用。(2)专利权

---

〔1〕 法院认为,啤酒瓶的功能在于作为啤酒的包装物,消费者饮用啤酒之后,啤酒瓶在流通领域的任务已经完成,黑加伦公司回收啤酒瓶,并灌装其生产的黑加伦饮料作为其产品出售,啤酒瓶与其生产的饮料作为一个整体又成为新的产品,黑加伦公司行为的实质是通过对啤酒瓶的回收利用产生新的产品,因此是一种变相的生产制造外观设计专利产品的行为,专利权用尽原则的适用仅限于专利产品流通领域,适用对象限于合法投放市场的专利产品,被告的行为是变相的生产制造行为,并非合法购入的专利产品,因此不适用专利权利用尽原则,被告构成侵权。详见(2010)豫法民三终字第 85 号。

〔2〕 法院认为,被告将涉案专利桶进行重新冲洗、消毒、灌水和重新打包的行为,并未对该桶的外观设计产生任何实质改变,属于使用行为而并非制造行为。被告在销售桶装水的过程中收取了矿泉水桶的押金。根据桶装水行业的交易习惯和一般日常经验,消费者在饮用水使用完后须退回作为包装物的桶,从而换回押金。可见涉案专利桶只是作为包装物而使用,而并非单独出售或者连带水一起出售。因此,被告使用专利产品的行为不构成侵权。参见肖海棠:《重复使用与变相制造:对包装物外观设计专利产品的侵权认定——张日明诉易伟力饮用水桶外观设计专利权纠纷案评析》,载《科技与法律》2012 年第 6 期。

〔3〕 任军民:《我国专利权权利用尽原则的理论体系》,载《法学研究》2000 年第 6 期。

用尽的时间应从产品第一次投入流通领域之日起开始计算，而专利产品是否投入到流通领域以公众是否能够容易获得为判断标准，而不是以权利人是否获益为准。(3)投放市场的产品必须是合法制造的，对侵权产品不存在权利用尽。

在明确权利用尽原则的适用范围和前提之后，我们再回到上文三个案例中来讨论什么是外观设计专利产品。我国《专利法》第2条规定，外观设计，是指对产品的形状、图案或者其结合以及色彩与形状、图案的结合所作出的富有美感并适于工业应用的新设计。外观专利的特殊之处在于外观设计必须以产品为载体，那么上述三个案件中的产品到底是作为外包装的"瓶子"，还是"瓶子+酒"（或者"桶+水"）？案例一中一审法院认为外观设计产品名称为"酒瓶"，其工业上应用价值在于作为酒的包装物与酒作为一个整体投入市场，因此专利权利用尽应指使用这种设计的酒瓶的酒产品合法投入市场并售出后，购买者自己使用或再次销售该酒产品的行为。这样的认定没有正确理解包装类产品，在外观设计国际分类中，包装类产品均属于09类产品，说明了包装本身就是一种独立的产品，至于用来装酒、水还是药品，这是包装物的用途，并不因为被包装物的不同而属于不同的产品。[1]

所以，上述案件的外观设计产品指的是外包装本身，也就是"瓶子"或"桶"，这些外包装在合法制造并首次投入流通领域之后，专利权人对这些外包装在市场上流通所拥有的控制权就已经丧失，专利权利用尽，他人从市场上回收外包装进行重复利用的行为是一种使用行为，并不构成侵害外观设计专利权。

结　论

根据上述分析，笔者尝试对专利侵权案件中的制造、使用、销售行为进行归纳总结，以便为审判实践提供一些参考。

"制造"和"使用"在一般的专利侵权案件中容易区分，"制造"一般是指通过手工或者机械方式，利用资金、设备、原材料等生产要素进行生产加工，实现产品从无到有的过程；"使用"的前提是专利产品已经存在，通过利用产品使得专利技术方案得以实现。但是在一些新类型或者特别案件中，"制造"和"使用"的界限也是最容易产生模糊的，在将专利产品作为零部件制造另一产品的案件中，区分制造和使用的关键在于准确理解"零部件"的概念，建议从专利产品出发，考虑对专利产品的使用是否需要装

---

〔1〕 参见《关于印发〈专利侵权判定和假冒专利行为认定指南（试行）〉的通知》（国知发管字〔2014〕42号）。

配程序，如果不需要装配程序就可以直接使用的，根据相关司法解释，可以认定构成使用行为；如果需要进行有关的装配工序，则很有可能构成制造行为。在回收外观设计专利产品重新利用的案件中，应准确理解外观设计专利产品的范围和专利权利用尽原则的内涵，在专利产品合法制造并首次投入流通领域后，专利权人对这些产品在市场上流通所拥有的控制权就已经丧失，专利权利用尽，他人回收利用的行为是一种使用行为，并非制造行为。

"销售"行为一般是基于买卖合同，以有偿的方式将标的物的所有权从卖方转移到买方，构成专利侵权行为的"销售"至少应当具备以下四个要素：(1)当事人之间的基础法律关系是买卖合同关系；(2)合同的标的物落入专利的保护范围；(3)合同标的物的所有权从卖方转移到买方；(4)买方支付了报酬。其中，当事人之间的基础法律关系是确认是否构成"销售"的首要考量因素。

当然，如何准确把握这些行为的概念，终究还是要回到司法实践中，回到具体的案件中，通过对各方的权利和利益进行仔细考量和平衡，才能得出合法、合理、公平的法律判断。

关于执行异议之诉案件若干疑难问题探析(一)

周家开[*]　韦志勇[**]

广西高院作为全国法院开展审执分离改革试点的两个省区之一,依照中共中央提出审执分离改革要求,广西高院执行裁判庭于2015年8月成立。经过两年多的努力,共审结一审、二审以及申请再审的执行异议之诉案件428件(其中案外人执行异议之诉案件205件,申请执行人执行异议之诉案件182件,执行分配方案异议之诉案件41件)。执行异议之诉涉及案外人与申请执行人、被执行人之间的利益平衡,也涉及与第三人撤销之诉、案外人申请再审之诉的体系协调,非常复杂,有很强的理论性,实践操作难度也比较大。近年来执行异议之诉案件数量大幅上升,已经成为民事审判的热点和难点。广西高院执行裁判庭通过执行异议之诉案件的审理,对规范全区法院此类案件的裁判标准和裁判尺度、规范执行行为、助力解决"执行难"等方面取得了一定的成效。笔者经过对两年多来审结的执行异议之诉案件进行了分析和总结,并结合调研情况,对审执分离改革的一些理论问题,以及部分执行异议之诉案件存在争议的疑难问题进行探讨和分析,并提出审理思路,以期对关心执行异议之诉案件审理的同人有所裨益。

一、执行异议之诉案件应适用何种程序审理

执行异议之诉案件是在执行过程中,案外人对执行标的主张实体权

---

* 广西壮族自治区高级人民法院执行裁判庭副庭长。

** 广西壮族自治区高级人民法院执行裁判庭审判员。

利，请求停止对执行标的强制执行而提起的民事诉讼。执行异议之诉案件是一种新类型的民商事案件，是在执行程序中派生出来的一种同时兼有实体权利利益目的的特殊类型案件，具有确定当事人之间实体法律关系和排除法院强制执行的双重作用。执行异议之诉案件不同于传统民事、行政、刑事这三种类型的案件，其在对私权进行实体判断的同时，还对执行行为这一公法性质的权力进行判断，案件范围横跨原来民一、民二、民三、民四庭等民商事审判业务庭受理的执行异议之诉案件。执行异议之诉案件审理过程中往往存在实体与程序、公正与效率等方面的冲突。

执行异议之诉首见于2007年修订的《民事诉讼法》第204条，该条规定"执行过程中，案外人对执行标的提出书面异议的，人民法院应当自收到书面异议之日起十五日内审查，理由成立的，裁定中止对该标的的执行；理由不成立的，裁定驳回。案外人、当事人对裁定不服，认为原判决、裁定错误的，依照审判监督程序办理；与原判决、裁定无关的，可以自裁定送达之日起十五日内向人民法院提起诉讼"，从而确立了执行异议之诉的地位。2008年颁布实施的《最高人民法院关于适用〈中华人民共和国民事诉讼法〉执行程序若干问题的解释》第17条规定，案外人依照《民事诉讼法》第204条规定提起诉讼，对执行标的主张实体权利，并请求对执行标的停止执行的，应当以申请执行人为被告；被执行人反对案外人对执行标的所主张的实体权利的，应当以申请执行人和被执行人为共同被告，该条规定了执行异议之诉的当事人、管辖、诉讼请求等，可以看作执行救济制度。有观点认为，为了提高执行效率，执行异议之诉应适用简易程序。然而，2013年《民事诉讼法》第227条规定，在执行过程中，案外人对执行标的提出书面异议，人民法院应当自收到书面异议之日起十五日内审查，理由成立的，裁定中止对该标的的执行；理由不成立的，裁定驳回。案外人、当事人对裁定不服，认为原判决、裁定错误的，依照审判监督程序办理；与原判决、裁定无关的，可以自裁定送达之日起十五日内向人民法院提起诉讼，该条明确规定当事人可以提起执行异议之诉。2015年《最高人民法院关于适用〈中华人民共和国民事诉讼法〉的解释》（以下简称《民诉法解释》）在第二审程序前专门以一章规定了执行异议之诉，与公益诉讼、第三人撤销之诉并列，因此，现行的执行异议之诉定位为民事审判程序，适用民事诉讼法普通程序进行审理。

二、执行异议之诉的审理应坚持哪些原则

（一）对执行依据不予审理原则

依照《民事诉讼法》第227条的规定，当事人、案外人对执行异议对作为执行依据

的原判决、裁定不服的，依照审判监督程序办理，故在执行异议之诉案件审理过程中，对执行依据不予审理。

（二）坚持公平与效率并重原则

对执行异议之诉审判指导理念问题，有观点认为，执行程序主要目的是迅速实现债权人经过生效法律文书确定的债权，效率是其基本价值取向，而执行异议之诉属于民商事审判程序，价值取向是公平优先，兼顾效率。我们认为，如上所述，执行异议之诉适用民事诉讼普通审判程序，应以公平作为审判理念。但执行异议之诉毕竟属于执行过程中特殊救济途径，效率同样重要。在法院实行立案登记制之后，只要案外人主张对执行标的享有对抗执行的民事权益，无论该主张是否成立，均可提出执行异议。异议被驳回后，可以提出起执行异议之诉。在审判实践中，因现有的法律制度对执行异议之诉案件的立案并未设置其他限制条件，经常出现被执行人与案外人串通，恶意提起案外人执行异议之诉的情形，从而达到阻碍、拖延执行目的，且违法成本极低。因此，在执行异议之诉中，应坚持公平与效率并重，在确保公平的同时，提高审判效率，坚持快审快结。

（三）慎用自认原则

自认原则是民商事审判中一个重要的原则。《民诉法解释》第 92 条规定，一方当事人在法庭审理中，或者在起诉状、答辩状、代理词等书面材料中，对于己不利的事实明确表示承认的，另一方当事人无须举证证明，按照该规则，对于对方当事人自认的事实无须举证。

需要注意的是，在执行异议之诉中，应慎用自认原则。依照《民诉法解释》第 311 条“案外人或者申请执行人提起执行异议之诉的，案外人应当就其对执行标的享有足以排除强制执行的民事权益承担举证责任”的规定，执行异议之诉中，案外人应当就其对执行标的享有所有权、用益物权、担保物权、租赁权等实体权利承担举证责任。执行异议之诉中，很容易出现案外人与被执行人恶意串通以规避法院的强制执行的情形。因此，即使被执行人承认案外人主张，亦不能免除案外人对其所主张对执行标的享有民事权益的举证责任，这是为了防止当事人恶意利用自认制度，而对被执行人的处分权利予以限制。因为被执行人处分行为本质上是在对抗形式上具有合法性的强制执行行为，而强制执行行为仅能由法院的裁判予以变动或者否定，只有法院的裁判才可以否定强制执行行为的合法性，故应对被执行人的自认效力予以必要的限制。

三、执行依据为给付之诉的，能否请求直接确认执行标的的所有权

案例：王某于 2016 年 1 月 2 日向李某购买房屋一套，并按约定支付了全部价款，

但李某未按约定协助王某办理涉案房屋过户手续,王某诉至法院。法院判令李某在一定期限内协助王某办理涉案房屋过户手续,但李某逾期未履行该判决。王某向法院申请强制执行,法院依王某申请于2016年9月1日查封了涉案房屋。案外人张某向法院提出执行异议,法院依张某的执行异议申请,裁定中止对涉案房屋的执行。王某遂向法院提起申请执行人执行异议之诉,诉请准许执行涉案房屋,并确认其对涉案房屋享有所有权。

一种观点认为:可以判决确认王某对涉案房屋享有所有权,并据此排除案外人的执行异议。另一种观点认为:本案执行依据为给付之诉,不能直接确认涉案房屋的所有权。

我们同意第二种观点。本案中,作为执行依据的判决书,其内容是判令李某在一定期限内协助办理涉案房屋的过户手续。依照《物权法》第28条"因人民法院、仲裁委员会的法律文书或者人民政府的征收决定等,导致物权设立、变更、转让或者消灭的,自法律文书或者人民政府的征收决定等生效时发生效力"和《最高人民法院关于适用〈中华人民共和国物权法〉若干问题的司法解释(一)》第7条"人民法院、仲裁委员会在分割共有不动产或者动产等案件中作出并依法生效的改变原有物权关系的判决书、裁决书、调解书,以及人民法院在执行程序中作出的拍卖成交裁定书、以物抵债裁定书,应当认定为《物权法》第20条所称导致物权设立、变更、转让或者消灭的人民法院、仲裁委员会的法律文书"的规定,申请人执行异议之诉中,申请执行人往往同时对执行标的物提出确认权属的诉讼请求,若执行依据为要求被执行人继续履行合同、交付标的物等给付之诉的法律文书的,不属于《最高人民法院关于适用〈中华人民共和国物权法〉若干问题的司法解释(一)》规定的导致物权设立、变更、转让或者消灭的法律文书,法院不应支持申请执行人对执行标的进行确权的诉讼请求。

若在案外人执行异议之诉中,案外人对执行标的享有足以排除强制执行的民事权益,同时提出确认其权利的诉讼请求的,依照《民诉法解释》第312条规定,人民法院可以在判决中一并作出裁判。

四、案外人在执行异议之诉案件中能否提起给付之诉

案例:法院依债权人陈某的申请,查封了被执行人林某名下的一套房屋。案外人关某提出案外人执行异议之诉,主张其在查封前与林某签订了书面买卖合同并支付了全部价款,同时已占有涉案房屋,涉案房屋不能过户是由于林某的故意拖延所致,请求判令林某办理该房屋过户登记手续,并停止涉案房屋的执行。

有观点认为:本案中,法院除了审查关某对执行标的是否享有足以排除强制执行的民事权益之外,为减少当事人的诉累,对关某要求林某办理涉案房屋过户登记手续的诉请,应一并处理。

我们认为,执行异议之诉案件审理中,应审查案外人对执行标的是否享有足以排除强制执行的民事权益,案外人在执行异议之诉中同时提出要求被执行人继续履行合同、交付标的物或支付违约金等给付之诉诉讼请求的,因这些诉讼请求与排除执行的诉讼目的无关,不属于执行异议之诉的审理范围,故在执行异议之诉的审理中对这些诉讼请求,法院不予支持。人民法院应告知案外人可以就此另行主张权利。故关某要求林某办理涉案房屋过户登记手续的诉请不应得到支持,法院应告知关某另案主张。

五、如何审理无过错不动产买受人提起的执行异议之诉

案例:法院依债权人陈某的申请,查封了被执行人林某名下的一套房屋。关某提出案外人执行异议之诉,主张其在查封前与林某签订了书面买卖合同并支付了全部价款,已经占有涉案房屋,因林某的拖延未及时办理过户登记手续,请求排除执行。

我们认为,依照《最高人民法院关于人民法院办理执行异议和复议案件若干问题的规定》(以下简称《异议复议规定》)第28条"金钱债权执行中,买受人对登记在被执行人名下的不动产提出异议,符合下列条件且其权利能够排除执行的,人民法院应予支持:(一)在人民法院查封之前已签订合法有效的书面买卖合同;(二)在人民法院查封之前已合法占有该不动产;(三)已支付全部价款,或者已按照合同约定支付部分价款且将剩余价款按照人民法院的要求交付执行;(四)非因买受人原因未办理过户登记"的规定,若关某符合上述条件,则其对涉案房屋所享有的民事权益可以排除法院的强制执行。

有观点认为,《异议复议规定》第27~29条只能适用于执行异议审查阶段,不适用于执行异议之诉。对第27~29条能否适用于执行异议之诉,该司法解释并未明确说明。我们认为,执行异议审查程序和执行异议之诉都是审查案外人对执行标的是否存在实体权利以及该实体权利能否排除法院的强制执行,因此,第27~29条规定亦应适用于执行异议之诉中。但在执行异议审查和执行异议之诉这两个程序中,审查的要求不同。执行异议作为执行程序的一个子程序,效率优先仍是其基本价值取向,且只有15日的审查期间,故执行异议审查中,只需对案外人是否符合相关规定的条件进行形式审查,而在执行异议之诉中,则要对案外人是否符合相关条件进行实质

审查。以案外人依据第 28 条的规定请求排除法院强制执行为例,在执行异议审查阶段,主要审查当事人是符合该条规定的四个形式要件,如是否有书面买卖合同、是否提供付款的初步证据等。而在执行异议之诉中,则要对该买卖合同是否为当事人真实意思表示、付款是否真实等进行严格审查。

依照物权法定原则,物权的种类和变动的方式均应由法律明确规定,故执行标的依法登记在被执行人名下,被执行人对该执行标的享有所有权自无疑义。被执行人以其全部财产作为履行债务的责任财产,因此,对执行标的进行强制执行似无法律障碍。案外人对执行标的享有的是债权请求权,通常情况下并不能构成案外人排除执行的正当理由。但是,在我国目前民众普遍缺乏足够的法律风险意识以及我国不动产登记制度不尽完善等情况下,当事人在不动产交易后往往未办理过户登记,除了当事人的懈怠外,很多是由于当事人之外的客观原因所致,如房产管理体制等。在目前现实条件下,从维护社会公平的角度出发,有必要对未登记的当事人提供适当的救济。《异议复议规定》第 28 条就是规定在满足一定条件下,不动产买受人即使未办理过户登记,也可以排除法院的强制执行。由于执行异议之诉是实质审查,故案外人依照《异议复议规定》第 28 条规定请求排除强制执行的,应严格把握是否符合该条规定的四个条件:

第一,严格审查买卖合同的真实性。因为在执行异议之诉中,经常出现案外人与被执行人恶意串通规避法院强制执行的情形,因此应严格审查案外人与被执行人之间是否存在真实的房屋买卖法律关系、案外人与被执行人是否存在倒签或者虚构房屋买卖合同的情形等。若当事人签订不动产买卖合同的真实意思表示不是取得涉案不动产的所有权,而是为民间借贷提供担保的,不能排除法院的强制执行。

第二,严格审查案外人是否已实际支付合同价款。案外人仅凭被执行人出具的收款发票、收据等收款凭证主张已支付价款,数额巨大且主张以现金形式交付,申请执行人又否认支付价款事实发生的,如果人民法院仅根据收款凭证以当事人的经济能力,不能查证支付价款事实是否发生的,应告知案外人就资金来源、走向、支付细节等事项继续举证,经告知后,案外人所举的证据仍不能达到证明付款事实发生存在高度盖然性可能的,由其承担不利后果。人民法院应综合考虑当事人的经济能力、交易习惯、收款凭证形成前后合理期间内财产变动等因素综合判决付款事实是否发生。即使被执行人承认收到合同价款的,也不能免除案外人的举证责任。

第三,严格审查案外人是否已实际占有涉案不动产。针对司法实践中,为了避免出现被执行人与案外人恶意串通逃避债务的情况,占有应以一定可以识别的方式对外进行公示,如拿到房屋钥匙后办理物业入住手续、交纳水电费、物业费、垃圾处理费、对房屋进行装修等,若案外人仅主张拿到钥匙而无其他占有外观,一般不宜认定其已实际占有房屋。

第四,严格审查是否非因买受人原因未办理过户登记。通常包括下列情形:(1)因登记机关原因未能办理过户登记,如案外人已向不动产登记机关提出过户登记申请,但因登记机关办理迟延等原因未能过户等。(2)因被执行人原因未能办理过户登记,包括被执行人下落不明、被执行人因其开发的房地产项目手续不全等原因尚未或者无法取得房屋大产权证、有证据证明案外人要求办理不动产过户登记但被执行人不予协助等。(3)由于其他案外人不能控制的原因未能办理过户登记,如涉案不动产被其他有权部门查封等。能够归责于买受人自身原因,通常有:(1)对政策限制的忽略,如明知某地限制购房,在不符合条件的情况下仍然购房导致无法办理过户登记,或者购买小产权房等。(2)案外人已具备不动产办理过户的条件,因案外人原因未依照合同约定或法律规定提交办理过户所需材料或交纳相关费用等原因导致涉案不动产未能过户。(3)案外人为了规避法律、行政法规规定,或者逃避债务、逃税等原因故意不办理或拖延办理过户登记。(4)买受人无正当理由,明显怠于主张权利,在合理期限内未要求办理过户。(5)案外人明知涉案不动产手续不全,尚未或无法取得产权证。(6)当事人约定不办理涉案不动产过户手续等。

六、如何审理消费者商品房买受人提起的执行异议之诉案件

案例:甲房地产开发公司因拖欠乙银行贷款,法院依乙银行的申请,查封了甲公司名下的一套商品房。丙提出案外人执行异议之诉,主张其在查封前与甲公司签订了书面买卖合同并支付了全部价款,请求排除执行。

我们认为,依照《异议复议规定》第29条"金钱债权执行中,买受人对登记在被执行的房地产开发企业名下的商品房提出异议,符合下列情形且其权利能够排除执行的,人民法院应予支持:(一)在人民法院查封之前已签订合法有效的书面买卖合同;(二)所购商品房系用于居住且买受人名下无其他用于居住的房屋;(三)已支付的价款超过合同约定总价款的百分之五十"的规定,若丙同时符合上述条件,则可以排除法院强制执行。

丙对涉案房屋所享有的民事权益,一般认为是商品房消费者物权期待权。关于商品房消费者物权期待权的法律保护首见于《最高人民法院关于建设工程价款优先受偿权问题的批复》(法释〔2002〕16号,以下简称《批复》)规定,人民法院在审理房

地产纠纷案件和办理执行案件中，应当依照《合同法》第 286 条的规定，认定建筑工程的承包人的优先受偿权优于抵押权和其他债权。消费者交付购买商品房的全部或者大部分款项后，承包人就该商品房享有的工程价款优先受偿权不得对抗买受人。《异议复议规定》第 29 条规定对此进行进一步具体化，对商品房消费者保护的情形进行了界定。商品房消费者物权期待权理论依据是：商品房消费者购房请求权的保护涉及消费者的生存利益，属于基本人权，应予特别保护。如前所述，按照不动产物权变动原则，案外人依据商品房买卖合同享有要求房地产开发企业办理商品房过户的权利，案外人对涉案商品房享有的是债权请求权，而不是物权，通常情况下并不能构成排除执行的正当理由。在目前我国房地产市场不尽完善情况下，消费者购买商品房目的是用于居住，相对于拥有信息、资金等方面优势的房地产开发企业来说，商品房消费者明显处于弱势地位。因商品房消费者购房权利涉及其生存利益，出于维护社会公平和保护弱势群体的考虑，故对满足一定条件的买受商品房的消费者物权期待权赋予排除执行的效力。

我们认为，《异议复议规定》第 29 条是为了保护商品房消费者的基本生存权的保护，该条设定的条件都是围绕这个问题展开。因此，在执行异议之诉中，对商品房消费者物权期待权的保护范围，应注意以下几个问题：

第一，案外人必须是消费者。即案外人是按照《消费者权益保护法》第 2 条规定的为生活消费需要而购买商品房的人，因此案外必须是自然人，购买商品房的法人或者其他非法人组织不适用第 29 条的规定。

第二，所购买的房屋必须是向房地产开发企业所购买的商品房，双方之间存在合法有效的商品房买卖合同关系，个人之间的房屋买卖、购买二手房、小产权房均不适用第 29 条规定。

第三，所购商品房必须是直接用于生活居住需要。最高人民法院〔2005〕执他字 16 号批复指出，《最高人民法院关于建设工程价款优先受偿权问题的批复》第 2 条关于已交付购买商品房的全部或者大部分款项的消费者应优先保护的规定，是为了保护个人消费者的居住权而设置的，消费者购房应是直接用于其生活居住需要，而不是用于经营，不应作扩大解释。依照该规定，案外人购买的商品房必须是直接用于生活居住需要的房屋，如果是为了经营或者商业需要而购买房屋，如购买规划用途是商业性质的商铺、门面、写字楼等，则不能视为商品房消费者，不能排除法院强制执行。同理，案外人所购买的车库、车位、仓库等非用于居住的其他不动产，亦不能视为商品房消费者，不能依据第 29 条规定排除法院执行。

第四,对“所购商品房系用于居住且买受人名下无其他用于居住的房屋”的理解问题。我们认为,首先,买受人名下无其他用于居住的房屋,一般是指在本市范围内。其次,若案外人本人名下没有其他房屋,但其配偶名下另有其他用于居住的房屋,因商品房消费者物权期待权保护目的是保护消费者的最基本的居住权,因此,若配偶名下有其他用于居住的房屋,消费者居住权已得到满足,通常不能构成排除执行的理由。

第五,对案外人同时向房地产开发企业购买多套商品房能否排除强制执行问题。有观点认为,依照《批复》的规定,消费者交付购买商品房的全部或者大部分款项后,承包人就该商品房享有的工程价款优先受偿权不得对抗买受人,《批复》并未规定消费者购买房屋的数量,故案外人可以主张仅适用《批复》的规定,对购买的多套商品房均可排除法院的强制执行。我们认为,对购买多套商品房的案外人,在符合第 29 条所规定条件前提下,只能保护其中一套,其他的房屋不能排除法院的强制执行。理由如下:其一,《批复》颁布实施时间为 2002 年,《异议复议规定》2015 年施行,两者均为最高人民法院的司法解释,均未失效,故对商品房消费者物权期待权的保护,应同时符合《批复》和《异议复议规定》第 29 条规定的条件,即案外人名下无其他用于居住的房屋的条件。其二,《批复》和 29 条规定,其理论依据是消费者购房请求权的保护涉及消费者的生存利益,属于基本人权,在符合一定条件下予以保护,因案外人购买多套商品房已经超出了其基本生存利益需要,不能全部都予以保护。其三,对购买多套商品房的案外人,可以由其选择其中一套商品房居住,对该套商品房不予执行,其他的商品房不能排除法院的强制执行。

七、如何审理案外人主张以房抵债提起的执行异议之诉案件

案例一:人民法院针对登记在被执行人名下的房屋实施强制执行,案外人以其与被执行人存在以房抵债合同关系,其系房屋实际所有人为由,请求对涉案房屋停止执行,应否支持。

案例二:人民法院针对登记在被执行人名下的房屋实施强制执行,案外人依据另案生效的以物抵债法律文书,请求对涉案房屋停止执行的,应否支持。

案例三:人民法院针对登记在被执行人名下的房屋实施强制执行,案外人依据另案生效的人民法院在执行程序中作出的以物抵债裁定书,该执行裁定书裁定案外人与被执行人以房抵债,案外人请求对涉案房屋停止执行的,应否支持。

对以上三个案例,案外人请求对涉案房屋停止执行是否予以支持,实践中存在较

大争议。

对案例一。一种观点认为，只要以房抵债协议是真实的，且签订于人民法院采取强制执行措施之前，并已经实际占有的，就应当保护实际权利人的利益。申请执行人享有的是普通债权，而以房抵债的权利人对于涉案房屋进行了实际占有，具备准物权的性质，其应优先于普通债权。另一种观点认为，物权以登记为公示公信要件，非经登记，不能对抗第三人，因此案外人请求停止执行的诉请不应得到支持。我们倾向于同意第二种观点。以房抵债是债的一种履行方式，并没有优先于其他债权履行的效力。当事人之间的以房抵债协议不能产生物权变动的效力，若当事人不履行该协议，当事人可以向法院起诉，胜诉后可以申请法院强制执行。在执行程序中，以物抵债协议作为普通债权，不能优先于已查封的债权受偿。另外，在司法实践中，案外人与被执行人恶意串通倒签抵债时间以排除其他债权人、使受让人偏颇受偿问题突出，且目前尚无鉴定合同确切签订时间的有效技术手段，以物抵债又不需要支付相应的价款，故以房抵债的受让人排除执行的诉请不应得到支持。

对案例二、三。有观点认为，依照《物权法》第 28 条“因人民法院、仲裁委员会的法律文书或者人民政府的征收决定等，导致物权设立、变更、转让或者消灭的，自法律文书或者人民政府的征收决定等生效时发生效力”的规定，案例二、三的执行依据都是法院生效裁判文书，故案外人在查封前已经取得执行标的的所有权，可以排除法院的强制执行。这涉及《物权法》第 28 条中规定的“法律文书”如何理解问题。依照《最高人民法院关于适用〈中华人民共和国物权法〉若干问题的解释(一)》第 7 条“人民法院、仲裁委员会在分割共有不动产或者动产等案件中作出并依法生效的改变原有物权关系的判决书、裁决书、调解书，以及人民法院在执行程序中作出的拍卖成交裁定书、以物抵债裁定书，应当认定为物权法第二十八条所称导致物权设立、变更、转让或者消灭的人民法院、仲裁委员会的法律文书”的规定，因案例二中的以物抵债的法律文书并非分割共有不动产并改变原有物权关系而作出的，并不能导致物权变动的效果，只有案例三中的人民法院在执行程序中作出的以物抵债裁定书才能导致物权变动，才可以排除法院的强制执行。

以上是我们对部分普通金钱债权执行中提出的执行异议之诉案件疑难问题的一些粗浅看法，错漏之处，有望各位同仁批评指正。

下一步，我们将就担保物等优先受偿权、借名买房、借用账户、挂靠车辆、隐名投资、夫妻共同财产等提起的执行异议之诉案件审理中的疑难问题进行探讨，敬请关注。

执行国有划拨土地使用权应注意的几个问题

韦　民*

在人民法院执行案件中，涉及执行企业国有划拨土地使用权的案件不少，往往在执行此类案件中，因涉及土地使用权性质、拍卖成交的国有划拨土地使用权清场及财产移交、职工的安置费用以及与政府的沟通问题，导致此类案件难以执行或土地部门不协助执行或容易引发群体事件的发生等情况，为更好地执行此类案件，本文就在执行此类案件中遇到的问题进行探讨。

一、了解国有划拨土地使用权的性质和国有划拨土地使用权与出让土地使用权的区别

了解国有划拨土地使用权的性质和国有划拨土地使用权与出让土地使用权的区别，有助于执行法官正确行使执行权。

1. 国有划拨土地使用权的性质。早在计划经济时期，国家将土地使用权分散给国家机关、事业单位，国有企业和国营企业等，这便是传统计划经济体制下形成的国有划拨土地使用权，那时的土地使用权人只有占有使用的权利，没有处分或转让的权利。对任何单位来说，都不是一种真正意义上的财产，不管主体性质如何，土地使用权的性质是一致的，均是代表国家使用土地，使用权直接体现国家利益。1988 年，随着《宪法》的修正，之后《土地管理法》也作了修正，建立了土地使用权有偿取得、使用、转让和出租的制度，将国有土地分散使用确定为划拨和出让两种

* 北海市中级人民法院执行局审判员。

方式。

根据《城市房地产管理法》第23条的规定，土地使用权划拨，是指县级以上人民政府依法批准，在土地使用者缴纳补偿、安置等费用后将该幅土地交付其使用，或者将土地使用权无偿交付给土地使用者使用的行为。依照本法规定以划拨方式取得土地使用权的，除法律、行政法规另有规定外，没有使用期限的限制。依此规定，划拨方式取得的使用权所具有的最主要特征是：行政性、无偿性和无期限性。国有划拨土地使用权，可以说是对计划经济体制下形成的使用国有土地现状的一种默认，这种使用权的目的是实现社会公共利益，因此，国有划拨土地使用权一般不得转让、出租和抵押。但由于现实中还存在大量在过去不区分划拨和出让时代形成的国有划拨土地使用权，因此，目前存在两种国有划拨土地使用权：一种是适用于公益目的的新的国有划拨土地使用权；另一种是过去体制下形成的旧的国有划拨土地使用权。现行法允许用于商业目的的国有划拔土地使用权进行流转和商业化处分。人民法院执行划国有拔土地使用权，属于过去体制下形成的旧的国有划拨土地使用权，即企业债务纠纷执行引起的国有划拔土地使用权的流转。

2. 国有划拨土地使用权与出让土地使用权的区别。土地使用权出让，是指国家以土地所有者身份与土地使用者订立出让合同，将土地使用权在一定年限内让与土地使用者，并由土地使用者向国家支付土地使用权出让金的行为。以出让方式取得的土地使用权可以转让、继承、出租、抵押或者用于其他经济活动。出让土地使用权具有如下特征：(1)是一种直接支配土地的物权，土地使用人享有物权法上的物上请求权和相邻权，可设定地役权。(2)是一种具有较强独立性的物权，具有物权的对世权特性，不仅可以对抗普通世人，而且可以对抗国家。在出让合同有效期间，国家不得任意收回土地或干预使用权人的合理使用。(3)几乎具有相当于所有权的权能，土地使用权不仅可以随建筑物所有权转让、抵押、出租而处分，而且可以独立处分。

国有划拨土地使用权与出让土地使用权的区别：(1)二者取得的方式的性质不同。国有划拨土地使用权是通过行政划拔方式取得，出让方式是通过合同方式创设了可流转的财产权。(2)在是否支付对价上，二者存在差别。国有划拨土地使用权不需要支付出让金，是无偿取得土地使用权的方式。而出让方式取得土地使用权要一次性地交付出让金。(3)二者的存续期限不同。国有划拨土地使用权是长期或无期限的，而出让土地使用权却存在一定期限。(4)二者完全属于不同性质的权利。国有划拨土地使用权进入市场要受到行政的程序约束，而出让的土地使用权属于可交易财产，不受到行政的程序束约。

二、执行国有划拨土地使用权,事前应与政府沟通

在人民法院执行实务中,对国有划拨土地使用权的执行,存在两种情况:(1)先出让后处分。这一程序是先征得政府的同意,在拍卖前由土地管理部门确定补交的出让金数额,后拍卖。(2)先处分后出让。这一程序是人民法院按执行程序,先对拍卖标的物进行拍卖,后按拍卖约定交纳土地出让金。笔者认为,因执行国有划拨土地使用权属于较特殊的财产,涉及受行政权约束的问题,所以,最好是采取上述第一种方法,先征得政府同意,确定补交的土地出让金后再进入拍卖程序,这样会使下一步的执行工作顺利快捷,对人民法院执行工作起到良好的效果。笔者之所以主张执行国有划拨土地使用权,事前应与政府沟通,主要出于以下原因:(1)国有划拨土地使用权具有行政性,也就是取得国有划拨土地使用权必须通过行政程序。根据《城市房地产管理法》第24条的规定,对建设用地的土地使用权由县级以上人民政府的批准。由于取得国有划拨土地使用权必须经县级以上人民政府批准,具有严格的行政程序,所以处置国有划拨土地使用权包括司法处置,也须经县级以上人民政府批准,这是现行法律的规定,作为人民法院应予依法执行。(2)人民法院执行此类土地使用权,要依靠县级以上人民政府的配合。因为国有划拨土地使用权是地方政府无偿给予使用者使用的一种特殊权利。国有划拨土地使用权本身不具有流转属性,只有通过出让方式有偿取得的土地使用权才具有可流转性。对国有划拨土地使用权进行公开拍卖,即进入市场化处分,除了须政府主管部门批准外,还须签订出让合同,并补交出让金。正因为处置具有商业目的的国有划拨土地使用权要经过诸多行政性程序,而这些程序都是由政府决定,因此,人民法院执行此类土地使用权,要依靠县级以上人民政府的配合,如果政府不配合,将会出现对已拍卖成交的土地使用权无法过户或不能清场的尴尬局面。(3)目前,政府与人民法院对国有划拨土地使用权的拍卖,是在政府规定的有形土地市场挂牌拍卖,还是可以由人民法院按照执行程序委托具有资质的拍卖机构进行拍卖。关于此问题,执行实践中,政府与人民法院之间尚有争议。

综上,笔者认为,人民法院在执行国有划拨土地使用权,对事前应与政府沟通的问题很重要,也很必要,无论是出于人民法院对政府的尊重还是出于人民法院依法执行的考虑,都应引起重视。

三、对国有划拨土地使用权几种不同情形的执行

(一)对国有划拨土地使用权为抵押物的执行

笔者认为,对已依法办理了抵押登记的国有划拨土地使用权的执行,原则上应由人民法院依执行程序进行公开拍卖。主要理由如下:(1)抵押权的实现有争议时,当事人是通过人民法院解决。根据《物权法》第 195 条第 2 款的规定,抵押权人与抵押人未就抵押权实现方式达成协议的,抵押权人可以请求人民法院拍卖,变卖抵押财产。《担保法》第 53 条规定,债务履行期届满抵押权人未受清偿的,可以与抵押人协议以抵押物折价或者以拍卖、变卖该抵押物所得的价款受偿,协商不成的,抵押权人可以向人民法院提起诉讼。从上述法律规定可以看出,在抵押权人和抵押人对抵押权的实现发生争议时,债权人可以向人民法院主张抵押权。对已进入执行程序的债权人抵押权的实现就是通过人民法院的执行处分抵押物以优先受偿,而不能以行政权代替司法权,强行将此类已进入司法程序的抵押国有划拨土地使用权交由国土部门的土地有形市场进行招标拍卖挂牌出让。(2)依法办理抵押登记手续的国有划拨土地使用权,可视为已经由人民政府批准。根据《关于国有划拨土地使用权抵押登记有关问题的通知》(国土资发〔2004〕9 号)精神,以国有划拨土地使用权为标的物设定抵押,依法办理抵押登记手续,视为已经具有审批权限的部门的批准,不必再另行办理土地使用权抵押的审批手续。《最高人民法院关于转发国土资源部〈关于国有划拨土地使用权抵押登记有关问题的通知〉的通知》明确:人民法院尚未审结的涉及国有划拨土地使用权抵押经过有审批权限的土地行政管理部门依法办理抵押登记手续的案件,不以国有划拨土地使用权抵押未经批准而认定抵押无效。依上述规定,对依法办理了抵押登记的国有划拨土地使用权,可视为已经具有审批权限的部门批准,不必另行办理国有划拨土地使用权抵押的审批手续。(3)最高人民法院有明确的批复。最高人民法院曾向四川省高级人民法院作出批复(法释〔1998〕25 号),该批复明确:在依法以国有土地使用权作抵押的担保纠纷案件中,债务履行期满抵押权人未受清偿的,可以通过拍卖方式将土地使用权变现。

(二)对未进行抵押登记的、纯粹是国有划拨土地使用权的执行

我国现在存在两种国有划拨土地使用权,一种是改革开放以前的国有划拨土地使用权,另一种是改革开放后的国有划拨土地使用权。改革开放后的国有划拨土地使用权也就是适用于公益目的的新的国有划拨土地使用权,该类土地使用权以公益为目的,不允许进入市场交易。在执行实务中,人民法院执行的国有划拨土地使用权

均是改革开放以前政府划拨给企业的国有划拨土地使用权，这类国有划拨土地使用权存在各种情况，除了地上有建筑物外，也有一部分纯粹是空地，或附属一些已无价值的残旧建筑物。对这类国有划拨土地使用权的转让，是否一律在政府的土地部门土地有形市场拍卖转让，目前政府与人民法院之间尚存在不同的看法。有的地方政府作出相关文件规定，对人民法院查封执行的国有划拨土地使用权一律在政府的土地部门土地有形市场拍卖转让。甚至对人民法院已委托的拍卖机构下发通知称拍卖机构的拍卖是违规的拍卖。笔者认为，拍卖这类土地使用权应以申请执行人的意见决定是由人民法院拍卖，还是由政府的土地有形市场拍卖。之所以尊重当事人的选择，主要考虑如下问题：(1)政府收取的土地出让金。对于政府收取的土地出让金，各地方政府不一致，有的收取40%，有的收取40%以上，甚至有的收取100%。(2)支付评估费用。对国有划拨土地使用权纯粹是土地的拍卖，涉及支付评估费用，如卖不出，当事人是否愿意出该笔评估费。(3)拍卖后申请执行人所得的实际债权数额是否得到清偿。上述问题涉及申请执行人的实际利益，如拍卖后为零价值，既浪费人民法院的执行资源，对申请执行人来说也是毫无意义，有的甚至申请执行人还要贴钱进去。所以，对纯粹是土地的国有划拨土地使用权执行标的物的执行，事前一定要充分征求申请执行人的意见，申请执行人主张不进行拍卖的，应尊重申请执行人，如申请执行人要求将该执行标的委托给政府的土地部门土地有形市场拍卖，人民法院可依申请执行的申请，委托政府的土地部门土地有形市场拍卖，以免造成人民法院执行的被动局面。

(三)对房屋占有的国有划拨土地使用权转让的执行

在执行实务中，国有划拨土地使用权上有房屋的情况较为常见，对此类土地使用权的执行，笔者认为，应由人民法院执行为宜。理由如下：《城市房地产转让管理规定》第5条规定，“房地产转让时，房屋所有权和该房屋占用范围内的土地使用权同时转让”。根据房地一致原则，允许房屋转让，即意味着房屋占用范围内的国有划拨土地使用权亦必须随之转让。国有划拨土地使用权上具有价值的建筑物、不动产附着物不属于政府无偿给企业使用的财产，政府对国有划拨土地使用权上具有价值的建筑物、不动产附着物无权处理。国有划拨土地使用权上具有价值的建筑物、不动产附着物的国有划拨土地使用权，因国有划拨土地使用权与地上建筑物、不动产附着物为不可分物，必须整体拍卖，因此，执行此类国有划拨土地使用权，应由人民法院依法执行。

四、拍卖要注明的特别事项

在拍卖中注明特别事项,其作用在于能使买受人充分了解买受标的瑕疵、注意的事项和应承担的风险。在执行实务中,往往因对国有划拨土地使用权的特殊性没有注明特别事项,导致在拍卖后产生诸多后遗症。对国有划拨土地使用权的特别事项,笔者认为主要注明如下内容:(1)土地的性质。对土地的性质应予注明,并附权属证明,因划拨土地有其特殊性、历史性、限制性,因此在拍卖公告时要加以注明,以便买受人充分了解标的物的情况。(2)土地出让金的注明。评估国有划拨土地使用权不同于评估出让土地使用权,国有划拨土地使用权的评估一般有两种情况:①纯拍卖标的物的价格,不包含国有划拨土地使用权土地出让金。②包含国有划拨土地使用权土地出让金的价格,这两种评估在执行中均有出现,采用哪种评估方法,这要根据案件情况决定,因此,有必要在拍卖中作特别说明。(3)对无房产证的附着不动产的说明。无房产证的附着不动产,在执行国有划拨土地使用权中最为常见,由于历史的原因,许多企业的房产是没有办产权证的,有的已是残房,但评估时是否对这些不动产进行评估,应作出特别说明。(4)对双方当事人约定的特别说明。有些案件,由于某种原因,对评估的标的物有特别的约定,所以,在拍卖时,应向买受人特别约定。(5)对原租赁情况的说明。有些案件,被执行人将划拨土地出租给他人使用收取租金,有些是出租给公益单位使用,在评估时应否要将这些国有划拨土地使用权进行评估,应有特别说明。

五、拍卖应注意的问题

在总结执行经验的基础上,笔者认为,拍卖特别约定在拍卖程序中将起到重要作用。拍卖特别约定周密,就会大大地减少执行的难度,对当事人实现债权、买受人的风险承担、土地出让金及过户费用的负担、租赁权的处理、清场等都将得到顺利地解决。对于拍卖国有划拨土地使用权的拍卖特别约定,执行法官不仅要认真思考,还要依靠合议庭的合议决定。执行国有划拨土地使用权涉及诸多现实问题,该类土地使用权的拍卖,还关系到一个企业的职工安置问题,处理不好,很容易会引发群体事件的发生。笔者认为,对拍卖委托约定应注意如下几个问题:

(一)拍卖保留价的确定

拍卖保留价是指按评估的价格确定第一次拍卖标的物的价格。这是法定程序所规定。笔者认为,确定拍卖保留价,是关系到当事人的切身利益问题,必须公开公正。

执行法官首先应对市场价有所了解，在充分了解市场价后，对评估报告作严格的审查，对不合理的评估价或漏评的，要及时与评估机构沟通，及时纠正。拍卖保留价确定得正确，拍卖标的物就有可能顺利成交；若确定得不正确，拍卖标的物就难以成交，甚至流拍，有时还会造成双方当事人的不满。为慎重起见，应充分征求双方当事人的意见，不要执行法官独家确定，只要尊重当事人，就算是流拍，当事人也无怨言，否则，会造成当事人对执行法官的不满，会引发不良的后果。

（二）对拍卖标的物价值较低，不能满足申请执行人债权的拍卖约定

对拍卖标的物价值较低，不能满足申请执行人债权的拍卖，笔者认为，要从如何能最大程度实现申请执行人的债权角度考虑，采用民法的自愿原则，即买卖双方自愿接受。可约定国有划拨土地使用权的出让金及过户税费由买受人负担。在拍卖价款中提取一定数额的拍卖款保证申请执行人的债权实现，对除了提取部分拍卖款偿还债务后，剩余部分款项用于交纳土地使用权出让金，交纳土地使用权出让金不足部分由买受人负担。从这个角度考虑，可解决最大程度实现申请执行人的债权的问题。买受人也出于自愿，有利于达到良好执行的执行效果。

（三）拍卖标的交付或者转移的时间、方式约定

《拍卖法》第44条规定，将拍卖标的交付或者转移的时间、方式列为拍卖应当载明的事项之一。可见在拍卖中，约定拍卖标的交付或者转移的时间、方式是十分必要的。尤其是拍卖国有划拨土地使用权，往往一些执行法官忽视这一约定，从而导致拍卖成交后给清场工作带来障碍。《最高人民法院关于人民法院民事执行中拍卖、变卖财产的规定》第30条已明确，人民法院裁定拍卖成交后，除有依法不能移交的情形外，应当于裁定送达后十五日内，将拍卖的财产移交买受人。在拍卖成交国有划拨土地使用权交付时间的问题，笔者认为，应适用《最高人民法院关于人民法院民事执行中拍卖、变卖财产的规定》第30条中“除有依法不能移交的情形外”的规定，在买受人满足国有划拨土地使用权转让法定条件时，才能依法移交，而不能视为一般财产适用在拍卖裁定送达后十五日内将财产移交的规定。主要理由如下：(1)国有划拨土地使用权转让有其特殊性。根据《城市房地产管理法》第23条的规定，土地使用权划拨，是指县级以上人民政府依法批准，在土地使用者缴纳补偿、安置等费用后将该幅土地交付其使用，或者将土地使用权无偿交付土地使用者使用的行为。第15～16条规定，土地使用权出让，应当签订书面出让合同，土地使用者必须按照出让合同约定，支付土地使用权出让金；未按照出让合同约定支付土地使用权出让金的，土地管理部门有权解除合同，并可以请求违约赔偿。由此可见，通过划拨方式取得的国有划拨土

地使用权具有行政性和无偿性的特征，法律对国有划拨土地使用权的转让，具有严格的程序性，即须经政府批准和补办土地使用权出让手续，向政府支付土地使用权出让金，这是法定的情形。（2）在买受人未交齐土地出让金，将财产移交给买受人，容易引发群体事件的发生。国有划拨土地使用权，是人民政府无偿划拨给被执行人企业使用，因企业债务纠纷通过人民法院依法执行引起国有划拨土地使用权的流转，依法土地使用权人应向人民政府申请补办出让手续并全额支付土地使用权出让金后才能产生流转。在执行实务中，一些买受人抓住人民法院在拍卖约定中没有约定财产交付的时间和方式，他们认为，只要交齐拍卖款，人民法院下了拍卖裁定书，买受人就可以不通过人民法院，随时接收财产，而办理过户手续与接收财产是两回事，因此会出现买受人强行清场接收财产，而被执行人企业职工却以买受人没有交纳土地使用权出让金，职工无法解决安置费为由拒绝清场，继而引发群体事件的发生。虽然拍卖成交后，当买受人全部交齐拍卖成交款，人民法院要作出拍卖成交裁定，将拍卖成交的土地使用权裁定归买受人所有，但由于拍卖约定土地出让金由买受人负担，拍卖成交款只包括部分出让金数额，不是包括全部出让金数额。如是采取先处分后出让方式执行的，在买受人未办理过户手续前，不能确定买受人应交多少出让金。由于买受人未依法交齐土地使用权出让金，因此，还没有达到法院清场，将拍卖的国有划拨土地使用权交付给买受人的财产的法定交付条件。综上，对已拍卖成交的国有划拨土地使用权的交付时间应适用《最高人民法院关于人民法院民事执行中拍卖、变卖财产的规定》第30条中“除有依法不能移交的情形外”的规定。

笔者认为，执行国有划拨土地使用权除了满足法律规定外，同时要从考虑社会稳定的角度出发，对清场的时间和方式，一定要约定明确。对国有划拨土地使用权的清场有两种方式：（1）可由案件当事人和买受人通过协商一致来实现清场。（2）由人民法院依法清场。人民法院可根据国有划拨土地使用权的复杂程度决定采取哪种方式清场。对国有划拨土地使用权清场的时间涉及的问题较为复杂的，应由人民法院依法进行清场。一般人民法院执行的国有划拨土地使用权，均是一些国有老企业，涉及解决企业下岗职工的安置费用问题。土地出让金是与职工的安置费有联系的，只有按拍卖约定由买受人交完土地出让金，被执行企业才可以向政府申请职工安置费，从而解决职工的安置问题。如未解决职工的安置费问题即由买受人强行清场，容易引发职工闹事的群体事件，这样不利于维护社会稳定。

另外，根据《最高人民法院关于人民法院民事执行中拍卖、变卖财产的规定》第30条的规定，对拍卖成交的财产，应由人民法院将拍卖的财产移交买受人，被执行人或者第三人占有拍卖财产应当移交而拒不移交的,由人民法院强制执行。由此可见,对拍卖成交的财产,应由人民法院移交买受人。

综上,对拍卖成交的国有划拨土地使用权的交付或者转移的时间、方式约定是执行法官要考虑的拍卖约定的重要事项之一。

(四)其他事项的约定

1. 对土地性质的变性和产权过户风险的约定。在执行国有划拨土地使用权时,由于历史的原因,该类土地使用权均存在或多或少的瑕疵,有的国有划拨土地使用权拍卖成交后要通过改变土地使用权性质后才能使用。如果是采取先处分后出让的方式,因人民法院与政府之间对土地使用权的变性、过户等问题尚未达成共识,因此拍卖成交后,对土地使用权变性、过户问题可能会因政府行政权的干扰,土地部门不协助办理产权过户手续而存在暂不能办理土地使用权变性和产权过户手续的风险,这种可能存在的风险,在拍卖中必须加以明确,让竞买人充分知道这种风险的存在。如果竞买人已确认了这种风险,那么拍卖成交后就不会发生交付财产的障碍。

2. 对划拨地上原有租赁权及其他用益物权的约定。根据《最高人民法院关于人民法院民事执行中拍卖、变卖财产的规定》第31条的规定,对拍卖财产上原有的租赁权及其他用益物权不因拍卖而消灭。目前,被执行的国有划拨土地使用权多是一些附带有厂房和房屋的划拨地,即便是空地,也由于企业歇业的原因,将该地出租,以维持企业办公的正常运转。鉴于这种情况,在拍卖前难以先清除后再拍卖,对划拨地上原有租赁权及其他用益物权就应在拍卖约定中明确,拍卖成交后如何交付,只有在拍卖约定中明确,案件当事人和买受人就不会产生矛盾,也不会对人民法院的执行有意见,容易达到很好的执行效果。

探视权执行的困境及解决路径

陈延光*

随着经济社会的发展和西方思潮的影响，改革开放三十多年来，国人的物质生活极大丰富，部分人的家庭观念发生了变化，导致我国的离婚率呈逐年上升趋势。据统计，2016 年，全国法院审理离婚案件 139.7 万件，民政部门登记离婚 346 万对，涉及近 500 万个家庭，约 1000 万当事人。〔1〕相应地，离婚引发的子女抚养权归属、抚养费负担、探视权的行使等纠纷大量出现。

"法律是最低限度的道德"，西欧著名法学家耶林的这句经典名言被后世奉为金科玉律。早在 2001 年全国人大修改婚姻法时，我国就确立了探视权制度，填补了婚姻法在此方面的立法空白，有利于保护离婚后未成年子女利益的最大化和离婚父母的合法权益，对社会道德风气和家庭文明风尚有一定的引领和促进作用。该法第 48 条赋予了探视权强制执行的效力，将父母对子女的关爱这种人类最低限度的道德通过法律予以保障。〔2〕这是立法的进步，也是道德的胜利，对社会风气起到了良好的导向作用。但是，受到司法环境和人为因素的诸多限制，现行探视权制度犹如风中楼阁，摇摇欲坠，实施效果不尽如人意，执行起来更是难

---

* 南宁市兴宁区人民法院执行局助理审判员。

〔1〕《2016 年全国法院审理离婚案件近 140 万件》，载中华网：http://news.china.com/social/1007/20170326/30359693.html，最后访问时间：2017 年 5 月 21 日。

〔2〕《婚姻法》第 48 条规定："对拒不执行有关扶养费、抚养费、赡养费、财产分割、遗产继承、探望子女等判决或裁定的，由人民法院依法强制执行。有关个人和单位应负协助执行的责任。"

上加难。

一、问题的引出:探视权难以执行的司法现状

案例一 张某(男)是四川人,刘某(女)是广西人,双方于2009年7月结婚并生下儿子小张,张某的父母老张夫妇将这个唯一的孙子视为掌上明珠,疼爱有加。由于张某夫妇没有稳定的工作,靠外出务工谋生,居无定所,只能把儿子交给老张夫妇抚养,小张从此成了万千留守儿童中的一员,与二老相依为命。2014年3月,张某夫妇因感情破裂离婚,孩子的抚养权归女方,张某每个月支付抚养费600元,同时确定张某在每个月的其中一个星期六、星期日可以对小张进行探望。离婚后,张某继续在外务工,手头不是很宽裕,经常入不敷出,孩子的抚养费难以按时支付,也就不好意思对儿子进行探视。而老张夫妇年事已高,且多年抚养带大孙子感情深厚,现在孙子不在身边了,思念之情日隆。由于张某、刘某感情确已破裂,双方积怨甚深,势同水火,导致老张夫妇向刘某提出想探望孙子时遭到了拒绝。伤心无奈之下,老张夫妇来到法院要求申请行使探视权。因为没有生效裁判做依据,法院未予正式立案。但是本着以人为本和司法为民的精神,工作人员试着联系刘某做其思想工作让老张夫妇看一看自己的孙子,但刘某以判决并未明确老张夫妇可以探视为由再次拒绝。

从理性的角度,老张夫妇作为小张的祖父母,不时探望自己的孙子是人之常情,不应该通过法律途径来解决。但现在面临的问题是作为小张的直接抚养人即监护人的刘某不通情达理,或者说有意为难,反对爷爷奶奶对孩子进行探望。如此一来,老张夫妇的探视行为能不能得到法律上的支持,就需要做进一步的探讨了。那么,祖父母是不是对孙子女行使探视权的适格主体?

案例二 2013年10月,杨某男与甘某女离婚纠纷案经判决生效,判决确定双方婚生女儿小杨由甘某女抚养,杨某男每月支付女儿生活费800元,教育费凭有效票据各负担一半。杨某男可在每月的其中一个星期六、星期日及每年的暑假探望女儿并带回居住地生活,隔年寒假可探望并带回居住地生活,甘某女应予以协助。判决生效后,杨某男到广东打工,期间多次去到甘某女家中要求探望自己的女儿,均被轰出家门。无奈之下,杨某男申请法院强制执行。

案件受理后,执行法官利用周末时间带着杨某男到甘某女家中探望女儿,不凑巧的是,此时只有甘某女的老父亲在家,双方一见面就剑拔弩张,势同水火,执行法官赶紧让申请执行人杨某男躲避起来,先让法官和被执行人甘某女的父亲沟通。执行法官从做甘某女父亲的思想工作入手,使老人家知道协助权利人实现探视权是一项法

定义务，从法律的角度，甘某女不能阻止杨某男行使探望女儿的权利；而从亲情的角度，女儿的成长也需要父亲的角色，让杨某男定期看望女儿对孩子的身心健康成长帮助很大。经过两个多小时的长谈，甘某女的父亲表示之所以不同意杨某男探视女儿，主要是鉴于其过往的种种表现令他们寒了心，不愿意再跟他有什么瓜葛。但同时表示自己会向女儿甘某女转达法院的法律文书，并劝她同意让杨某男行使探视权。执行法官看家中确实没有其他人在家，即离开了现场。

虽然此次执行未能成功让申请执行人杨某男实现探视的权利，但是由于判决确定的是每个月的星期六、星期日杨某男可以行使探视权，法院按照裁判依据把每次申请探视的权利都作为一个案件立案执行，所以此次申请执行法院做了结案处理。等下次再申请执行时，再立新的案件执行。如此导致的结果必将是重复循环、无穷无尽地考验着执行法官的耐心，直到杨某男放弃申请执行或其子女成年为止。

二、探视权执行案件的三个难题

（一）难题一：探视权主体如何界定

探视权主体应当如何界定，在理论界和实务界的争论由来已久，主体的界定影响到探视权的享有和实现能否获得法律的保护，因此必须慎重对待。至于什么人可以成为探视权的适格主体，理论界目前的主流观点主要有以下三种：

第一种观点认为，探视权的主体只能是离婚后不直接抚养子女的父或母一方，此外其他任何人都无权行使该项权利。《日本民法》、1979年修订之《法国民法》及《德国民法》采此立法例。

第二种观点认为，探视行为应该是相向的，父母有探视子女的情感需求，子女也有探视父母的情感需要，而且这种需求可能更强烈，既然父母可以探视子女，那么子女也可以探视父母。因此，探视权的主体应该是父母和子女，都应该受到法律的保护。

第三种观点认为，探视权是由亲权派生出来的权利，它的存在是为了表达情感的关爱，亲情色彩浓厚，是建立在特定的血缘关系基层上的。因此，探视权不应该仅仅局限于未成年人的父母，还应当包括民法上的直系亲属，即祖父母、外祖父母、兄弟姐妹。除此之外的其他亲属无权行使探视权。

我国现行立法采纳的是第一种观点，《婚姻法》对探视权的定义作了限制解释，该法第38条规定："离婚后，不直接抚养子女的父或母，有探望子女的权利，另一方有协助的义务。"这就表明了，法律只保护离婚后不直接抚养子女的父亲或母亲行使探视的权利，其他人想要行使探视权目前在法律上无法获得支持，导致司法实践对此诟病甚多。

第二种观点，各国法律均明确，亲权基于血缘关系产生。父母对子女的亲权既是权利，也是义务。从人性和人情上来讲，孩子想见爸爸妈妈是人之常情，符合婚姻法关于探视权的立法精神和社会伦理道德。甚至大多数时候，子女对父母的依赖和需求感比父母对子女的还要强烈。因此，子女探视父母的权利当然应该得到法律的保障。由此认为，探视权是一种双向的权利，父母、子女都可以行使。但是现实的情况往往是子女未成年，不懂运用法律知识、而且也没有时间和精力来主张自己的权利。

（二）难题二：探视权主体范围应否扩大

"法律是显露的道德，道德是隐藏的法律。"将探视权的主体界定局限于不直接抚养子女的父或母一方，笔者认为，这是不符合社会公共道德伦理的，打破了民众的法律期待，不符合我国的实际情况，有违人类情感交流的需要。几千年来，亲情的存在是人类文明进步的助推器，很多人的孩提时代都是在（外）祖父母的陪伴下成长的，特别是农村千千万万的留守儿童，家中的老人实际上承担的是父母和监护人的角色，每天为孩子洗衣做饭、接送上下学，孩子天天和老人生活在一起，感情非常深厚；反而是对外出务工的父母略显陌生，因为他们大多数情况下只有春节才能和父母见面，聚少离多；（外）祖父母对未成年子女的溺爱、关爱远远超过了亲生父母，老年人都希望自己老了之后可以含饴弄孙，安享晚年。但是，现实中我国每年有超过500万个家庭离婚，涉及的当事人超过1000万个，离婚之后这些未成年子女的抚养权归属了另一方，如果对方不通情达理，甚至百般阻挠，（外）祖父母或许再也没有机会看到自己亲手带大的（外）孙子女，这是遗憾和令人痛心的。法院被认为是社会公平正义的最后一道防线，如果（外）祖父母连探望自己（外）孙子女的权利都得不到法律保障，那么公平正义又何在呢？这么做的结果既剥夺了老年人的探视权，也让遭受离婚之痛的未成年子女少了一些关爱，对他们的身心健康成长极为不利。

法律无情人有情。虽然我国《婚姻法》等相关法律没有赋予（外）祖父母对子女的探视权，但是从近年的司法实践看，法院以公序良俗和社会道德为依据，对相关的判决持支持的态度。早在2002年11月26日《检察日报》刊登的《探望孙子引发诉讼》一文就引起了社会的广泛关注，因为法院判决把爷爷奶奶探望孙子视为"越权探望"，这一案例在国内引起轰动。著名的民法学家杨立新教授对此撰文进行了抨击，发表了"爷爷看望孙子岂是越权探望？"的质疑，他认为民法中的物权法和债权法、人格权法、身份权法有很大不同。祖父母对孙子女的探视权属于身份权法调整的范畴，虽然没有法律的明确规定,但是如果符合一定的条件,都可以寻求法律的保护。[1]

此后,中国民商法律网上公布了一则案例,法院判决祖父母可以对孙子行使探视的权利。该案中,孩子由母亲抚养,爷爷奶奶要求探视未果后诉至法院,要求行使探视权;法院依照《民法通则》“民事活动应当尊重社会公德”的规定,[2]判决爷爷奶奶可于每个月的其中一个周六、周日探望孙子,孩子母亲有协助的义务,判决后双方服判息诉。从这个案例可以看出,我国认可(外)祖父母对(外)孙子女享有探视权,虽然法律没有明确规定,但也没有明文禁止。按照私权利“法无禁止即可为”的法律理念,(外)祖父母的探视权应该得到法律的保护。

(三)难题三:探视权的强制执行是否存在必要

在司法实践中,类似上述的案例数不胜数,离异夫妻中直接抚养子女的一方对另一方探视孩子的问题采取的大多是不配合的态度。他们认为既然离婚了就不应该再联系,不想自己的生活再次受到对方的打扰和伤害,尤其是另一方在婚姻维系期间存在过错的情况更为明显。这情有可原,但不是正确处理问题的方法,因为他们忽视了孩子的想法和感受,不管婚姻当中对方是否有过错,都不应该迁怒于孩子,毕竟天下父母心大抵都是一样的,谁都想让自己的子女生活得更好。如果一方根据自己的意志和喜好,完全不顾及孩子的想法和感受,剥夺了另一方行使探视和关爱孩子的权利,那么无疑让孩子幼小的心灵再次遭受创伤。

都说父母离异遭罪的是孩子。笔者认为,无论是从什么角度考虑,如果对方的探视没有影响到子女的健康成长,还是应该允许,毕竟是亲生骨肉,血浓于水,不能人为地制造离别,而是应该努力为孩子创造一个美好的童年。

探视不仅仅是父母对子女表达关爱的一种方式,它还有着监督作用。离婚后不直接抚养子女的一方通过探视可以了解到子女的生活状况和心理动态,经常性地探视就可以知道直接抚养子女的一方的条件和行为是否符合孩子健康成长的需要,一旦发现有不良行为或者虐待倾向,可以申请变更抚养权。

2015年10月19日,媒体有一篇题为《离婚母亲变态的爱:怕儿子受虐待用鼠药将其毒死》的新闻报道,文中写到“与丈夫离婚后,因害怕儿子到夫家后会受虐待,许

---

[1] 杨立新在《爷爷看孙子岂是越权探望?》一文中认为:在民法中,只有物权法规定物权法定主义,即没有法律规定的物权,不得认定其为物权。而在民法的其他部门,不存在权利法定的问题,也就是说,在债权法、人格权法、身份权法中,法律规定的权利是权利,法律没有规定的权利,只要是符合民法的基本原则的,合乎情理的,符合人性的,符合民事习惯的,都可以认定为是权利,都可以寻求法律的保护。

[2] 《民法通则》第7条规定,民事活动应当尊重社会公德,不得损害社会公共利益、扰乱社会经济秩序。

某用老鼠药毒死了儿子。”[1]这实在是人间悲剧,骇人听闻。虎毒不食子,无论这位母亲是基于什么原因做出这个举动,都不能原谅,最终法院以故意杀人罪,依法判处其有期徒刑15年。俗话说,幸福的家庭都是一样的,不幸的家庭各有各的不幸。无独有偶,离婚后抚养子女的一方父或母虐待、家暴孩子的新闻屡见不鲜,引发社会关注。2017年5月23日,新华社的一篇通讯《杭州街头母亲脚踩女儿真相:如此“残忍”却让人落泪!》报道称,杭州萧山街头一位母亲脚踩亲生女儿的视频被曝光,引发不少网友震惊和愤怒。民警查明事情真相后得知,这位母亲两年前与丈夫离婚,有两个女儿,大女儿由前夫抚养,小女儿才2岁多由她独自抚养,她一直想找个工作,但离婚后带着女儿,找工作一直被拒绝。工作没有着落,两个人又累又饿,心情糟糕到了极点,所以情绪崩溃才会一脚踩向自己的女儿。[2]

上述两个案例虽然比较极端,不具有普遍代表性,但是在一定程度也反映了在缺乏监督的情况之下,离异家庭的孩子可能遭受的不公和虐待,更加凸显了探视权行使的必要性和紧迫性。特别是,当探视权在行使过程中受到了对方的阻碍时,依法强制执行措施对于维护另一方的探视权和孩子的身心健康具有重要意义。

三、探视权执行的现实困境分析

探视权的行使不必然要经过法律保障才能实现,只有当行使探视权的权利受到种种阻挠时,当事人才会寻求法律途径予以救济。我国的法律制度允许当事人通过提起诉讼、申请法院执行的方式来行使探视权,但是实践中的效果很不好,甚至难以执行,不能执行。主要表现在以下几个方面:

(一)当事人难以提供直接证据

根据民事诉讼“谁主张,谁举证”的法律原则,当事人提起探视权之诉,为了证明自己的主张,必须提供相应的证据予以证明。在当事人申请探视权强制执行时,有的法院为了将这类复杂疑难案件拒之门外,往往要求申请人提供被执行人拒不履行协助探视义务的证据,这对普通民众来说是难以做到的。如果要提供证人证言,双方都有自己的亲戚、朋友、邻居为自己出面作证,各自有利害关系,证明力显然比较弱。

---

[1] 庹妮妮、尹驰:《离婚母亲变态的爱:怕儿子受虐待用鼠药将其毒死》,载搜狐新闻:http://news.sohu.com/20151019/n423577441.shtml,最后访问时间:2017年5月28日。

[2] 新华社:《杭州街头母亲脚踩女儿真相:如此“残忍”却让人落泪!》,载中国青年网:http://news.youth.cn/gn/201705/t20170523_9857496.htm,最后访问时间:2017年5月28日。

(二)人民法院难以执行

探视权案件执行难,主要表现在:一是执行标的的特殊性。执行标的是行为,行为的对象是子女,即执行的对象是人身。那么人身是否能作为采取强制措施的对象呢?就算可以,也达不到效果。因为探视权的本质是为了实现父或母对子女情感交流的需要,如果强制将子女扭送到父母面前进行探视恐怕不合适,有侵犯人身自由之嫌。二是执行标的具有长期性和反复性。离婚纠纷的判决书,往往会确定不直接抚养子女的一方,每个月至少可以对子女探视一次。实践中不乏这样的例子,申请执行人每个月都要求探望子女,一旦遭到对方的拒绝就会申请强制执行,月月如此,且只能单次申请有效,还不能累计计算。执行行为存在长期和反复,如此必然导致法院不堪重负,浪费司法资源。三是执行依据的不确定性。《婚姻法》第 48 条规定对拒不执行探望权的判决和裁定的,由法院强制执行,有关个人和单位应负协助执行义务。那么这里的"有关个人和单位"怎么确定?法律和司法解释都没有明确。《婚姻法》第 38 条规定了直接抚养子女的一方有协助的义务。[1] 从该条规定,似乎可以理解为只有直接抚养子女的一方父或母才是负有协助义务的个人。但是现实中的实际情况是子女往往跟随父母、祖父母生活,直接抚养子女的一方父或母外出务工,不在子女身边。那么,法院执行的时候根本无权要求祖父母、外祖父母配合执行。

(三)执行效果难以保证

被探望的子女在法院执行人员强大的阵容面前,多少会略显恐惧和陌生,父母与子女的交流难免不自然,甚至呆板,气氛尴尬。形式上法院已经执行完毕了一次探视权,但是实际上没有什么效果,达不到父母对子女关爱的目的,反而会因为工作人员时间有限而匆匆忙忙离去,给孩子留下更多阴影。这一次协助义务人没有防备,申请人如愿见到了子女,但是下一次孩子、大人未必在家,玩起躲猫猫,法院是无可奈何的。因为司法解释规定,探望权强制执行的案件不能对子女的人身、探望行为进行强制执行。"[2]

---

〔1〕《婚姻法》第 38 条规定,离婚后,不直接抚养子女的父或母,有探望子女的权利,另一方有协助的义务。

〔2〕《最高人民法院关于适用〈中华人民共和国婚姻法〉若干问题的解释(一)》第 32 条规定,婚姻法第 48 条关于对拒不执行有关探望子女等判决和裁定的,由人民法院依法强制执行的规定,是指对拒不履行协助另一方行使探望权的有关个人和单位采取拘留、罚款等强制措施,不能对子女的人身、探望行为进行强制执行。

四、探视权执行机制的改革路径

（一）适当扩大探视权的主体范围

对于中国大多数家庭的孩子来说，祖父母、外祖父母已经成为他们成长道路上的"护身符"和"主力军"，隔代抚养、隔代教育在近些年显得很普遍，尤其是广大农村的留守儿童，他们的父母为了生计大多外出务工，常年不回家，祖父母、外祖父母实际上更多扮演的是父母的角色，假如他们的父母离异，抚养权给了另一方，那么能给孩子的童年带来更多欢乐和美好回忆的祖父母、外祖父母适当的行使探视权有利于家庭社会的和谐，以及孩子的身心健康成长。因此，建议立法机关能够尊重民意，明确祖父母、外祖父母对孙子女享有法定的探视权，有了法律依据法官在审理和执行探视权纠纷案件时，才不会在法律规定和人情道德之间左右为难。

（二）建立探视权协助执行制度

由于执行工作的特殊性，需要相关单位予以协助执行的情况很多，比如在执行以金钱为标的的案件中离不开银行、房管、国土、工商、公安等部门的配合，否则难以执行到位。然而，由于探视权案件执行标的的特殊性，目前法律上仅仅规定了直接抚养子女的一方有协助另一方进行探视的义务，如果有义务协助探视的一方不予协助配合，探视权执行案件无疑会陷入僵局，从而不得不终止本次执行程序。

笔者认为，建立除了直接抚养人以外的第三方机构协助探视执行制度是有现实基础的。首先，协助执行探视权的设立符合客观现实的需要。在司法实践中，探视权案件拟探视的对象都是未成年子女，且大多数属于九年义务教育阶段的适龄儿童，因此可以将学校作为探视权案件执行的突破口。建议立法明确学校有协助法院执行探视权案件的义务，以不影响孩子学习和身心健康为前提，在孩子就读期间，法院和学校协商确定协助探视的时间、地点和方式，由孩子所在班级的班主任将孩子带到指定地点进行探视，比如学校的会议室，并做好保密工作，避免其他同学的议论和异样的目光影响到孩子的心理健康。其次，设立协助执行探视权制度于法有据。《婚姻法》第48条规定，对拒不执行有关扶养费、抚养费、赡养费、财产分割、遗产继承、探望子女等判决或裁定的，由人民法院依法强制执行，有关个人和单位应负协助执行的责任。从"有关个人和单位应负协助执行的责任"可以看出，"有关单位"是有协助执行的责任和义务的，只是立法及司法解释应当进一步明确，"有关的单位"包括但不限于学校和所在社区的居委会等机构。

上述案例二的案件，如果生硬地按照生效判决来执行，并不具备执行的条件，协助探视义务人和拟探视的对象都找不到，无法强制执行。但是法院如果能够取得教育部门的配合，了解孩子就读的学校，与学校沟通之后，让申请执行人在孩子上学期间到学校进行探视，那么执行的阻力就会小很多，执行起来也容易达到目的，关键还是要变通思维和执行的方式方法。

（三）创新探视权行使的方式

西方有句著名谚语“条条大路通罗马”，中国也有句谚语“不管白猫黑猫，抓得住老鼠就是好猫”，这告诉我们解决问题的方法千万种，不要受思维的局限固化，只要能达到目的，都可以试一试，这两句谚语运用到探视权执行工作中也是相通的。法律并没有对探视权的行使方式作出具体的规定，因此只要合法合规，执行法官完全可以创新探视权执行的方式方法。

如案例二所述情况，申请人杨某男远在广东，是不是一定要到直接抚养孩子的另一方家里探视才能实现探视权呢？答案是否定的！当今世界科技日新月异，网络遍布城乡各地，包括部分农村，手机电话几乎人手一部，即时聊天工具五花八门，丰富多样。因此，申请人为了实现探视权，可以采取的方式方法很多，如果不能面对面对孩子进行探视，那么给孩子买台电脑或者手机接上网络，经常视频聊天，成本也不高，大部分人可以负担得起。如果离异的另一方家长阻挠，可以跟孩子就读学校的班主任沟通联系，让孩子定期到老师办公室或者家中上网进行视频聊天也是不错的选择。而且现在8岁以上的未成年人，电脑、手机、QQ、微信玩得比成年人还熟练，通过QQ视频、微信语音、手机通话等聊天方式也可以促进父母与子女的感情交流，达到探视的目的。另外，现在网络购物发达、快速、便捷，如案例二的情况，申请执行人进行探视不一定非得买礼物亲自送到孩子的手上，平时可以通过淘宝网、京东商城、唯品会等网络购物平台，给孩子快递送去生活用品、衣服、玩具、书本等物资，如果直接抚养人阻挠，可以通过学校老师进行转交，这些都是行使探视权的方式和方法，完全能够变通执行。

（四）立法明确严重阻碍探视权的法律后果

直接抚养子女的一方对另一方行使探视权进行阻挠，是实现探视权最大的障碍，虽然法律规定他们有协助探视的义务，《最高人民法院关于适用〈中华人民共和国婚姻法〉若干问题的解释（一）》也明确规定了拒不履行协助义务的一方，有可能被采取拘留、罚款等强制措施。但是，探视权执行标的的特殊性和复杂性决定了，如果对另一方采取罚款、拘留等强制措施，只会加剧原本就已经积怨甚深、矛盾冲突较大的家庭矛盾，达不到执行的效果。或者说即使这次迫于压力，一方屈服了，有法官在场的情况下，同意另一方进行现场探视，一旦法官离开，下一次申请执行人还是要向法院申请强制执行，如此反复折腾，必然会导致当事人的诉累和司法资源的浪费。因此，解决探视权执行难的问题还是要善于抓住主要矛盾，解决矛盾的主要方面。孩子的抚养权问题就是解决这一矛盾的重要手段。应该尽快制定、修改相关的立法和司法解释，明确离异夫妻直接抚养子女的一方如果严重阻碍另一方行使探视权，那么申请人可以向法院申请变更孩子的抚养权，这或许才是协助义务一方最担心的事情。

结　语

"徒善不足以为政，徒法不能以自行"，法制再完善，关键还是要看执行的效果。习近平总书记说："做好中国的事情关键在党，关键在人。"探视权执行效果如何，跟执行法官的工作方式方法和责任心、事业心有着十分重要的关系。虽然立法上有欠缺，实践上有难度，但是"只要思想不滑坡，办法总比困难多"。还是那句话"法律无情人有情"，执行法官如果想到自己的执行工作或许能给离异家庭的孩子带去一点温暖，给社会带来正义，就会充满工作的热情，就能用实际行动去践行司法为民的宗旨！

从司法实践的逻辑出发:论法官形象的塑造与再塑造

欧阳鹏善[*]　胡歆怡[**]

一、司法实践的逻辑与法官形象

(一)何为司法实践的逻辑

1. 司法实践的逻辑

法国社会学家皮埃尔·布尔迪厄(P. Bourdieu)在多种场合针对不同的具体论题对"实践的逻辑"进行过阐释,他说:"实践具有一种不属于逻辑学的逻辑,因此,把逻辑学的逻辑运用于实践的逻辑,就是面临着,通过人们用来描述逻辑的工具而毁灭人们想要描述的逻辑。"[1] 换言之,"实践的逻辑"不必甚至是无法按照"逻辑学的逻辑"来严格定义的。皮埃尔·布尔迪厄认为习性、意图、时间和场域等因素构成了"实践的逻辑"。

司法实践的逻辑,作为一种特殊的实践的逻辑,是在司法实践者与客观环境相互作用的历史活动中生成的逻辑。要考察、分析和理解中国司法实践的逻辑应将其置于中国法治和社会发展进程中进行。中国司法实践的进程,是内部自发性因素与外部长期影响下共同作用的历史产物,是一系列复杂因素交织磨合的结果。"包含了实践主体的追求、筹划

---

* 南宁市青秀区人民法院审判员。

** 南宁市青秀区人民法院审判员。

〔1〕 [法]皮埃尔·布尔迪厄:《实践理性:关于行为理论》,生活·读书·新知三联书店2001年版,第148~149页。

和创造性,又与具体的‘社会空间结构’相关联因而具有客观实在性,它既有确定性的一面也有不确定性的一面。”[1]

2. 作用于司法实践的因素

司法实践涵盖的内容非常丰富,本文仅讨论法官作为实践主体的司法实践。司法实践作为人类特殊的实践活动,它同样遵循“实践的逻辑”,因此,法官的司法实践同样受到习性、意图、时间、场域的制约。

(1)习性。习性是人们长期通过一种精神的认知结构来感知、欣赏外部世界,并将外部世界的结构内化。而影响司法实践的习性表现为某些约定俗成的规范、行为方式、潜在规则。

(2)意图。司法实践作为人的实践活动,蕴含着人的意图与目的,负载着人的价值判断。由于司法实践在意图上呈现出多样性和多变性,这使得法官难以按照既定程式和标准进行复制性的审判,针对不同案件,需要法官而要关注每一个具体的细节,查清楚每一个案件事实,竭尽所能的让群众感受到公平与正义。

(3)时间。布尔迪厄认为,实践是在时间中展开的,“实践的时间结构,亦即节奏、速度,尤其是方向,构成了它的意义”。[2] 正是这种如宿命般无法逃脱的时间结构及单向性的时间流逝,使得法官这一司法实践的主体在实践过程中产生一种“紧迫感”,这也迫使法官必须及时有效地对各种情形作出合理的判断。

(4)场域。它是一张由各个节点或位置编织在一起的网络,每个人占据着各个节点,在各自的领域形成不同的场域,同时又受场域的制约,按照场域特有的逻辑行事,如法官习惯于从事实和法律依据出发进行严谨科学的推理,艺术家善于从感性的体会中寻找艺术的灵感。不同的场域内还分有不同的阶层,各个阶层的地位由其所占据的资本来决定。法官所处的场域以及在场域里所处的阶层和占据的资本则反映了法官在社会系统和职业体系中社会资源的占有、自我发展的实现和精神上的自由程度,会成为影响法官的意图、感受与策略选择的关键要素。

(二)法官形象的概念

“形象”一词通常被定义为“能引起人的思想和感情活动的具体形状或姿态”,而“法官形象”是指法官群体作为一个具体对象,人们对其所持有信念、观念与印象,涉

---

〔1〕 冯向东:《教育科学的理论与实践逻辑——关于布尔迪厄“实践逻辑”的方法论意蕴》,载《高等教育研究》2012年第2期。

〔2〕 [法]皮埃尔·布尔迪厄:《实践感》,译林出版社2009年版,第126页。

及人们对该群体总的看法和评价。其实"法官形象"主要涵盖四方面的内容：一是对法官评价的主体既包括当事人、社会公众也包括法官自己；二是评价主体对法官的认知是应该是具体的、综合的；三是评价主体是经过理性分析和思考形成的较为固定的印象；四是评价主体对法官的评价体现一定的时代性和继承性。

（三）司法实践对法官形象的影响

如前文所述，司法实践作为以法官为主体的实践活动，受习性、意图、时间、场域的制约，这四种因素的共同作用决定了司法实践的特征，因此司法实践的过程也必然映射出法官在实践过程中所展示的形象。司法实践的时代性特征也决定了法官形象会有时代的烙印；司法实践的历史性特征决定了法官形象的传承性；司法实践的规律性决定了法官形象的内容包括客观、公平、公正；司法实践多样性与差异性决定了不同层级法官形象的差异性；司法实践为民的特征决定了法官形象清廉为民的特质。

二、当下法官形象塑造的现实建构

改革开放以来，全国产生了宋鱼水、陈燕萍、金桂兰、詹红荔、邹碧华、黄志丽等诸多先进法官典型，他们代表了新时期法官的应有形象和法官队伍建设的方向，"她/他们是中国司法的，也是中国法治的基石和神经末梢。"[1] 优秀法官的先进事迹被广泛宣传报道，这对于向社会公众展现法官良好形象，在法院队伍中树立正确的价值导向产生了积极作用。但是我们又不得不反思，这些优秀法官的形象对于塑造整个法官群体的形象究竟有多大的裨益？要回答这个问题，就需要剖析当下法官形象塑造模式的现实建构，并将这种建构模式放到司法实践的背景之下予以分析，才可能找到我们真正想要的答案。

（一）当下表现法官形象的视角

1. 从法官角色的社会功能来表现法官形象

评价主体对于某个特定形象的认知评价往往是从他/她扮演的社会角色来形成第一感观的，比如医生是救死扶伤的角色，教师是教书育人的角色，演员是艺术表演的角色，而法官作为依法行使国家审判权力的工作人员，肩负着国家和人民赋予的重要使命，扮演着审判者的角色。不同的角色定位意味着就承担着不同的社会分工并发挥着不同的社会功能。法官作为审判者，他们的基本职责就是在查清案件事实的

[1] 苏力：《中国法官的形象塑造——关于"陈燕萍工作法"的思考》，载《清华法学》2010 年第 3 期。

前提下正确适用法律,并以此作出合理的裁判。法官的职业属性决定了法官所承担的社会功能就是要定分止争,以达到维护社会的公平正义的目的,法官是矛盾纠纷的裁决者、公平正义的维护者、法律运行的践行者和法治文化的传播者。

通过角色的功能勾勒出的角色形象作为一个客观实在而存在,通常是不以人的主观意志为转移的,它是被社会分工所赋予的,被时代所赋予的,法官形象受一定社会条件的影响和制约,不可能脱离赖以存在和发展的时代背景而独立存在,正如法官作为审判者的形象不会因为任何一个人的喜怒哀乐而加以改变。因此,如果从这一层面来塑造法官,仅仅展示了法官的角色要求和功能设定,对于客观存在的东西,主观上作用再多恐怕也难见效用。

2. 从赞美歌颂典型的角度来表现法官形象

《说文解字》称:"典,五帝之书也","型,铸器之法也"。段玉裁注:"以木为之曰模,以竹曰范,以土曰型,引申之为典型。"[1]典型、模范可以为人们提供参照、学习的榜样,引导人们见贤思齐。以先进法官作为典型并加以宣传报道,发挥他们的价值导向作用和引领示范作用,一直是法官形象塑造的主要方式。"时代先锋"宋鱼水、"百姓的好法官"金桂兰、"人民的好法官"蒋庆、"法官妈妈"贾建平、"人民满意的好法官"陈印田、"司法燃灯者"邹碧华等,他们勤勉奉献、忘我工作、倾心为民、清正廉洁的优秀品质浸润着一代又一代人,他们的先进事迹在社会精气神的塑造中发挥着重要作用。与此同时,这些典型法官形象的塑造对整个法官群体也起到了约束、激励、引导的作用。

典型毕竟是少数,最高人民法院每年评选出的优秀法官数量也屈指可数,将这些先进优秀的法官置于中国整个庞大的法官群体中,他们绝对是耀眼和闪烁的,但想通过这些不寻常个体的光辉去照亮整个法官群体的形象似乎很难,就如同人往往不是通过感知个别的光点来判断现在是白昼还是黑夜,社会公众也不可能通过个别先进典型来觉得法官群体的形象都是好的,或是通过个别贪腐案例就认为整个法官群体都是不好的。"榜样当然有力量,有时也可能无穷,但不可能总是无穷的。因为,从各方面的研究以及我们的日常经验来看,道德和智力优秀的人物的道德和智力,无论如何,都不可能以任何方式大量复制。"[2]

---

〔1〕 转引自宁杰:《论公共传播中先进法官的形象塑造》,载《人民司法》2016 年第 16 期。

〔2〕 苏力:《中国法官的形象塑造——关于"陈燕萍工作法"的思考》,载《清华法学》2010 年第 3 期。

3. 从法官应具有职业素养来表现法官形象

在《法官法》《法官职业道德基本准则》中对于法官应有的素养有较为全面的描述，从抽象层面来讲法官必须具备政治坚定、业务精通、作风优良、清正廉洁、品德高尚等素养，从具体层面来讲法官应该坚守公平、公正，忠于宪法和法律，要具备良好的政治、业务素质和良好的品行，要忠于职守，要具有丰富的社会经验，具备较高庭审驾驭、判断证据、文书制作能力，要有正义和良知，要独立思考、自主判断、谨言慎行、勤勉敬业、尽心履责，要形象良好、举止文明、正直善良、谦虚谨慎、声誉良好，要秉公办案、刚正不阿、惩恶扬善，要生活自律、行为检点，具有高尚的道德操守，成为遵守社会公德和家庭美德的楷模。如果法官都具备这些素养，那么法官真的是仅次于上帝的完美之人。之于目前中国的司法实践来讲，这似乎表达了对法官应该是怎么样的理想期待。

仅从职业素养来表现和流露出法官的形象，对于法官群体似乎过于苛刻，因为这样的形象近乎于完美，要将如此完美的形象再现到每一位法官身上，几乎不可能实现。理论层面描述得过于完美当遇到现实层面的缺憾时就有可能加大公众对法官形象的落差，你宣传的是这样，但实际却又是那样，公众怎能不产生落差。个别司法腐败的出现影响了公众对整个法官群体评价，这无疑很好印证了公众这种落差的存在。

（二）关于法官形象的理想之美与现实之痛

从前文分析可以得知，目前对于“法官形象”的解构往往多从“结构—功能主义”出发，沿着法官应该是什么样的，什么样的法官才是好法官的路径，来强调对法官职业价值取向的隐喻和期待。通过对法官角色的德行、品质、素养、能力和仪表等外在特征进行理想化的勾勒来设计法官形象，认为法官形象是对法官职业的社会职能、使命和价值要求的进一步强化和提升；或是从期望法官应具备某些特质的角度来论及法官形象。然而，这两种解构都是从社会期望的角度出发，通过设置一种外在于法官甚至是脱离司法实践的具有特定功能的角色系统结构，闪烁出具有完美主义的法官形象，但是这种设定往往仅存在于“理论的逻辑”层面，与“实践的逻辑”层面相差甚远。

三、重建法官形象的塑造框架

脱离于司法实践，法官形象被描绘得越是趋于完美和理想化，法官就越是作为一种被要求、被规范、被塑造的对象，如果法官长期处于接受和完成既定目标的被动地位，则会造成法官主体性的缺失和严重的角色冲突。这种冲突与背离，昭示我们要对现有的法官形象塑造模式进行反思和检视，并在此基础上建立新的法官形象分析框架。

（一）从司法实践的特性塑造法官形象

对法官形象的塑造应该立足于司法实践的特性，对法官形象的内源性进行分析，摆脱“经院认识论”的种种羁绊，坚持历史与逻辑的统一，并以此作为分析法官形象的前提与基础，深刻地认识到法官形象是在不同经济、政治、文化和社会发展的背景之下司法实践的一隅缩影，在与之相因应的社会观念和价值标准的影响下，既形成自身的内在结构和发展逻辑，表现出一定的独立性和稳定性，也传承了以往的历史内涵和社会习性，具有较强的社会制约性和流变性。

前文论述了司法实践由习性、意图、时间、场域四种因素组成，法官的形象会在司法实践中展示出来，因此在法官形象的塑造过程中既要考虑中国几千年的历史文化和近现代西方法制文化对民众法律思维和法制观念的影响，还要考究新的发展时期公众的认知标准和价值追求，在动态发展中不断修正法官形象设计，“最终形成既符合中国传统文化特征，又符合现代司法规律和当下社会主流价值观的现代法官形象”，[1]改变以往将法官形象的塑造停留在理想化层面的情形。

当代中国走的是一条中国特色社会主义法治发展道路，决定了法官形象塑造要符合这一时代特征，体现出时代性。司法实践有它的价值负荷，当代法官形象塑造就要回应并契合这些价值选择，体现出社会的公正感，体现民意性。当代中国区域发展很不均衡，各地区的经济社会发展状况不尽相同，这就决定了人民对司法的诉求对法官的要求也不一样，因此法官形象塑造要贴近区域实际，体现特色性。目前中国大陆设立四级法院，实行两审终审制，各层级法院的法官所要解决的纠纷类型相差很大，因此法官形象塑造要关照司法层级，体现出差异性。

（二）从单向度到多层面塑造法官形象

前面从大的时间、空间范围论述了塑造法官形象需要考虑的因素，接下来将从法官自身出发，来探讨法官形象塑造所需要考虑的细微因子。因为优秀法官一定产生于微观制度的实际运行过程当中，而不是来自类似于“公正司法”或“司法为民”这类理念的逻辑演绎中。

法官形象不是理想化、单层面、静态不变的理论概念，而是一个具体、动态、复杂的矛盾统一体。对于法官形象的塑造应该突破以往单从法官职业素养、个人能力、道

---

[1] 胡道才：《当代中国法官的形象塑造》，载《法制资讯》2012 年第 9 期。

德品质或是法官的社会地位某一方面来进行的视野局限，而要从法官所处的场域出发，将法官形象看作法官社会地位和法官素质、能力等的总体，从法学和社会学等多个层面来整体把握。诚然，法官是多重角色的复合体，作为审判人员，是法制建构与法治实施的践行者，即“作为人的法官”；作为社会成员，又是自身满足、发展以及社会化的承受者，即“作为法官的人”。正是这两类角色交错冲突、协调统一才构成了现实层面的法官形象，具体表现为法官的审判形象和法官的社会形象。法官的审判形象是由社会公众对法官在司法实践过程中的行为、立场、专业水平等方面所作的评价，与法官的职业素养息息相关，表现为法官的职业形象、中立形象等。法官的社会形象是法官作为一个社会成员，人们对其在社会系统中具有何种价值的描述。法官的价值有涵盖两方面的内容：一方面是人们对法官承担的历史使命、社会责任、社会贡献的考量，主要体现在法官的社会地位上；另一方面则是反映法官作为社会成员在场域中社会资源的占有、自我发展的实现和精神上的自由程度。主要包括以下几个方面的价值需求：一是法官通过劳动获得相应报酬应以维持生计的实用价值；二是法官在专业活动中获得权威和声望来满足社会性需要的精神价值；三是在自己的领域内进行钻研探索而获得尊严与快乐的生命价值，三个不同层次的需求构成了法官的需求层级体系。

法官形象的提升不是专业素养和专业规范的被动接受过程，也不单纯是靠提高法官待遇水平、保障水平、社会地位所能实现的，而是通过法官与其所处场域之间双向建构、互动和发展的主动过程来实现的。

四、基于司法实践对法官形象的再塑造

法官形象的再塑造就是要改变原来视角和方法，通过采用新的塑造模式和框架，多层次、多层面、综合立体的展现法官形象。当然法官形象的再塑造是要在司法实践中开展的，因为“司法实践是培养法官精神的天然途径。只有司法实践，才能体验到树立法官精神的意义和作用，才能变成法官的意识和行动，才能不断丰富、发展和升华。”[1]脱离了司法实践就谈不上法官形象的再塑造，而变成了医生形象的再塑造或是老师形象的再塑造。

（一）宏观层面的方向指引

法官的形象代表着司法的形象，如果法官的形象受损，会导致公众对司法的不信

---

〔1〕 陈炜：《司法体制改革过程中的法官形象塑造》，载《湖南社会科学》2008 年第 5 期。

任，甚至会动摇国家法治的根基，因此国家从来都是塑造法官形象的重要主体之一。国家层面对于法官形象的塑造，笔者认为主要在两个方面发挥效用：一是制度的保障；二是提供方向性的指引。

1. 制度体系的建立

法官本身就生活在制度和规则里，一套完整的制度体系可以用来衡量法官工作是否勤勉，保证法官专业素养得到及时提升，确保法官的待遇水平、保障水平、社会地位能得到保障，等等。要用制度让法官实现个人的实用价值、精神价值和生命价值，这样法官才能承受"生命之重"，承担应有的社会责任、义务和使命。但这绝非是某一项制度就能做到的，而是需要一个制度体系协同作用，如完善司法公开公开制度；加强对法官审判质量的把控，完善法官业务评价制度；改革法官管理制度；积极落实法官审判独立制度；落实错案追责制度；完善法官的任免制度，提升法官的待遇保障水平；增加法官晋升的机会，改善法官的学习、生活和工作条件，加大法官教育的国家投入等。

而这些制度当中，笔者着重要谈谈司法公开制度，因为它与公众关系最密切。公众多数生活在善恶的世界，容易因好人好事而感动，因坏人坏事而愤怒，感知世界的方式较为直接，他们需要一种较为便捷和直接的方式去了解法院做了什么，法官做了什么以及怎么做的。司法公开无疑将司法的过程暴露在阳光之下，契合了公众的心理需求，公众可以最为直观地感受到司法的形象，感受到法官的形象并对此作出评价。因此司法公开落实得怎么样会很大程度影响司法的形象，影响法官的形象。

2. 提供方向性指引

法官形象是特定时代的产物，中国法官形象的塑造应该从当前中国经济、政治、文化、社会发展的语境中展开。国家提供方向性指引不是去引导公众认为法官应该是清正廉洁、公平公众、勤勉奉献、一心为民等，也不是去教说法官们应该做到政治坚定、业务精通、作风优良、清正廉洁、品德高尚等，而是让公众知道为什么中国的法官不能像丹宁勋爵所说的那样，"我们决不考虑政治后果，无论它们可能有多么可怕：如果某种后果是叛乱，那么我们不得不说：实现公正，即使天塌下来。"[1]让法官知道为什么要"用群众认同的态度倾听诉求、用群众认可的方式查清事实、用群众接受的语言诠释法理、用群众信服的方法化解纠纷。"[2]引导公众在中国特定的时代背景、发

---

〔1〕 宁杰：《论公共传播中先进法官的形象塑造》，载《人民司法》2016年第16期。

〔2〕 苏力：《中国法官的形象塑造——关于"陈燕萍工作法"的思考》，载《清华法学》2010年第3期。

展水平和文化观念下评价法官，而不是以玄思为导向，去想象空中楼阁式的法官形象。

(二)中观层面的科学管理

法院是法官司法实践的场所，法官的司法实践又在法院的管理、规制之下有序进行，法官形象的好坏与否直接影响法院的形象，因此法院历来都非常重视法官形象的塑造。法院对于法官形象的塑造主要体现在两方面：一是通过一定的宣传手段来向社会公众展示法官的工作情况，并以此来表现法官形象；二是通过一定的管理手段来影响法官行为，促使法官形成保持良好形象的自觉。

1. 凸显法官的职业特性

长期以来，法院对法官的管理带有很浓的行政色彩，法官不仅要从事审判工作，而且还需要承担大量的其他事务，这种行政化的科层管理，给法院以及法官的发展带来了诸多弊端，法官专业化的审判形象渐渐变得模糊不清。有些基层法官甚至常常会以“司法民工”“司法服务员”来自嘲，原因在于现有的法院管理有时如暂时性失忆般忘却了法官应有的职业特性，忘却了法官应有的个人价值，法官群体的自我认同感和社会认同感越来越低，试想一个人如果自己都看不起自己又如何叫别人竖起大拇指夸你。

因此，法院需要探索建立有益于法官与其专业生活环境积极、良性的互动机制，在立足于中国司法实践的逻辑的前提之下，充分突出法官的职业特性，既要考虑当前国家建设和社会发展不平衡，地方风俗人情具有多样性的特点，还要体现不同审级、不同专业类别法官的职业特点，并据此来对法官形象进行多样化呈现，促进公众对法官形成更加全面、准确的认识。毕竟，像中国这样的大国，各个地区法治生长的环境千差万别，这也决定了各个地区对于法治的要求以及民众对于司法的需求不可能整齐划一，同样的法律制度在不同地区的实施效果注定存在差异，如果不分审级，不考虑专业分工，对基层法院的法官和高级法院的法官，刑事审判法官和民商事审判法官都一同对待，势必会造成法官形象的单一化和宣传错位。

2. 科学的评价法官

对法官进行客观、科学的评价是法院对法官进行管理的重要内容，科学的评价体系能够对法官的工作进行客观的评价，准确反映出法官在司法实践中的形象。而科学评价体系的建立需要各个法院遵循人力资源配置的基本规律，避免出现某基层法院所宣传报道的“3人团队一周结案800”这样浮夸的事实，要坚持客观公正、民主公开、实事求是、以人为本的考核原则，引入科学、合理的绩效指标体系，体现权利、责任、利益相一致，通过奖优惩劣、激励先进、淘汰落后等手段，调节法官对薪酬、闲暇、声誉、权力和尊重等需要的满足程度，进而充分调动法官的工作积极性和主观能动性，激励法官不断提升与完善自我，促使法官提高审判质效，并以此来提升法官形象，提升法院形象。

（三）微观层面的自我完善

1. 法官的职业化定位

长期以来，人们总习惯于抛开中国司法实践的固有逻辑来谈法官的形象，认为法官应该是社会公平正义的化身，并试图寻找各种理由来证明法官的特殊性，然而这种美好的期许却难以得到现实的慰藉。在中国，法官队伍的专业化水平在近些年才得到明显提升，但与发达国家相比仍存在较大差距，因此在当前的发展阶段，法官队伍应以职业性作为自身的形象定位，不断提升自身的业务素质。在欧美发达国家中，法官之所以受人尊重，是因为他们运用法律、法理作出裁判的技术精湛娴熟，他们的业务水平都是本行业的佼佼者。“如果让一个不精通法律，不尊重法律精神的人来承担法律实施的重任，必然会产生‘监守自盗’的负面效果，从而曲解法律，强奸法律精神，使法律的神圣性和正义性失去内在的动力，也使得法律容易成为偏私的理由和工具。”[1]试想，在公众眼里，如果法官对法律的理解，对法理的把握是一知半解的，他所作出的裁判怎么能让公众接受，公众也必然质疑，法官真的能代表公平与正义吗？

法官应清醒的认识到自己这一角色所肩负的职责和义务，并以此作为自身形象定位的基础。不管社会对法官角色的定位与期许有多高，法官首先应当是运用知识和经验，针对特定案件情况，作出令当事人获得公平判决的裁决者。

2. 发挥自我塑造的能动作用

要想让群众不仅在理智的层面上接受并认同法官，而且在心理情感层面上尊重并信服法官，法官仅着力于提升自己的专业水平还远远不够，业务能力再极致也只能体现出法官的“匠心”，唯有法官选择、设计、组织的自我精神世界才显现出法官的“人心”。

作为法官的人和作为人的法官的双重属性决定了法官在司法实践中，会以内在的价值体系为动机、目的、愿望、标准进行自我控制、自我调节和自我实现。法官真实的人格和品性在司法实践中都会有意无意地流露出来，一份精美的判决既体现法官

〔1〕 谭世贵：《试论法官的独立司法人格》，载《海南大学学报》（社会科学版）2004 年第 4 期。

的知识、智慧还展现法官的人格追求、价值判断与德性修养，“在这样的判决中，不仅有诉讼当事人的命运，也一定有时代前进的洪流；不仅有浓缩的微观世界，也一定有宏大的历史变迁。从这个意义上说，每一份判决都是沉甸甸的。”〔1〕因此，提升法官的价值追求，增强法官的德性修养对于塑造法官的形象至关重要。虽然法官职业道德制度和行为规范制度可以从外在方面约束、规范法官的行为，但对法官德性的培养又不能仅停留在或局限于“制度”建设方面，因为被动的规制往往难以使行为主体达到内心行动的自觉。

实用价值、精神价值和生命价值的实现也促使法官需要增强自我提升与自我塑造的主动性，通过法官自我修养自我升华，达到某种觉悟和境界，让法官自觉的为或不为某些行为，塑造出具有道德意义的被称赞的可贵品质。这种自我提升的能动性是较之于法官职业道德规范、制度是更为行之有效的行为自觉，可以使法官形象上升到更高级的道德境界，成为法官品质和职业道德的自然表现和流露，也更有利于法官得到更加自由全面的发展。

结　语

综上所述，法官形象的再塑造作为一个任重而道远的历史过程，需要从司法实践的逻辑出发，跳脱于传统塑造模式的困囿，不断促进法官的职业形象与社会形象，法官的社会价值与自身价值由对立、隔阂和失衡走向兼容、整合和平衡。细而言之，这种统整需要国家、法院、法官从宏观、中观、微观三个层面共同努力，以此来形成巨大的现实力量，最终实现法官形象的整体提升。

---

〔1〕 倪寿明：《法官形象的认知与塑造》，载《人民司法》2016年第7期。

司法论坛

论刑事诉讼三元审判模式的构建

——以审理盗窃类案件为视角

韦兴惠*

长期以来，刑事简易程序和普通程序一直是刑事诉讼庭审一审的模式，该模式在功能和定位上的独特设定为刑事审判工作确立案件的审理程序和分流程序。简易程序作为普通审判模式的特殊模式，对审理案情比较简单、被告人认罪、可快速审结的案件具有重要意义。但是从司法实践中，我们不难看到：简易程序本身也有其局限性，简易程序和普通程序的审理配合并没有满足当前越发严峻的刑事审判工作的需要。在提高刑事审判工作效率，兼顾司法公平公正，需要设计一整套更高效、严密的审判体系。

一、审判体制改革之背景分析

（一）理论和实务要求

1. 审判体制改革符合完善认罪认罚从宽制度司法改革理念的要求。党的十八届四中全会以文件的形式提出“完善刑事诉讼中认罪认罚从宽制度”。这既是刑事司法改革的一个重要目标，又是指导司法改革的重要理念。之后，最高人民法院也发文详细阐明党的十八届四中全会的

* 河池市中级人民法院刑事审判第二庭法官助理。

提法，完善刑事诉讼中认罪认罚从宽制度。明确被告人自愿认罪、自愿接受处罚、积极退赃退赔案件的诉讼程序、处罚标准和处理方式，构建被告人认罪案件和不认罪案件的分流机制，优化配置司法资源。[1] 认罪认罚制度的探究既涉及实体问题，又涉及程序问题。完善认罪认罚从宽制度，既要在实体上研究"认罪""认罚""从宽"概念含义和界定方式，又要在程序上跟进刑事诉讼程序，确保实体内容的实现。因此，审判体制改革是完善认罪认罚从宽制度改革的题中之义，也是最终归宿。

2. 从司法机关内部司法现状。受国际轻刑化以及我国宽严相济的国家刑事政策的影响，轻微刑事案件数量逐渐增多。尤其在劳教制度废除之后，增加的幅度更为明显。加之，刑事诉讼没有形成完善的案件分流管理机制，不管是简单轻微的案件还是复杂的案件，不管是被告人认罪案件还是对犯罪事实和证据都有异议的案件，都要通过一整套的侦查、审查起诉、简易或者普通程序审理。在公检法各部门案多人少、审判资源稀缺的情况，诉讼效率极为低下。低下的诉讼效率导致的结果是，在大案、要案、复杂案件的处理上，司法工作人员无法投入更多的精力去处理。短缺的司法资源没有能够得到充分利用和合理的配置，案件质量较低，当事人、社会和公众媒体意见较大。

3. 外部司法需求。犯罪嫌疑人、被告人在认罪认罚的基础上，期望以快速审结案件并获得适当的从宽量刑处理，是被告人对此类案件的心理要求。实践中，也有相当部分案件因为事实清楚、证据充分，犯罪嫌疑人、被告人认罪，但因为诉讼程序繁杂，使得简单的案件复杂审，犯罪嫌疑人、被告人一直处于被长期羁押的状态，其诉讼权利没有得到有效的保护，司法所追求的公正和效率并没有实现。而被害人是刑事诉讼中往往被忽视的客观存在。在刑事诉讼中，犯罪嫌疑人、被告人认罪以及与被害人达成的赔偿协议，能够促进案件的快审快结。从被害人的角度，获得合理的赔偿是第一位，犯罪分子得到相应的刑事处罚才是第二位。照顾被害人的心理感受，治愈因被告人的犯罪行为造成的社会创伤也是刑法进行刑罚的要义。因此，针对特定的案件，需要一种区别于普通程序的特殊程序来进行快审快结，以牺牲部分诉讼程序公正，换取诉讼效率，以诉讼效率，促进诉讼的实体公正，是审判体制改革的一个外在原因。

（二）以盗窃罪为视角的现实意义分析

1. 盗窃类案件占刑事类案件的比例较高，具有典型意义。从统计的2015年A市Y县全年审结的刑事案件为例分析：2015年A市Y县全年审结的刑事案件265件，

[1] 左卫民、吕国凡：《完善被告人认罪认罚从宽处理制度的若干思考》，载《理论视野》2015年第4期。

盗窃类案件(是指判决的罪名有盗窃罪的案件,包括数罪中有盗窃罪的案件,下同)所占的比例为26.5%。其中具有自首、坦白等认罪情节的案件占盗窃案件的46.2%。其数量占刑事案件总数比例之高,占轻罪、认罪案件总数之多的特征,对以该类案件为视角来研究案件分流机制较具有普遍意义。

2. 盗窃类犯罪属于财产性犯罪。其不同于职务犯罪等案件,从侦查到审查起诉到审判阶段,案件诉讼流程都涉及公、检、法部门。以这类犯罪为视角进行研究,更能从刑事诉讼整体来考虑审判体系制度的构建。“仅仅依靠庭审诉讼来提高,就是笑话。”盗窃类犯罪还涉及对被害人的赔偿问题。是否愿意赔偿被害人遭受的损失,是犯罪嫌疑人、被告人认罪态度的一个考量条件,是认罚的一个标准之一。在盗窃类案件中,被害人主要是财产性的损失。相对于其他类案件的人身伤害损失或者国家相关秩序的损坏,该类案件在损害修复问题上犯罪嫌疑人、被告人更积极,而且也更有效。因此,在此类案件中,其做出的认罪意愿和修复态度比较积极,从侧面反映该类案件的典型意义。

二、分析问题出现的原因

1. 没有形成有效的案件繁简分流机制。2012年《刑事诉讼法》对简易程序进行适当的修改之后,扩大了简易程序的适用范围。对于简单轻罪案件简易程序的适用比例大大增大,在一定程度上缓解了刑事诉讼普通程序压力。但司法实践表明,以简易程序和普通程序的二元审判结构还远远不能满足当前审判工作的要求。以盗窃罪为例,2015年A市Y县全年发生的盗窃类刑事案件中,案件事实清楚,被告人认罪的案件共计40件,占案件总比例的17.02%,被告人对事实有异议,做无罪争辩的有15件,占案件总比例6.34%。其他类比较复杂的案件有7件,占3%。目前,该县的办案法官较少,人均案件数量较多,办案压力大。与之相应的侦查、检查人员的人均办案数量也居高不下。从统计的盗窃类犯罪案件数据可知,能有一大部分的简单、认罪、轻罪的案件可以通过另外一种比简易程序更快捷的程序处理。通过这种更快捷的处理程序,分担简易程序和普通程序的诉讼压力,极大缩短这类案件的诉讼周期,使得刑事诉讼整体效率得到实质的提升。

2. 刑事诉讼程序职能定位混乱。根据2012年修正的《刑事诉讼法》的规定,简易程序的适用条件是案件事实清楚,证据充分,被告人同意适用的案件。而适用普通程序简易审理的案件要属于在普通程序审理中,案件事实清楚,被告人认罪,部分程序从简的案件。根据刑事速裁案件的实践经验,属于刑事速裁案件只是部分情节较轻,依法有可能判处一年以下有期徒刑、拘役、管制,并处或者单处罚金的案件,如危险驾驶、盗窃、非法拘禁等。且这类案件犯罪事实清楚,证据充分,被告人认罪认罚。《刑事诉讼法》各个诉讼程序有各自的适用范围规定,但是我们也看到,刑事诉讼普通程序是一直适用的刑事诉讼标准程序,简易程序是不断修改适用的特殊程序,而刑事速裁程序只是部分地方试点推行立法还没有确认的更加简易的审理程序。受立法滞后的局限性和实践经验不足的影响,各个程序本身没有形成自己的精准定位。程序与程序之间没有形成衔接。司法机关在司法实践中,在适用程序处理案件的时候,出现诸多混乱的现象。

3. 认罪机制的欠缺。当前,从实体法上讲,自首和坦白是我们刑事案件认罪的主要表现形式。认罪从宽在我们的刑事立法中都有所体现,《刑法修正案(八)》修改之后,坦白由先前的酌定量刑情节变成法定量刑情节。至于其他方面的认罪情节认定,法律规定确实比较模糊,难成体系。在程序法上,立法并没有确立认罪认罚案件的程序处理机制。我们既没有以认罪认罚为标准来选择刑事司法程序,也没有建立审查被告人认罪认罚的机制。认罪机制的欠缺,导致案件分流机制的不完善,是案件繁简分流迟迟推进不了的一大原因。部分认罪认罚的案件没有被分配到适合其案件特征的刑事审判模式,而笼统地被选择适用简易程序或者普通程序,刑事诉讼的效率极为低下。

三、问题解决思路:构建刑事一审案件三元审判体系

(一)理论依据和实践积累的经验

1. 司法改革提供了理论基础。最高人民法院根据我国多年的审判工作实践,总结当前审判活动的优点和弊端,明确提出"以审判为中心"的司法改革方向。"以审判为中心"的司法改革方向有效推进了刑事速裁制度完善,促进构建更效率又能兼顾公正、公平的多元审判诉讼模式。党在设计刑事司法改革方针时就明确提出完善被告人认罪认罚的从宽制度。该理念的提出促进了刑事司法理论和实证对案件繁简分流,做好认罪和不认罪案件分流,在保证刑事诉讼的公平公正的同时最大化的追求刑事司法效率。在改革理论的指引下,在改革浪潮的推动下,刑事速裁程序适时而生。根据中央的文件规定,多地就刑事速裁程序运用进行了试点试验。从各试验地的文件明文规定来看,刑事速裁程序赋予被告人程序选择权和认罪从宽处理权利。当然,

这前提肯定是被告人认罪且认罚。[1]

2. 试点试验提供充足的改革经验。2014 年 6 月 27 日通过的《关于授权最高人民法院、最高人民检察院在部分地区开展刑事案件速裁程序试点工作的决定》具有里程碑式的作用。第十二届全国人民代表大会常务委员会第九次会议通过的这个决定,标志着我国刑事速裁制度的初步确立,也意味着在简易程序之外多了一种更为便捷的裁判方式。当然这种试点工作最终还需通过立法确认,但是我们看到,通过这次试点,全国的 18 个试点省市收获了丰富的刑事速裁程序改革实践经验。其总结出的刑事速裁程序构建思路、运行规则、利弊、需要改进之处,以及与简易程序、普通程序之间的衔接以及配合等,都是一笔宝贵的经验财富。这些改革实践经验将是促进刑事速裁程序在全国的推广,构建新的刑事审判体系的实证基石。

(二)三元模式的构建:刑事速裁程序、简易程序和普通程序

根据上文的分析可知,构建刑事一审案件三元审判体系是解决当前案件繁简分流、刑事审判效率低下的根本途径。下面,笔者就三元审判模式构建的具体内容设计谈谈自己的看法:

1. 三者之间的职能定位和内在联系设计

(1)刑事速裁程序:根据 18 个省市试点的规定,适用速裁程序的案件范围是"对事实清楚,证据充分,被告人自愿认罪,当事人对适用法律没有争议的危险驾驶、交通肇事、盗窃、诈骗、抢夺、伤害、寻衅滋事等情节较轻,依法可能判处一年以下有期徒刑、拘役、管制的案件,或者依法单处罚金的案件"。[2] 笔者认为,试点规定对刑事速裁程序适用范围作出如此狭窄限制,主要原因还是从试点的角度考虑,避免过宽的适用范围规定会打乱正常的审判秩序,影响到案件公正公平。从试点省份的反映来看,刑事速裁程序试运行以来,效果明显,成绩显著。基于构筑内部相互衔接的审判体系的考虑,笔者认为,在实践的基础上可以给刑事速裁程序的适用范围适当的扩大,囊括更多属于可以快审的案件,提高诉讼效率。因此,刑事速裁程序的适用范围应该作出修正:"犯罪事实清楚,证据充分,被告人自愿认罪认罚,当事人对适用法律没有争议,依法可能判处三年以下有期徒刑、拘役、管制的案件,或者依法单处罚金的案件。"其职能定位属于犯罪嫌疑人、被告人认罪案件中,快审程序的两选之一。其诉讼周

〔1〕 刘广三、李艳霞:《我国刑事速裁程序试点的反思与重构》,载《法学》2016 年第 2 期。

〔2〕 杨开顺:《刑事速裁程序问题研究》,载 http://wflqfy. sdcourt. gov. cn/wflqfy/443866/443832/1150155/index. html,最后访问时间:2016 年 6 月 28 日。

期、审理模式较之简易程序更为快捷的快审程序。

(2)简易程序:根据2012年修正的《刑事诉讼法》的规定,简易程序的适用范围扩大到了三年以上有期徒刑的重大案件,将旧的《刑事诉讼法》规定的普通程序简易审模式也纳入简易程序中,使得很多的案件可以简化审理,减少了案件积压,提高司法效率。其职能定位属于适用被告人认罪案件,但适用不了刑事速裁程序解决的认罪案件。其与刑事速裁程序构成了刑事诉讼中认罪案件处理的两种快审模式。

(3)普通审理程序:普通程序是传统的刑事诉讼审判模式,也是刑事诉讼的基础模式。其对庭审程序、证据等方面的要求都要严格于刑事速裁程序和简易程序。其定位就是不能适用速裁程序和简易程序,需要按照正式的审判规则审理的非认罪案件。

(4)三者之间的逻辑关系:从三种程序的职能定位来看,并列关系是三种审判程序的外部表象。一个刑事案件要采用三种审判模式中的何种模式是要在认罪机制的作用下作出法理上机械地判断,再由犯罪嫌疑人、被告人依据自己的权利或者公检法部门根据法律规定的职权作出第二步确认。依据案件的实际情况进行审判程序三选一的过程就是三元审判程序并列关系的直接体现。从刑事诉讼的程序位阶来看,三者之间的内在逻辑是递进关系。刑事速裁程序处理的就是认罪案件中认罚的轻罪案件,其程序位阶价值属于最低层。简易程序处理的是认罪案件中的其他非刑事速裁程序能够处理的案件,其程序位阶价值属于其次,而普通程序处理的就是非认罪案件等较为复杂的重罪案件,其程序位阶价值属于最高的。当一个盗窃案件在刑事速裁程序中因为犯罪嫌疑人、被告人认罪但不认罚的时候,刑事速裁程序可转为简易程序,当犯罪嫌疑人、被告人不认罪的时候,案件就必须转为普通程序。三元审判程序外在的逻辑关系确保了案件的分流顺畅,内在的递进逻辑关系保证了案件审理的公正、公平,保障当事人的合法权利。可以这么说,三元审判模式的内外逻辑关系是效率与公正完美结合的有力体现。

2. 刑事速裁程序、简易程序、普通程序的比较分析

表1 三元审判程序分析对照表

		认罪		不认罪
		速裁程序	简易程序	普通程序
适用条件	积极条件	1. 案件事实清楚,被告人对案件的事实、证据没有异议,认可犯罪事实,认同检察院的量刑建议,且对适用速裁程序审理没有异议; 2. 法定刑在三年有期徒刑以下的轻罪案件,包括管制、拘役等	案件事实清楚,被告人对案件的事实、证据没有异议,认可犯罪事实,且对适用简易程序审理没有异议	除可以适用刑事速裁程序和简易程序外的所有刑事案件
	消极条件	1. 被告人是盲聋哑等限制行为能力人不能适用;2. 共同犯罪中部分犯罪嫌疑人、被告人对适用法律、程序有异议的;3. 有重大社会影响的案子;4. 犯罪嫌疑人、被告人可能是无罪的或者辩护人辩解无罪的案件;5. 其他不适宜适用刑事速裁程序或者简易程序的情形。 速裁程序独有消极条件: 1. 不同意检察院的量刑建议; 2. 没有与被害人达成赔偿协议获得被害人的谅解; 3. 属于取保候审等非羁押状态的,违法相关规定,影响刑事诉讼活动		
启动主体		公安机关和检察院都有启动程序的建议权,辩护人也可以就案件的实际情况提出适用程序建议	检察院可以建议启动,但要法院作决定是否适用;法院本身有启动权	法院依法启动
审判方式		独任审判	独任审判或者合议制	合议制
庭审内容		1. 必要时,可书面审理; 2. 开庭时,可不进行法庭调查和法庭辩论	1. 摘要宣读起诉书; 2. 审理程序适当简化,没有异议的证据可不用质证,但要说明;如果被告人就事实和证据部分无异议,可以简要说明之后,只就量刑部分审理; 3. 保留被告人的最后陈述权	按照普通的法庭审理程序进行

续表

	认罪		不认罪
	速裁程序	简易程序	普通程序
权利保障	知情权、程序选择权、获得律师帮助权	知情权、程序选择权	刑事诉讼中规定的辩护权等权利

区分认罪和不认罪案件是三元审判程序启动的基础，完善的认罪制度构建是三元审判程序有效启动的保证。

(1)案件的适用范围。在受案范围上，刑事速裁程序和简易程序、普通程序有所区别，但也有相同之处。保障犯罪嫌疑人、被告人的诉讼权利，强调诉讼效率的时候，亦兼顾诉讼公平是三者的共同之处。刑事速裁程序与简易程序都是认罪案件的二选一程序，认罚是刑事速裁程序区别于简易程序的主要特性。积极适用条件中被告人同意人民检察院的量刑建议以及消极条件中“没有与被害人达成赔偿协议获得被害人的谅解”“属于取保候审等非羁押状态的，违法相关规定，影响刑事诉讼活动”都是认罚考量标准落实到法条上的具体表现。在我国司法实践中，区分轻罪和重罪一般以三年以下有期徒刑、拘役、管制或者单处罚金作为标准。以盗窃罪为例，个人盗窃数额公私财物“数额巨大”，处三年以下有期徒刑、拘役或者管制，并处或者单处罚金，“数额巨大”处三年以上十年以下有期徒刑，并处罚金，轻重罪区分比较明显。我国刑法分则对法定刑的分类，有“二年”“三年”“五年”等作为节点，唯独没有以“一年”为界限划分法定刑幅度。[1] 因此，以“三年以下”来确定刑事速裁程序适用范围，既能准确定义刑事速裁的职能和定位，又切合中国刑事司法实践。

(2)启动主体：法院作为审判机关，审判程序适用的最终决定权还是在法院。建议启动权作为干涉程序适用的外部介入，在不同的程序上效果也不尽相同。在刑事速裁程序的效果上，公安机关、检察院以及辩护人的程序建议权应当更有效。在法理上，应该这么去规制，该此建议权导致的结果是法院在审查适用速裁程序合法性时的“适当宽松”，以及适用结果上的“应当”而不是“可以”。在简易程序上，法院在审查建议的时候要“适当严格”，而适用结果上是“可以”而非“应当”。具体是否适用简易程序，还要依照案件的其他情况作出决定。

---

[1] 石魏：《刑事速裁程序存在的问题及完善建议——兼论刑事速裁程序与轻刑快审程序之异同》，载《西华大学学报》(哲学社会科学版)2015 年第 6 期。

(3)审判方式以及庭审模式:认罪、轻罪适用独任审判,认罪、重罪适用合议制,普通程序适用合议制,严格的审判方式划分能够减轻法官办案压力,优化司法资源配置。法官能够有更足够的精力去办理案件复杂、影响较大的重大案件。庭审模式的设计主要依据于庭审的目的。刑事速裁程序中,被告人认罪认罚,对事实和证据均无异议,庭前的认罪机制中做好审查工作,庭审中就没有必要再浪费司法资源进行重复的调查核实。因此,基于司法效率的需要,对于轻微认罪认罚的刑事速裁案件,可探讨书面审结的审理模式。对于其他的认罪认罚刑事速裁案件,法庭审理中可忽略法庭调查和法庭辩论的环节,使速裁程序最简化。刑事简易程序中,被告人只是认罪,但对于量刑需要开庭进行辩论。简易程序脱胎于普通程序,在庭审内容上,基本保留普通程序该有的内容,但在相关的项目内容调查与核实上较之普通程序做适当的简略,这是简易程序的本质特征。简易程序具有异乎强大的庭审针对性,只对"异议部分"进行调查核实,而该"异议部分"或者为罪名或者为证据或者为量刑。普通程序中,必须严格地遵循法庭审理整套程序进行审理。刑事普通程序是刑事审判的传统程序、标准程序,也是根本程序。对于一些重大复杂案件,我们在强调效率的同时,更应该注重司法的公正。坚持依照普通程序规定审理重大复杂案件是这一公正得以实现的有力保障。

(4)权利保障:无论是刑事速裁程序还是简易程序,都是"简程序不减权利"。司法正义是刑事诉讼价值追求,过分强调效率而忽视司法正义有悖刑事诉讼的根本目的。所以,在刑事诉讼中,在利用三元审理程序审理刑事案件,也要重视对被告人知悉权、程序选择权、律师帮助权、辩护权等当事人权利的保障。充分的知悉权是程序选择权和律师帮助权、辩护权的基础。无论是在侦查阶段、审查起诉阶段还是庭审阶段,必须保证犯罪嫌疑人、被告人知悉自身的诉讼境遇,知晓证据内容,知情量刑结果。公、检、法各部门必须在诉讼程序中履行完全的告知义务,如果被告人对事实、法律、量刑建议等有异议,或法院在审查案件过程中发现有不宜适用速裁程序的情形,案件即转为简易程序或普通程序重新审理。程序选择权是认罪案件中的特有权利。在速裁程序和简易程序中,充分保障被告人的程序选择权契合司法正义的要求。律师帮助是三元审判程序中维护程序公正的重要手段。律师帮助权不同辩护权,前者强调在速裁程序和简易程序中的帮助义务,更具有公益的性质,后者强调的是辩护责任,更具有代理属性。司法实践中,司法局驻看守所值班律师通过多种形式对法律进行宣传,向当事人提供帮助;公、检、法在履行告知义务时,将帮助律师的联系方式顺带告知犯罪嫌疑人、被告人。这些都是保证律师帮助权的优秀经验。

(三)认罪认罚机制的完善

1.认罪审查。在侦查阶段和审查起诉阶段,侦查机关和检察机关要讯问犯罪嫌疑人是否认罪。认罪的程序,认罪的内容,都要形成完整的认罪书面记录。当然,在讯问犯罪嫌疑人是否认罪的同时,亦向其出示相关的有罪证据,告知有获得律师帮助的权利,并说明认罪的后果。侦查机关与检察机关根据认罪的审查结果,结合相关的法律规定,出具书面建议书建议适用审理程序。在审理阶段,认罪的审查工作是审理的重点之一。被告人认罪的真实性和自愿性是法院认罪审查的具体内容。真实性上,要核实被告人是否已经知悉定罪量刑的相关事实和相关证据,是否完全了解选择认罪的诉讼后果,适用认罪审理程序导致放弃的相关诉讼权利。这要求法官在被告人作出有罪答辩前,确认被告人知道并清楚地理解上述内容,并确认被告人得到了辩护律师的帮助,且各项重要的法定权利都没有受到不正当的损害,除非被告人明确表示放弃上述权利。自愿性上,要审查被告人认罪是否完全出自内心的自愿,被告人是否由被刑讯逼供的情况,公安机关和检察机关所获得的认罪证据是否是通过非法方式获取。当然,认罪审查是一个既直观又抽象的判断过程。审理法官在审查认罪的实务中,既要严格遵循案件客观事实,又要充分运用自由裁量。司法实务中的办案人员,要亲临和倾听审判,学会和运用"望闻问切"的方法,观察被告人在庭审中的表情、眼神、语言、动作及其他的肢体语言等微表情,结合被告人退赃、退赔、赔偿等的表现,对被告人是否真的认罪作出判断。[1] 在程序的选择上,犯罪嫌疑人的程序的选择权和救济权始终贯穿整个诉讼的过程。确保犯罪嫌疑人、被告人的程序选择权和救济权是确保在追求诉讼效率的诉讼过程中,保证了程序的正义。

2.认罚的认定。刑事诉讼中认罚的含义主要包括对于处刑结果无异议,愿意承担相应的赔偿责任。认罚作为刑事速裁程序和简易程序在审理认罪案件中分流的标准,严格审查认罚的真实性和自愿性其等同于审查认罪的重要性。因此,认罚的认定就要遵循务实主义原则,审查犯罪嫌疑人被告人对量刑建议是否认同的同时,要结合其对被害人以及法定代理人的"修复安慰"程度。"修复安慰"程度主要是看退赔情况和获得谅解情况。当然,对于轻微案件中,没有被羁押的犯罪分子,是否违反取保候审、监视居住的规定,是否严重影响刑事活动的正常进行也是认罚考量之一。

3.引入法定的量刑激励机制。从逻辑上讲,犯罪嫌疑人、被告人之所以选择认罪,适用快审程序进行审理,一个最大的原因就是想获得量刑上的从宽处理。是否适

〔1〕 王瑞君:《"认罪从宽"实体法视角的解读及司法适用研究》,载《政治与法律》2016年第5期。

用快审程序审理，“实际上是一种预期利益的选择”。[1] 而结合当前我国的刑法关于量刑的规定，“认罪不一定从宽”充斥在量刑规范和法官实务中。如果犯罪嫌疑人、被告人因为期许从宽处理而选择了认罪，愿意适用刑事速裁程序或者建议程序处理，但认罪的态度在量刑的结果上却得不到体现，势必影响到其选择快审模式处理的动力。坦白原为酌定量刑情节，《刑法修正案（八）》增设了第67条第3款，使坦白成为法定量刑情节。根据本款规定，如实供述自己罪行的，可以从轻处罚；因其如实供述自己罪行，避免特别严重后果发生的，可以减轻处罚。因此，对于认罪案件，要借鉴坦白的修正规定，在刑法上明文规定认罪可以从宽处理，使选择认罪，适用快审程序审理案件，可以得到量刑从宽处理。

4. 认罪认罚机制与其他程序的关系。认罪认罚机制的设计是为了案件的繁简分流，为适用三元审判程序做好导向工作。当然，犯罪嫌疑人认罪并不必然指向适用快审程序。在认罪的基础上，如果犯罪分子悔罪态度较好，案件性质符合附条件不起诉的，检察机关可以附条件不起诉。刑事和解制度可以作为落实认罪认罚机制的一个重要落脚点。审判之前通过刑事和解制度，解决纠纷，最大程度节省司法资源。庭前会议作用主要是管辖异议、人员回避、证人出庭以及非法证据排除等问题[2]，因此，依据庭前会议的作用，结合认罪认罚机制的特点，笔者认为庭前会议在三元审判模式中只适用于普通程序的审理，是作为普通程序的一种附加程序而存在。

---

〔1〕 吴靖：《有罪答辩与庭审变革——以新刑事诉讼法“简易程序”为视角的考察》，载《中国刑事诉讼法学研究会2013年年会论文集》。

〔2〕 庞雅丹、汪源：《浅谈认罪认罚从宽制度完善中应考虑的几个关系》，载《法制与经济》2016年第2期。

当事人承担外国法查明责任的法律完善

谭庆华[*]　杨　钉[**]

一、外国法的性质认定及认定规则

（一）外国法的性质认定

对外国法性质到底是“事实”还是“法律”的不同认定不仅会导致举证责任分配和查明方法的不同，还会直接影响到外国法不能查明时的法律后果。当今各国对外国法的性质的认定主要有“事实说”“法律说”“折中说”（包括“特殊的事实说”和“特殊的法律说”）几种主流体系。

1. 事实说：认为外国法是一种单纯的事实

多数普通法系国家均把外国法视为一种事实，以英国为代表。持这种观点的国家认为内国法院适用外国法只是出于国家之间的相互礼让而不是内国法院的义务，外国法在内国的适用主要取决于法官是否满意。依本国的冲突规范而适用的外国法，对于内国法院而言，它只是一个单纯的事实，是“一个需要经过辩护和证明才能使法官感到满意的事实问题”。[1] “事实说”还坚持一国的内国法律只在本国辖区内有法律效力，外国法同样只应在其本国区域具有法律效力，本国法官只有知悉、适用内国法的职责，对于外国法律，法官并无知晓、适用的义务，而且本国法院适用外国法同国家主权是不相容的，所以认为由本国的冲突规范所指引的外国法只能被视为事实而不是法律。

---

* 广西壮族自治区高级人民法院民四庭副庭长。

** 广西壮族自治区高级人民法院审判员。

〔1〕 参见莫里斯：《法律冲突法》，中国对外翻译出版社1990年版，第86页。

2. 法律说:外国法是具有与内国法同等效力的法律

在东欧的一些大陆法系国家,外国法被视为是单纯的法律而非事实,具有与内国法同样的效力,以意大利、荷兰等国家为代表。持这一观点的国家认为,当一国依据本国冲突法规则适用外国法时,该外国法的性质应为法律或者准确地说是准据法。制定成行为规范的法律和形成客观现象的事实是完全不同的范畴和概念,无论是哪个国家的法律都是通过严格的立法程序才产生的,同事实这种既定的、客观的形态有着截然不同的区别。况且当今社会,世界各国在国际法上都享有平等的地位,所以各国通过立法程序产生的法律地位也是一样的,不能因为它来源于外国就改变了性质,法律就是法律。所以内、外国法律完全平等,具有相同的法律效力,是本国国际私法中依照立法程序制定的冲突规范将外国法引用到内国法律体系中,使它变成一条内国法规范。因此,本国法官适用外国法,如同适用内国法一样,是没有什么区别的。

3. 特殊事实说:外国法是不同于一般案件事实的特殊事实

以法国为代表的一些国家认为外国法应该被视为事实,但其与单纯的事实不同,是一种附有法律属性的事实。[1] 在这些国家中,查明外国法的责任主要在当事人,但如果当法院了解有关的外国法知识时,即使当事人未能提供该外国法的内容,在这种情况下法院也可以把外国法视为成一种法律进行主动的援引,但是如果法院不了解外国法的内容,也没有主动查明的义务,由当事人承担"无法查明"的法律后果。

4. 特殊法律说:外国法是附有事实属性的法律

支持该学说的国家认为外国法是一种性质不同于内国法的法律,以德国、瑞士、秘鲁、波兰等国家为代表。德国认为,外国法的本质是法律而不是事实,但它同时又不同于内国法,是一种附有特殊性质的"中间存在",是具有事实属性的法律。查明法律的主要责任在法院,但当事人也有协助法院查明的义务。但如果当事人无法查明或不愿意查明的也不会影响法院的查明义务。

(二)外国法的认定规则

1. "事实说"及"特殊事实说"下的认定规则

坚持"事实说"的国家将外国法看作单纯的事实问题,根据"事实"的法理可以推导出以下几点"外国法查明"及"无法查明"认定的基本原则:第一,外国法同其他种类的事实一样,所以外国法查明的责任义务人在当事人;第二,根据证据适用的原则,

---

〔1〕 参见李双元、谢石松:《国际民事诉讼法概论》,武汉大学出版社 2001 年版,第 196 页。

作为规范的事实,“外国法的查明”必须通过法庭上的抗辩予以证明才能作为证据使用;第三,当事人对外国法的证明必须被法官接受,如果法官认为对该外国法的证明缺乏令人信服的证据,法院将会认定为“外国法无法查明”,当事人承担无法查明的法律后果;第四,法院作为居中裁判者只对法律的适用有义务去查明,而对于作为事实的外国法超出法官知晓的范围,没有义务进行查明;第五,对外国法的查明的程序启用必须来源于主张外国法的一方当事人的明确申请,法院不会主动适用外国法;第六,对于适用特殊的事实说的国家,法院可以依据自己已掌握的外国法知识进行主动适用,但并无义务主动查明。

2.“法律说”下的认定规则

坚持“法律说”的国家将外国法视为与内国法具有同样的法律效力,根据“法律”的法理也可以推定出几点“外国法查明”和“无法查明”认定的基本原则:第一,对外国法的查明责任理所当然地由法院承担,法院应当自主地获取外国法的相关知识,当事人不承担举证责任;第二,依“法官知法”原则,外国法与法院地法同属于法官司法认知的范畴,法院应当在穷尽查明途径对外国法进行查明;第三,对于外国法确实无法查明的,应当将查明的过程向当事人公示之后作出“外国法无法查明”的认定;第四,在认定“外国法无法查明”后应有合理的原则来适用某国法律,而不是直接适用法院地法,如适用“同种法系原则”而适用同法系其他国家的法律或者是“推定外国法规定和本国法一致原则”而适用法院地法等。

3.“特殊法律说”下的认定规则

这些国家主张,外国法的查明既不应同于普通事实的查明,也不应同于内国法的查明,以德国、瑞士等国家为代表。外国法原则上由法院依职权查明,但法院也有权要求当事人的合作,基于法院的请求,当事人有义务提供证据以证明外国法的内容。随着社会的发展,这一查明原则已经得以细化,主要区分为财产领域和非财产领域的查明责任,国际上通行的查明原则为:在非财产领域上,法院依职权查明外国法的内容,当事人负有协助证明的责任,在法院和当事人都不能查明时认定“无法查明”;在财产领域,当事人对“外国法证明”负主要责任,法院辅助查明外国法,无特殊情况时当事人无法查明外国法,则会被认定为“外国法无法查明”。如《瑞士关于国际私法的联邦法》第16条规定:“外国法的内容,应依职权查明之;为此,得要求当事人予以合作;在财产事项方面,得令当事人负举证责任。”

综上所析,笔者更倾向于将外国法视为一种“特殊的法律”,在这种性质下的外国法查明,由于可以通过法院和当事人的法律查明,从而使“当事人意思自治与最密切联系原则"最大限度地得以满足。一方面要求当事人积极履行外国法查明的义务,因为外国法是由当事人自行约定选择适用的,换言之,其比任何人都更加接近外国法的查明及理解,由其主导外国法的查明义务是现在行之有效的途径;另一方面并不排除法院对外国法的查明,因为在当事人穷尽所有手段亦无法查明的情形下,法院可以通过外交手段等其他方式轻而易举查明时,就不应排除法院的主动查明行为或"司法认知",只有这样才能最大限度地保护当事人的意思自治。而只有在法院与当事人穷尽了所有手段都无法查明外国法及与案件最密切地国家的法律之后,才能适用本国的法律,这也是最初设立外国法查明制度的目的。

二、我国对当事人在承担外国法查明责任中的法律缺失

我国对外国法查明的问题一直都在进行着有益的探索,尤其是2010年出台的《中华人民共和国涉外民事关系法律适用法》(以下简称《法律适用法》),使得这一问题更加明朗化。例如,《法律适用法》第10条规定,涉外民事关系适用的外国法律,由人民法院、仲裁机构或者行政机关查明。当事人选择适用外国法律的,应当提供该国法律。又如,《海商法》第269条规定,合同当事人可以选择合同适用的法律,法律另有规定的除外。合同当事人而没有选择的,适用与合同有最密切联系的国际的法律等。然而,法律对当事人在承担查明外国法责任过程中遇到的如下问题却没有作出具体的规定:(1)在当事人查明外国法律后应以何种形式向法院提供,即当事人如何向法院证明其查明的外国法?证明其查明的外国法是否需要一定的条件?具体需要什么样的条件?(2)当事人因主、客观原因等未向法院提供其合意选择的外国法时法院的处理模式如何?(3)当事人在查明外国法的过程中遇困难时受理法院可否接受当事人的协助查明请求?如接受,是否需要满足一定的标准或条件?接受的标准或条件又是什么?(4)若当事人已选择了案件审理的准据法,且向审理法院有效提供此准据法后,而第三国对当事人的争议事项有着密切和真实的联系,且该国对此争议事项有强制性法律规定时,受理法院应如何处理当事人的意思自治权利和第三国强制性法律规范之间的适用关系问题?正是因为法律对上述问题的缺失,才会导致司法实践中对"外国法无法查明"的滥用,进而排除当事人的意思自治,拒绝适用外国法,从而直接适用本国法律。

(一)当事人如何证明其所查明的外国法

在涉外案件中,当事人若依据内国法律规范自愿选择用了某一外国法作为案件审理的准据法时,那么,根据法律规定,此外国法应由自愿选择此法的当事人负责查

明并提供给法院。由于被查明的外国法之证明方法涉及受理法院是否易于认知和正确理解外国法的内容,也将影响到外国法适用之后的诉讼结果,所以在实务上相当重要。〔1〕若当事人选择的外国法为某外国的制定法时,当事人通过各种途径查明之后,如何向法院提供,亦即当事人以什么样的方式向法院证明并提交其已查明的外国法,《法律适用法》及其他国际私法规范对此没有明确规定。虽说依据"法官知法"的原则,受理案件法院的法官应该知晓当事人所选择的外国法律,只要当事人向法院提供其选择的外国法律的文本便可。但实际司法操作中或许并非如此简单。众所周知,各国的法官所受到的法律训练主要针对的对象是本国的法律,而非世界上所有国家的法律。且各国的法律文化植根于其本国的文化之中,是在一定的文化范围内对特定的社会在特定的时间和地点所出现的特定需求作出回应,〔2〕故各国的法律在法律渊源、法律语言、法律概念、法律结构及法律解释方式等层面都具有不可回避的客观差异性。在对外国法律的理解和适用上,虽然是制定法,但受理案件的法官如同当事人一样面临着很多的困境,例如,如何对法律条文的内在含义进行正确解释等问题,不是在较短时间内能够通过快速学习后便可以了解把握和正确适用的。因此,在当事人承担查明外国法责任的情况下,在查明过后向法院提供其查明的外国制定法时有无要求:当事人是仅向法院提供该外国制定法的外文文本,还是在提交外文文本时一并提交中文译文文本;当事人在提交外国制定法法律文本时,是否需要提交关于该法律的相关法律解释,如需提交,那么对解释该法的主体有没有资格限制,如有限制,限制条件和标准又是什么;当事人在向法院提交此外国制定法的相关资料时,是否需要经过该国或外国的有关机构公证或认证等,具体程序是什么。

若当事人选择的某外国法律是判例法而非制定法时,因判例法不同于制定法,二者在许多层面都存在差异性,又应如何处理,相关法律法规对此没有作出明文规定或解释。所谓判例法,是指法院在判词内所列出的理据所推论出来并累积产生的法律原则和规范,它可以是对成文法的条文作出解释,也可以是对普通法的一些原则作出阐释、演绎或推广,以及决定怎样将这些原则应用到案件的具体情况。〔3〕因此,判例法不像制定法那样有明确的法律条文和法律规则、原则等对一些特定的法律问题作出了明文的规定,法官只需将争议问题和法律规定一一对号入座即可,判例法中没有

〔1〕 刘铁静、陈荣传:《国际私法论》,台北,三民书局1998年版,第222页。

〔2〕 [美]约翰·亨利·梅利曼:《大陆法系》,顾培东、禄正平译,法律出版社2004年版,第155页。

〔3〕 何晓翊:《我国法院对英美法系判例法的查明与适用》,载《人民法院报》2004年12月10日。

针对某些具体问题规定具体的法律条文、法律规则等，若需要判例法来解决某些争端，就需要类似或相似的争端判例的判决原则或理由来引用，而先前类似或相似的判决原则或理由多隐藏在先前的判决词中，并非简易行之即可查询或掌握，需要自行认真寻找，查找起来比制定法更费时耗力。那么，在当事人提交判例法的时候，当事人是仅向受理法院提供其查明的某一个与案件有关联关系的具体判例，抑或还需要提供数个类似或具有关联关系的判例；当事人在向法院提交其查明的判例时，是否还需要一并向法院提交隐藏在判例中所体现的法律规则或原则的内容，若当事人向受理法院提供其查明的外国判例时，是否需要将查明的外国法经过该外国法所在国、法院地国的层层公证或认证、权威翻译等程序？具体的操作程序是什么？若当事人查明的外国法不经过此程序的结果处理模式应是什么；当事人向受理法院提交判例中体现的法律规则或原则时，对说明或解释判例中体现规则或原则的主体有没有资格上的限制条件或具体要求？如有条件和要求，限制的资格或要求的具体条件又是什么；若双方当事人提供的判例或从判例中发现的裁判规则或原则之间出现矛盾时，法院又应以何种模式处理等。对此我国的国际私法规范没有具体的规定予以明确。

(二)外国法选择无效的处理

根据《法律适用法》第3条、第10条及《海商法》第269条等之规定，在涉外民商事关系案件中，当事人有选择适用外国法的权利，这是对当事人意思自治权利尊重的体现。但是，这种体现当事人意思自治的选择权利并不是完全自由和任意的，在某些具体情况下，为了特定的立法目的会对其选择的准据法范围等条件进行一定的限制。如《法律适用法》第三章婚姻家庭中第24条规定，当事人只可以在一方当事人经常居所地法律、国籍国法律或者主要财产所在地法律中自愿选择解决争议所适用的准据法；第26条中规定，当事人只可以在一方当事人经常居所地和国籍国法律两者中自愿选择适用任意一种作为案件审理的准据法等。从上述的立法规定中可以看出，对当事人依法自愿选择案件审理准据法的法律条文做出一定的条件限制蕴含着立法者的立法目的，以便对当事人选择权利进行一定程度上的限制和约束，不论此目的是维护社会公共秩序，抑或保护弱势群体的利益需要等。据此，在涉外民商事关系中，若当事人依据体现意思自治的法律规定自愿选择了案件所应适用的准据法为某国法律，但所选择的某国法律在法律规定的选择限制范围以外，根据法律规定此种选择应视为无效选择，被选择的外国法不能作为案件审理的准据法。

《法律适用法》中并没有选择无效的法律规定，而规定了外国法查明不能的处理方式，外国法选择无效是否就完全等同于外国法查明不能呢？对此，我们要有所区分。所谓外国法查明不能,亦称外国法查明失败,是指查明主体在使用法定的程序和方法后,仍然无法确定外国法的内容,[1]或经过各种渠道都未能查清外国法的内容,或虽然查到了该外国法,但该外国法中并没有相关的规定。虽然二者的认定主体相同,都是受理法院的法官,但亦有一定的实质区别。选择的外国法无效,是当事人依照法律的规定,当事人自愿选择了案件应适用的准据法,且该准据法或许存在,也或许可以通过各种路径能查明,但实际上当事人还未进入查明的程序,根据法律的规定此准据法不能被适用于案件审理而被法院予以否决,或已经查明并提供给了法院,法院审查后依据法律规定予以否决适用。因此,外国法无法查明与当事人选择外国法无效是有本质区别的。那么在当事人选择外国法无效的情形下:受理法院是对当事人的自愿选择做选择无效认定,视当事人从未行使意思自治权利自愿选择准据法,而后根据《法律适用法》第10条第1款的规定,对涉外民事关系适用的外国法律,由人民法院等主体依职权查明,还是对于当事人选择外国法无效情形,受理法院承认当事人的意思自治的权利行使和选择结果,适用当事人选择的在立法限制范围以内的外国法进行裁判;若当事人选择的外国法无效,受理法院是对当事人行使意思自治权利采取承认并尊重的态度,告知其选择的外国法无效,不能作为案件审理的准据法,对于案件所应适用的准据法询问案件当事人,由当事人决定是否放弃法律赋予他的自由选择准据法的权利,还是允许当事人重新选择案件应适用的准据法;若当事人自由选择外国法的权利行使后,虽然根据法律规定其选择结果应为无效,但受理法院亦会承认并尊重当事人的意思自治,假设此种情况下当事人对案件所适用的法律没有明确表态是否适用第一次选择的法律还是考虑重新再次选择,抑或放弃这种意思自治的权利,法律对此亦无相关规定,此时,受理法院是否能依据《法律适用法》第2条第2款之规定:"本法和其他法律对涉外民事关系法律适用没有规定的,适用与该涉外民事关系有最密切联系的法律",放弃适用当事人自愿选择的外国法律,进而依职权确定适用与争议案件有最密切联系的准据法呢?若法院在此情形下依职权确定适用外国法时,在查明该外国法时是否可以责令要求当事人予以协助?《法律适用法》及其他国际私法规范对此没有明确规定。

(三)当事人拒绝查明外国法的处理

涉外案件中的当事人依据法律的规定,依法应当承担查明其自愿选择适用的某一外国法的责任,并以一定的形式将查明过后的该国法律提供给受理案件的法院,以

---

〔1〕 刘来平:《外国法的查明比较研究》,华东政法大学2006年博士毕业论文,第88页。

期能明确双方的权利义务关系及公平高效的解决纷争。这也是冲突规范中设计当事人查明外国法制度的良好初衷。但在司法实践中，也有特殊情况存在，如涉外案件中一方或双方当事人通过合意自愿选择了案件所应适用的准据法为某一外国法律，但在其明显具备查明涉外案件所应适用的外国法律的情形下，只因综合分析比较了查明外国法律所付出的经济利益和时间等成本因素与拒绝向法院提供其自愿选择适用的外国法律所应承担的损失后，感觉后者行为比前者行为更对自己有利，或前者行为已明显不符合预期期望，所以采取消极的不作为方式欲促使受理案件的法院按照法律规定适用法院地法律来审理案件，从而带来比适用即应负查明的该外国法律获得更高的利益时，当事人采取了拒不查明该外国法的行为。这里值得注意的是，此情况与当事人因客观条件无法查明本质上是不同的，其当然不能套用因当事人客观条件无法查明的法律模式。因此，《法律适用法》对当事人拒绝查明的相关问题是存在缺失的，那么此种情形下的处理方式又当如何：当事人拒绝向受理法院提供其选择适用的外国法律，受理法院视为当事人举证不能，驳回其诉讼请求或抗辩，或视为当事人查明外国法不能，根据法律规定转而适用法院地法律审理案件？还是根据《法律适用法》第 2 条第 2 款之规定，本法和其他法律对涉外民事关系法律适用问题没有规定的，适用与该涉外民事法律关系有最密切联系的法律。案件审理的准据法最终依最密切联系的原则由法官予以确定，法官并依职权去查明此外国法？

此外，若当事人自愿选择了某一外国法作为解决涉外民事法律关系争议的准据法，且此外国法与案件没有实质性的关联关系，但案件争议事实本身却与第三国的法律有着直接密切的联系，第三国的法律对案件争议事项本身也有着强制性的规定，此时，受理案件的法院应如何对待第三国的强制性规范：法院是采取完全尊重当事人的意思自治原则，适用当事人自愿选择的某外国法来审理争议的民事法律关系，而无视与涉外案件争议事项有着实质性或最密切联系的第三国国家的强制性法律规范的规定；抑或受理法院在充分考虑各种因素之后应适当考虑与案件有着实质性或最密切联系的第三国的强制性法律规范，并酌情适用或排除当事人意思自治权利而酌情或完全适用第三国的强制性规范；针对上述两种情况，《法律适用法》没有相关的条文予以明确。根据《法律适用法》第 2 条第 2 款之规定：本法和其他法律对涉外民事关系法律适用没有规定的，适用与该涉外民事法律关系有最密切联系的法律。据此法院是否就可以认定当事人所选择的外国法律应视为无效，转而依据此条款适用与案件有最密切联系的第三国的强制性规范呢？假如受理法院依据此条款对受理的案件适用了第三国的强制性规范，并审判了案件，那么，法院的这种做法是否就违背了《法律适用法》第10条第2款规定的内在含义:当事人有权自愿选择涉外民事关系所适用的某国法律?

上述种种疑问,在我国现行法律体系中都无法得到明确的答案,笔者欲从下文就上述问题进行一些探索,以期为今后司法实践作出一些铺垫。

三、当事人承担外国法查明的法律完善

如前所析,虽然我国法律对当事人在一定条件下承担外国法查明的责任进行了相关立法,但在一些方面仍存在法律的缺失和空白,笔者认为,可以通过司法解释的形式对《法律适用法》进行补充解读与规定,从而使法律能够满足司法实践的需求。

(一)对当事人提供外国法律证明方式的审查

受理法院对当事人提供的案件所应适用的某外国法律的审查,应承担初步的审查义务。当事人在向法院提供外国法律的证明时,受理法院应当对以下事项进行审查:若双方当事人对案件适用的外国法律达成统一意见,则受理法院应当对外国法律的外文文本、中文译本的真实性、关联性和权威性进行审查;对当事人单方或双方协议选择的某外国法的适用是否危及我国的社会公共秩序及第三人的合法权益造成危害等进行审查;对提供的外国法律是否是当事人的真实意思表达,即提供的法律是否当事人所自愿选择的要予以审查;对当事人提供的专家证明书、专家意见书等是否与该外国法律规则或原则相符,是否能被相关法律所证实等予以审查;对该专家的身份进行查证,以防滥竽充数影响法官对该外国法律的正确理解和判断。若双方当事人对案件适用的外国法律存在异议时,受理法院还应查明提出异议一方当事人提供的异议依据是否与案件争议事实有关联关系,若无关联则对提出异议一方的观点不予以支持;若存在关联关系,则查证产生异议的原因,不同情况采取不同的解决措施,并用立法或司法解释等形式加以规定。例如,若是针对同一外国法法律条文,双方出具了不同的法律意见书或专家证据等,那么,受理法院应当单独咨询有关法律专家,再结合自己的判断做出裁判;[1]若双方对法律适用有异议的产生原因是他们所提供的制定法和判例法之间存在的冲突,那么,法院审查的重点就应是判例法是否对隐藏在其中的法律规则等做了扩大或缩小解释等,法官认为必要时可以寻求有关法律专家

〔1〕 如广东高院受理的一起涉及香港法律适用的涉外案件中,双方当事人对法律的理解和适用分歧较大,法院在没有确定把握的前提下,向国内一法学专家就当事人提供的专家意见和对香港法律的适用等问题进行咨询。

的帮助。总之,法院应对当事人提供的外国法的证明予以形式审查与实质审查相结合。

(二)当事人未向法院提供外国法的处理

对当事人未向法院提供其理应承担外国法查明的理解,笔者认为,不能将其仅仅视为外国法查明不能而根据法律规定使用法院地法律来审理案件,而应根据不同的情形选择不同的处理模式。

1.若当事人在查明外国法过程中,存在自身难以克服的困难不能向法院提供此外国法律且向法院提交了查明的过程和努力程度等有关证明时,法院应当在认为合理的情况下同意当事人协助查明的请求,并积极努力地予以协助查明,相关费用先由请求方垫付,最后由败诉方承担;若法院拒绝当事人的请求,应当向当事人说明拒绝的理由。若当事人对法院拒绝理由有异议时,应赋予有异议的当事人可以要求复议或者申诉等救济权利。法院在协助当事人查明外国法律时,如经过充分努力后仍无法查明,就应以职权去查明同案件有密切联系的国家的法律来审理案件。当然,法院经努力后仍无法查明外国法律时,应当说明无法查明的理由和查明的过程等。若受理法院不分情形地拒绝当事人请求协助查明选择适用的外国法,及当事人未按法院要求提供该外国法时,法院进而视为外国法查明不能适用法院地法审理案件,其结果是违背了当事人的意思自治原则,也不利于案件得到公正高效的解决,在一定程度上起不到保护弱者利益的作用。若当事人对法院协助查明的外国法律存在疑问时,法院应当向当事人说明外国法的查明途径,如当事人还是不予以信任,法院应放弃所查明的外国法,依照最密切联系的原则确定案件应适用的外国法并依职权主动查明,如通过各种努力后仍未查明,则适用法院地法律。

2.若当事人拒绝向法院提供其自愿选择案件所应适用的外国法律时,受理法院应当为了案件得到公平合理的裁判,发挥最密切联系原则在外国法查明中的作用,依职权主动运用最密切联系原则,适用与案件有最密切联系国家的法律,并依职权主动去查明,而不是笼统的按照《法律适用法》中的规定适用法院地法律来处理,应尽量避免“意思自治法→最密切联系法”退化为“意思自治法→法院地法”的现象出现。因为最密切联系原则的内涵是不仅仅关注在法律选择方面是否最合适、最公正审理,而且同样关注法律适用结果是否最公正合理,它要求适用的法律能够得到最佳的结果。不能像有些国家那样采取驳回当事人诉讼请求的简单做法,因这有悖于“法院不得拒绝裁判”的原则和责任,也不能简单地视为外国法无法查明转而以法院地法来审理,这样可能使争议案件得不到公平合理的解决,以致违背了法律适用法的立法宗旨,也不利于各国的民商事交往的正常进行和长期化发展。若法院在依职权查明依据最密切联系确定的某外国法律时,可以要求当事人予以协助查明。当法院通过各种努力后仍无法查明的,可视为外国法无法查明,适用法院地法院予以审理。但在法官查明外国法不能时要在判决书中说明查明的详细过程,以防止法官滥用法院地的权利倾向。

(三)当事人选择外国法无效的处理

当事人未依据《法律适用法》的规定,选择了法律限制范围以外的法律作为案件审理的准据法,即选择外国法无效时,为了尊重当事人的意思自治的权利,受理法院应先咨询当事人的意见,询问当事人是否需要重新选择案件审理的准据法。若当事人决定再次重新选择时,根据法律规定应由当事人承担查明该外国法律的责任。在必要时,法院视具体情况决定是否接受当事人在查明过程中遇到困难时向法院予以协助查明的请求。因为我国法律对所需查明的外国法的性质没有完全的明确规定,不能将其简单地视为案件中的一种"事实",完全由当事人负责查明,如英国那样,但同样也不能像美国那样可以较为宽松的接受当事人的协助查明请求,应如大陆法系国家那样,有条件的予以接受,即最大限度地发挥当事人查明该外国法的潜力,又兼顾了减轻法院的查明负担问题。若当事人决定不再重新选择案件所应适用的准据法时,法院应视为当事人没有行使或放弃了自愿选择的权利,从而根据法律的规定依据最密切联系原则来确定准据法,并依职权去查明案件本应适用的某国法律来审理。当法院依职权去查明该案应适用的外国法律时,经过充分努力后仍未查明,就以法院地法律来审理案件。

(四)第三国强制性法律规范的适用

对于当事人已选择了某外国法作为案件审理应适用的准据法时,受理法院放弃当事人的自愿选择,适用对与案件争议事实有密切或真实联系的第三国强制性法律规范似乎已经得到了当今各国的相当的肯定和认可,但远远没有达到广泛承认和适用的境地,且适用时的条件限制或适用标准亦未有统一的认识。其最主要的问题是如何协调第三国强制性法律规范的适用与当事人意思自治权利的实现之间的关系,以满足当事人对法律确定性和可预见性的期望,又使得案件适用了与其有实质性密切联系的法律来审判,确保案件得到最大程度的公平审判。法院如何决定适用第三国的强制性法律规范还是适用当事人自愿选择的某外国法律来审理案件时,也带来了司法实践中的一些实际操作问题,如提出比较适用的主体问题,是第三国,法院,或者是弱方当事人?法律并不好完全加以规定。如适用不当,其作用或许会事与愿违,使案件未必能得到公正的审理结果。因此,在适用时要注重谨慎原则。我们可以参考和借鉴外国有益的做法,依据我国国情来综合考虑是否适用当事人自愿选择的某外国法律和第三国的强制性法律规范来审理案件。

当事人在自愿选择涉外争议案件适用的准据法为某国法律,若选择的此准据法与争议案件并无实质性的联系,而与第三国有着密切的联系,且该第三国对该争议的事实有强制性的规定时,法院不能采取完全尊重当事人意思自治的态度,适用当事人选择的某国法律来审理案件,无视第三国有关的强制性法律规范是适用问题,[1]而应在考虑以下几个重要因素后,再最终决定是否适用第三国的强制性规范:(1)适用第三国的强制性规范是否使案件得到公平公正的解决;(2)当事人是否属于恶意规避第三国的强制性法律规范的情形,即当事人违背第三国的强制性法律规范的选择是否道德,这里的"道德"主要是指国际上普遍接受的;[2](3)在一些受特殊法律保护的涉外法律关系中,适用第三国的强制性法律规范是否保护了法律设定需要保护的利益或主体。诚然,除以上几个考虑因素外,受理法院可以根据实际情况再添加其他考虑因素,以便决定第三国的强制性法律规范是否适用。若在审理过程中,第三国未对受理法院发出通知或受理法院未发现存在与案件有密切联系的强制性法律规范时等,法院首先还是要尊重当事人的意思自治,适用当事人选择的某国法律来审理案件。关于第三国的相关法律的查明责任问题,若是第三国通知受理法院的,则由该第三国提供该国的相关法律,若是受理法院自己发现的,就应当依职权主动去查明该第三国的相关法律。若一方当事人发现适用第三国的强制性法律规范对自己更有利,也可以向法院申请适用此外国法等。

---

〔1〕 最高人民法院《第二次全国涉外商事海事审判工作会议纪要》第52条规定,当事人提供的外国法律经质证后无异议,人民法院予以确认。

〔2〕 许军珂:《国际私法上的意思自治》,武汉大学2005年博士学位论文,第76页。

民事认证方法思维的透视与检验

张龙军*

"法律人的训练主要是逻辑训练,司法裁判的语言主要是逻辑语言。"[1]在民事诉讼中,一种资料可作为民事证据,其必须能够证明案件真实情况。单一证据材料能否归于我国民事诉讼法规定的八种证据之一,以及对证据证明力大小的判断,需要根据具体化各案情境作出事实判断和价值判断。证据规则并不能自动在法律适用中得到运用,而需要审判人员在司法裁判中,正确处理证据与证据规则之间的联系,并通过法律思维加工使其被恰当、准确的运用。证据认证,要求审判人员"依循法律逻辑,以价值取向思考、合理的论证解释适用法律"[2],对证据作出审核认定,并在裁判文书使用逻辑语言将分析和论证过程充分地展示出来,发挥民事裁判展示现代法治社会诉讼民主、程序公开、司法公正的重要功能。

一、思索:认证方法失效问题

(一)立法缺失,法官自由裁量权随意性大

在民事诉讼证明程序中,认证是一个与举证、质证相衔接的关键环节,包括主体、对象和内容三要素[3],其正确与否关系到公正裁判与否。现行关于民事认证的主要法律规定,包括《民事诉讼法》《最高人民

---

* 全州县人民法院办公室副主任。

〔1〕 Oliven Wendell Holmes, *The Path of The Law*, Harvard Law Review, March 19 ,1997, p.54.

〔2〕 王泽鉴:《民法思维》,北京大学出版社 2009 年版,第 1 页。

〔3〕 武文举:《民事诉讼证据制度研究》,中国政法大学出版社 2012 年版,第 203 ~ 218 页。

法院关于适用〈中华人民共和国民事诉讼法〉若干问题的意见》(以下简称《若干问题的意见》)、最高人民法院《关于民事诉讼证据的若干规定》(简称《若干规定》)。

认证虽须遵循其基本要求和原则性规范,但其仍是审判人员意识判断的形态表现〔1〕。对认证的规定,《民事诉讼法》和《若干问题的意见》中只有屈指可数的概括性规定条款,《若干规定》虽规定的较为具体,但缺失对审判人员认证时自由裁量权的制约规定条款,导致司法实践中审判人员评判证据的随意性大,影响裁判的可预测性〔2〕。

(二)案件证据的不确定性

证据具有客观性、关联性和合法性,我国《民事诉讼法》将证据分为八种,即书证、物证、视听资料、电子数据、证人证言、当事人陈述、鉴定意见和勘验笔录。根据“贝叶斯纳什均衡”和“不完全信息静态博弈”理论〔3〕和“谁主张,谁举证”的原则,我们发现纠纷案件当事人为使其相关主张得到法院的支持,往往选择自己最优策略,向法院提供能够证明案件真实情况且对其利益最大化的资料作为案件证据,而代表国家执行法律、裁决纠纷的法官,扮演着国家审判权的代理人和社会人的双重角色,因此作为认证对象的案件证据或者因人的主观性,或者因科学技术的局限性,或者因证据本身具有被篡改、伪造的可能性等因素而具有不确定性。

(三)法官自由心证的缺陷

无证据则无心证。基于自然理性和法律理性,现代自由心证具有其合理性、正当性和科学性。按照我国的通说,自由心证可定义为法官认定证据的一种制度,体现于法官如何认定证据的证明力的判断活动中〔4〕。我国《若干规定》第64条确立了自由心证雏形,尽管认证须运用逻辑推理和日常生活经验法则,但自由心证缺乏内在的制约和客观化机制,且我国法官素质良莠不齐,导致法官自由心证仍存在较大缺陷。

---

〔1〕 克里斯汀·希普诺维奇:《法律与意识形态》,张昌辉、施长征译,载《南京大学法律评论》2012年第1期。

〔2〕 张芳芳:《论民事认证自由裁量权之制约》,载《华南师范大学学报》(社会科学报)2004年第2期。

〔3〕 贝叶斯纳什均衡,即假设有n个局中人参与博弈,给定其他人策略的条件下,每个局中人选择自己的最优策略(个人最优策略可能依赖于也可能不依赖于他人的战略),从而使自己利益最大化。不完全信息博弈是指参与人对其他参与人的特征、策略空间及收益函数信息了解得不够准确、或者不是对所有参与人的特征、策略空间及收益函数都有准确的信息。参见范如国:《博弈论》,武汉大学出版社2011年版,第162~245页。

〔4〕 余瑗:《证据裁判性原则与法官自由心证之间的关系》,载《法制与社会》2012年第21期。

二、探索：认证方法的思维

（一）逆向式思维

1. 内容要旨

代表国家执行法律、裁决纠纷的法官，扮演着国家审判权的代理人和社会人的双重角色，在诉讼中法官（公权力代理人）、法官作为社会个体、当事人及国家立法者四方之间存在多重互动博弈。审判人员运用符合逻辑思考规范的三段论对民事证据进行认证，会使认证结论更加客观、逻辑、合理，易被人接受。

逆向式思维，即三段论的逆向，审判人员庭前审核每单一证据材料的证据能力，判断证据证明力的大小，根据处理同类型案件的经验，形成预判，以作出预设结论为出发点，以庭审阶段排除例外证据为重心环节，继而根据证据规则验证预设结论的正确性、合理性，最后对证据作出确认。若非证据认证预判偏离证据规则，一般预设结论即为最终结论。

2. 适用分析

从逻辑学的角度讲，三段论为涵摄模式推理思维规则。“为了保证法律推理的结论符合相关的智识要求，法律人进行法律推理时必须接受特定模式的限制，这种模式超越具体的潜行论辩的语境。”司法审判实践中，法官运用“涵摄模式”的三段论，根据“法律规则的逻辑结构理论”[1]，进行证据认证，可增强认证推理的说服力。认证逆向式思维宜适用于法律关系简单清晰、事实清楚、证据真实充分、法律适用明确一致的案件，主要见于信用卡纠纷、储蓄存款合同纠纷。

南宁市兴宁区法院 2013 年受理信用卡透支案件为 703 件，相比去年受理同类案件增长率为 200%。由于此类案件绝对数量的因素会直接影响到逆向式思维的稳定性和常态性，该思维方法亦非证据认证的主要思维。

（二）结构、量化式思维

1. 内容要旨

受法官自由心证的缺陷、案件证据的不确定性、法官认识能力的局限性、法律的社会性这四种因素的影响，在证据认证过程中，法官往往会从理性与自利的逻辑为起点，往返于权利本位主义和社会主义之间，以运用成本与效益为分析方法，以司法供

〔1〕 法律规则的逻辑结构理论，必须围绕构筑正确的法律推理形式展开。法律规则的逻辑结构须展现规则各个要素间形式上的静态结构关系。将法律规则在逻辑上构造为“构成要件”+“法律后果”合乎目的。

给与司法需求互动为分析视角,完成对证据的证据能力审核和对证据的证明力大小判断两个思维过程。在证据认证领域,运用结构、量化式思维对案件证据作出确认具有必要性和可行性。

具有证据能力的证据必须是符合法律规定的特定形式或种类的证据,必须满足程序法定原则的总体要求,应当符合证据规则的有关规定,符合自由价值(排除不当适用)、程序公正价值(合理合法地适用)及效率价值(有效益地适用)的要求。

审判人员应当从各证据与案件事实的关联程度、各证据之间的联系等方面综合审查判断案件的全部证据。要获得唯一性的案件事实乃至裁判事实,须保证证据链条具备闭合性,以一种多个相互关联的证据的联合或协同的方式来对特定案件事实实现印证。证明力具有二维属性,即"强度性"和"方向性",分别表记证据对指向事实的证明力的大小和相关性。"单一的证据具有矢量的特征,其证明力是证据的强度性的概率值与方向性的概率值的乘积。"[1]设单一证据证明力 Tn,每两个单一证据证明力之间夹角为 Qy,夹角的补角 θt = 180° - Qy,两个或两个以上的独立证据的联合证明力 Rx。则已知 T1 = a,T2 = b, Q1,那么根据余弦定理 cos(θ) = (a^2 + Rx^2 - b^2)/(2 × a × Rx) 解方程得 Rx,R1 用图 1 表示如下。证据对案件事实所具有的证明力决定于证据的相关性。

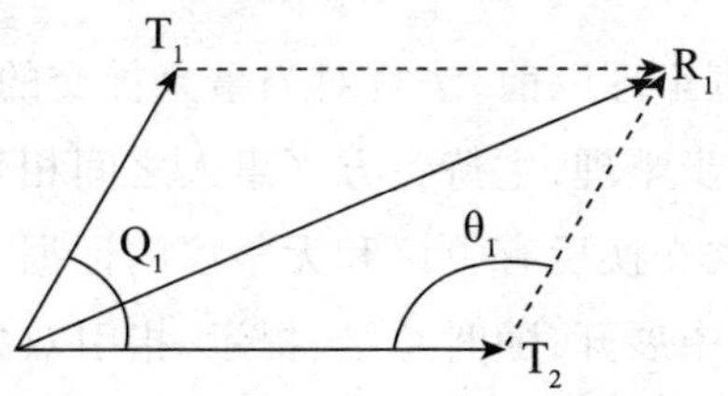

图 1　联合证明力 R1

结构、量化式思维,即审判人员庭审查明案件证据材料,对案件的各证据与案件事实的关联程度、各证据之间的联系等方面进行考察,或归于相应结构模型,或者对证据进行量化分析,最终确认证据。

2. 适用分析

推理结论的真实应以"前提真实"和"推理形式有效"为条件。法律具有很强的社会性和实践性,法律经验的改变,必然带来反映"实际的事情"的"法律规范"的改变,作为审判人员认证案件证据的证据法律规范是处于相对动态之中。结构模型思

---

〔1〕 邬炼:《概率理论在分析证据证明力方面的运用》,载《河南公安高等专科学校学报》2007 年第 3 期。

维虽可以估计多元和相互联系的因变量之间的关系，减少思维中不可观测的假设概念所导致的误差，但是其也存在不可克服的缺陷。将概率理论引入司法证明领域，虽为法官提供了一种定量分析证据个体及证据链条相关性的可行性方法，但假定和估算是进行证据证明力的概率分析的基础，而对相关性概率的计算预估中，极易受经验或认知能力的影响，且在事实推理过程中存在大部分情况下都不能正确估计案件涉及的概率问题，因此，运用概率量化思维认定的证据只能作为认定案件事实的参照。

结构、量化思维宜适用于案件当事人对诉讼请求与案件事实均有争议，法律关系相对复杂，当事人责任难以认定，但法律规范相对明确完善的案件，主要见于机动车交通事故责任纠纷、特殊类型侵权等纠纷。2013 年 1 ~ 6 月，桂林市机动车交通事故责任纠纷一审案件新收 767 件，[1] 与 2012 年（745 件）同期相比增长 2.95%。[2] 2013 年 12 月 21 日至 2014 年 7 月 16 日，桂林市全州县人民法院民事一审案件新收 1133 件，其中机动车交通事故责任纠纷案件为 88 件，占 7.77%。总体来说，结构、量化思维适用的案件并不在民事审判实践中占绝对多数。

（三）同步式思维

1. 内容要旨

同步式思维，即在开庭审理以前，法官对当事人提交的证据进行全面仔细审阅，对事实和证据争点进行同步整理，主持各方当事人之间相互明示其持有证据的行为或过程，然后对当事人证据交换后有争议和无争议的证据、事实进行厘清，开庭审理及法律解释均围绕争点集中展开，随时总结、提示、指引双方围绕争点进行举证和质证，根据证据规则对当事人之间无争议的证据即可确认，对当事人之间有争议的证据，结合案件其他证据，审查后予以确定。

2. 适用分析

同步式思维是司法实践中法官追求实践理性的产物。因为实践理性不仅体现了一种多元价值指导观，也亦关心历史和情境及人的因素，“是在各种可能的选择中通过语境获得正当性而寻求法律的最佳答案的方式，其核心包括从结果推导手段”[3]。同步式思维的运用，体现了法官的当事人主义理念，法官以各案具体情境为考察基

〔1〕 来源：桂林市中级人民法院研究室 2013 年 1 ~ 6 月统计数据。

〔2〕 阳志辉：《2013 年 1 ~ 6 月桂林市机动车交通事故责任纠纷案件审判运行态势分析报告》，载 http://glzy.chinacourt.org/public/detail.php? id = 11161，最后访问时间：2013 年 11 月 13 日。

〔3〕 Steven J1 Burton, The Works of Joseph Raz: Law As Practical Reason, 62 *S1Cal1Rev*, 7471.

点,通过证据交换,确定双方当事人争议的主要问题,不会因当事人在举证期间内没有提出证据,而导致举证失权,亦不会因其行为的无正当理由,而导致该证据不能作为裁判的依据的后果。

同步式思维主要适用于法律关系虽不复杂,但权利请求及其对应的事项较多案件,主要见于合同类型纠纷的案件。2013 年 12 月 21 日至 2014 年 7 月 16 日,桂林市全州县人民法院民事一审案件新收 1133 件,其中合同类型纠纷案件为 392 件,占 34.59%。可以说,审判实务中,同步式思维是法官运用的主要思维之一。

(四)比较式思维

1. 内容要旨

"比较思维方法具有分析全面、适用面广泛、操作灵活等方法论特征,是确定研究对象之间共同点和不同点的一种逻辑方法。"[1]证据之间具有的普遍联系性、相似可比性、差异可比性,以及法官具有的认识理性和思维智慧是比较思维方法运用于证据认证领域的客观基础。从民事诉讼的客观规律角度看,"高度盖然性"的证明标准[2]是法官认证中运用比较式思维进行判断的重要标准。比较式思维,指法官通过庭审确定各方当事人提出的证据材料,以证据和事实作为考察的对象,多角度、多方位地分析研究对象,寻找证据规范,最后对证明力较大的证据予以确认。

2. 适用分析

比较式思维虽有助于法官全面认识客观事物,可有效地传达哲理与情感,有利于知识信息的转移,但其推理结果具有或然性,应当与经验思维、演绎方法等思维方法相结合,才能提高比较结果的可信度和接受度。比较式思维宜适用于权利请求明确,同一事实较为确认,证明案件事实的证据之间具有的普遍联系性、相似可比性、差异可比性的案件,如借款合同纠纷、健康权纠纷、离婚纠纷等。由于比较式思维适用的类型纠纷案件在司法审判实务中占绝对多数,可以说比较式思维是法官认证的主要思维之一。

三、检验:认证方法思维的具体运用

(一)信用卡纠纷案例:逆向式思维的验算

1. 步骤演示

以原告交通银行股份有限公司广西壮族自治区分行(以下简称交行广西区分行)

---

〔1〕 王小燕:《科学思维与科学方法论》,华南理工大学出版社 2006 年版,第 90 ~ 95 页。

〔2〕 参见《最高人民法院关于民事诉讼证据的若干规定》第 73 条。

与被告贺耀华信用卡纠纷一案为例。

第一步，庭前阅卷，审核证据。审阅后确认本案原告一方证据材料有:(1)原告陈述;(2)申请材料、交易明细、内催记录、外催记录复印件各一份。被告一方没有证据。

第二步，作出预判。在被告提出异议的前提下，若要确认证据材料2的证明力，须满足两个条件:(1)没有足以反驳的相反证据;(2)与原件核对无误。原告陈述无其他相关证据佐证，其主张不予支持。

第三步，开庭审理，排除例外证据。本案除庭审前确定的证据材料1、2外，无应被排除的例外证据。

第四步，寻找证据规则。《若干规定》第70条第1项之规定。

第五步，对证据作出最终确认。根据证据规则，原告提供的四份书证，经核对均系与原件核对无误，全部证据亦能证明其合法来源，符合法律规定的证据要件，被告经法院合法传唤，无正当理由拒不到庭参加诉讼，亦未提供相反证据足以反驳，法院对原告提供的四份书证的证明力予以确认，作为认定本案事实的依据。

2. 思维图示

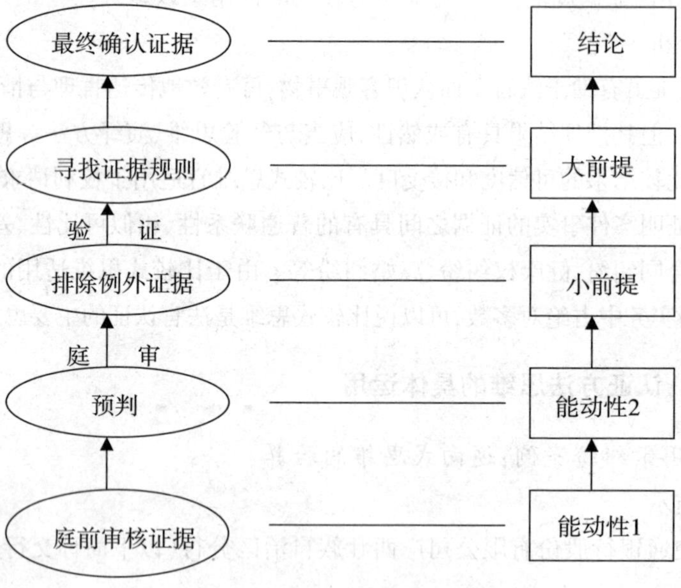

图2 逆向式思维图示

（二）机动车交通事故责任纠纷案例：结构、量化式思维的验算

1. 步骤演示

以原告陈坤与被告李国迎、天安财产保险股份有限公司广西壮族自治区分公司（以下简称天安财保广西分公司）机动车交通事故责任纠纷一案为例。

第一步，庭审查明案件证据材料。原告一方的证据材料：(1)《道路交通事故认定书》；(2)《证明》；(3)协议书；(4)门诊病历、检查报告单、疾病证明书；(5)医院收费收据；(6)修车费发票；(7)交通费票据；(8)机动车驾驶证、行驶证、道路运输证、收费凭据、交通行政处罚决定书、公安交通管理简易程序处罚决定书、南宁市隆泰交通运输有限责任公司的《证明》、工商电脑咨询单；(9)道路旅客、普货运输驾驶员从业资格证，养路费、客货运附加费、运输管理费票据；(10)原告陈述。被告李某一方的证据材料：(1)《收条》；(2)被告陈述。被告天安财保广西分公司未提供证据。

第二步，进行结构、量化，综合审查判断，确认案件证据。

证据与事实关系的结构，有串联式结构、并联式结构、协同式结构三种，如图3（其中Pn表示不同单一证据个体）。原告提供的证据1、7与事实的关系为并联式结构，各方当事人均无异议，应确认为本案定案依据。

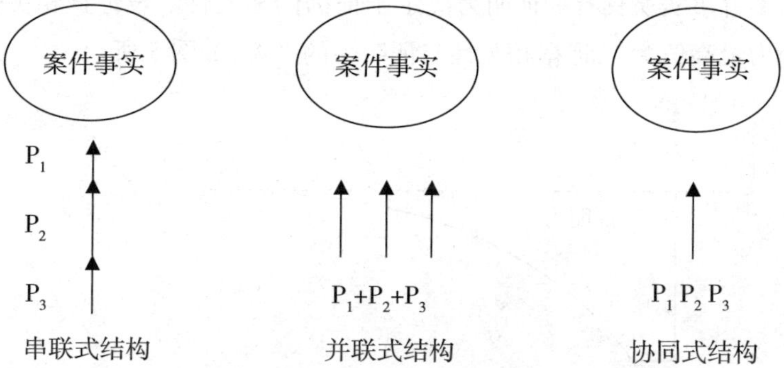

图3　证据与事实的关系结构

证据链条的结构图中实线箭头A表记证据个体集合 $A=\{x:P(x),x=1、2、3...n\}$，它们组成的各种形状表记证据链条的各种联结方式。虚线箭头E表记证据链条指向案件事实的证明力合力 $Rx=\{y:P(R1\cap R2\cap...\cap Rx)\}$，它们的长短表记证明力合力的大小。正八边形表记证据链条的闭合性状态。不规则粗线条八边形表记证据链条实际确认的案件事实。内外同心圆分别表记原始事实的可能范围和案件事实的可能范围。

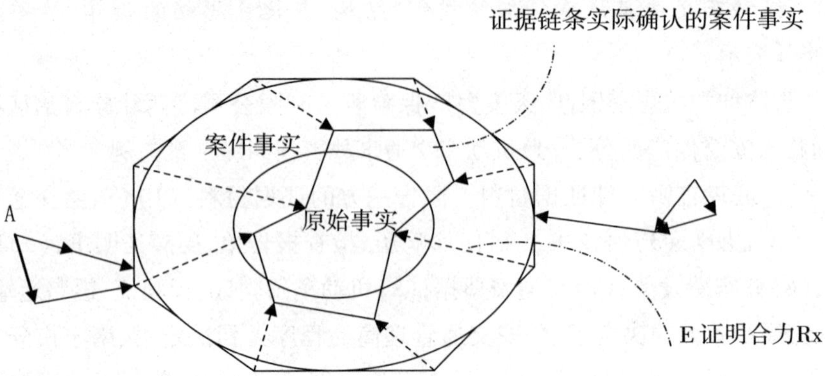

图 4 证据链条的结构

原告提供的证据 2、3、8、9 与"原告事故发生前从事道路运输业"这一事实的关系结构为协同式结构，除被告天安财保广西分公司不予确认证据 2 的真实性外，二被告对上述证据的真实性无异议，当事人对这四份证据与案件事实的关联性无异议，被告一方未提出足以反驳的相反证据，因此，这四份证据形成了完整的证据链足以证明原告所要证明的事实，可以确认其证明力。

证据对案件事实所具有的证明力决定于证据的相关性。设证据相关性值为 M，证据的证明力最高值为 1，证据相关性与证明力的关系，如图 5 所示：

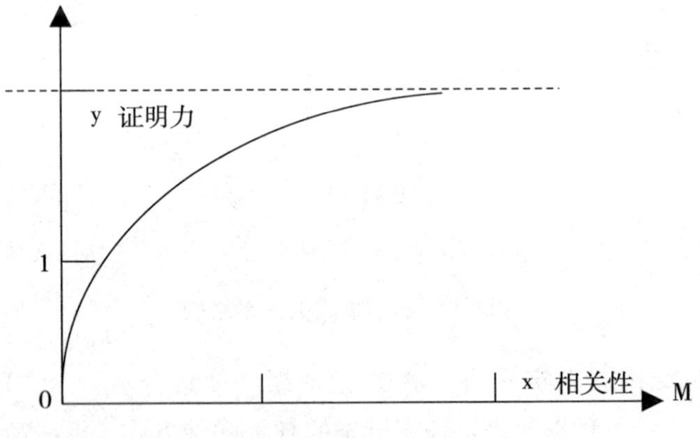

图 5 证据相关性与证明力的关系

对原告提供的证据 4、5，只有被告天安财保广西分公司对证据 5 的部分收据的关联性提出异议，但未能向法院提出反驳证据，由于该两份证据与"原告就医治疗、检查并产生相应医疗费用的案件事实"的关联性强，各证据之间相互印证，对这两份证据予以采信并作为定案依据。原告提供的证据 6 与案件事实有关,应予以采信并作为定案依据。对被告李某提供的证据《收条》,原告否认其关联性,经庭审查明,无其他证据佐证该证据,不能作为本案定案依据。

假如本案有 3 个证据被采信,它们是相互独立的,互不产生影响。如果每单一证据对事实的证明力概率 W_x = 证据强度性的概率 B_x(设为 30%)× 方向性的概率 C_x(设为 40%)= 12%,即单一证据存在使得案件事实存在的可能性为 12%,换言之,假如这个证据存在,交通事故责任人存在造成损害的概率为 12%,交通事故责任人以外的任何一个人存在造成损害的概率为 88%。因交通事故责任人与其以外的任何人存在造成损害的概率之和为 1,在 3 个相对独立的证据同时存在的情况下,交通事故责任人以外的任何一个人存在造成损害的概率为 12% ×12% ×12% =0.17%,交通事故责任人造成损害的概率为 1 −0.17% =99.83%。

2. 思维图示

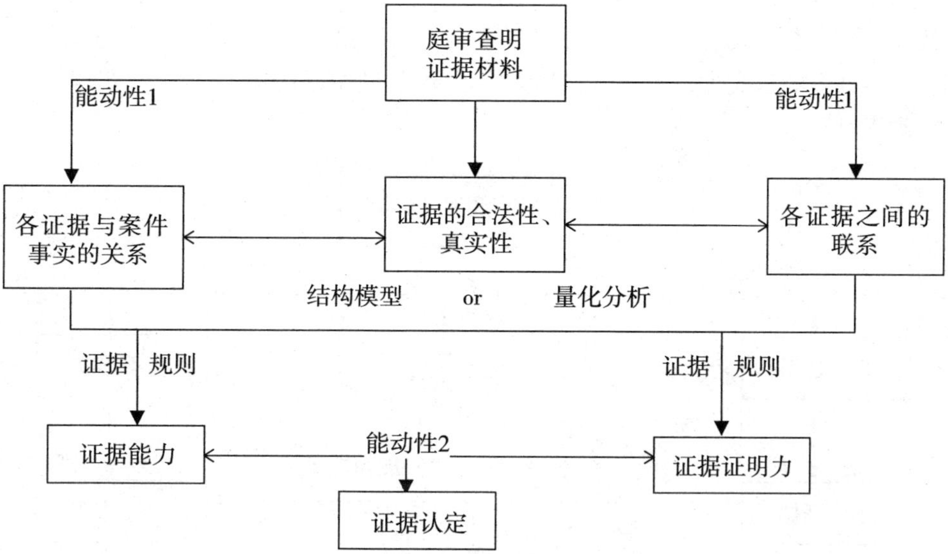

图 6 结构、量化式思维图示

(三)买卖合同纠纷案例:同步式思维的验算

1. 步骤演示

以原告广西德洲医药有限公司与被告广西医药有限责任公司买卖合同纠纷一案为例。

第一步,庭前审阅案卷证据。原告在举证期限内提交的证据有 8 份:《电脑咨询单》《广西医药有限责任公司销售出库单》《广西德洲医药有限公司购进验收入库单》、(南)药行罚(2011)12号《行政处罚决定书》《罚没款收据》《关于行政处罚决定书催款函的回复函》《互抵货款协议书》、盖有南宁市食品药品监督管理局公章的《罚没款收据》。被告对其主张在举证期限内提交的证据有9份:《药品质量保证协议》、广西龙康药业有限公司的《企业法人营业执照(副本)》《药品经营质量管理规范认证证书》、《药品经营许可证(副本)》《广西龙康药业有限公司销售单》《行政处罚决定书》《没收物品清单》《没收物品凭证》《罚没款收据》。

第二步,整理争点证据和争点事实。争点证据:原告提供的《互抵货款协议书》是否真实。争点事实:原告是否以货款冲抵的方式将东阿阿胶款216000元付给了被告。

第三步,围绕争点证据、事实开庭审理。对于原告提交的《互抵货款协议书》,被告不予认可。庭审中,被告没有证据否定该协议书的真实性。对争点事实经审查确认为:原告以货款冲抵的方式将东阿阿胶款216000元付给了被告。

第四步,对证据作出认定。根据《若干规定》第70条之规定,原告提交的《互抵货款协议书》,被告提出异议但没有足以反驳的相反证据,人民法院确认该协议书的证明力。对证据的真实性双方当事人均无异议的,本院予以认定。

2. 思维图示

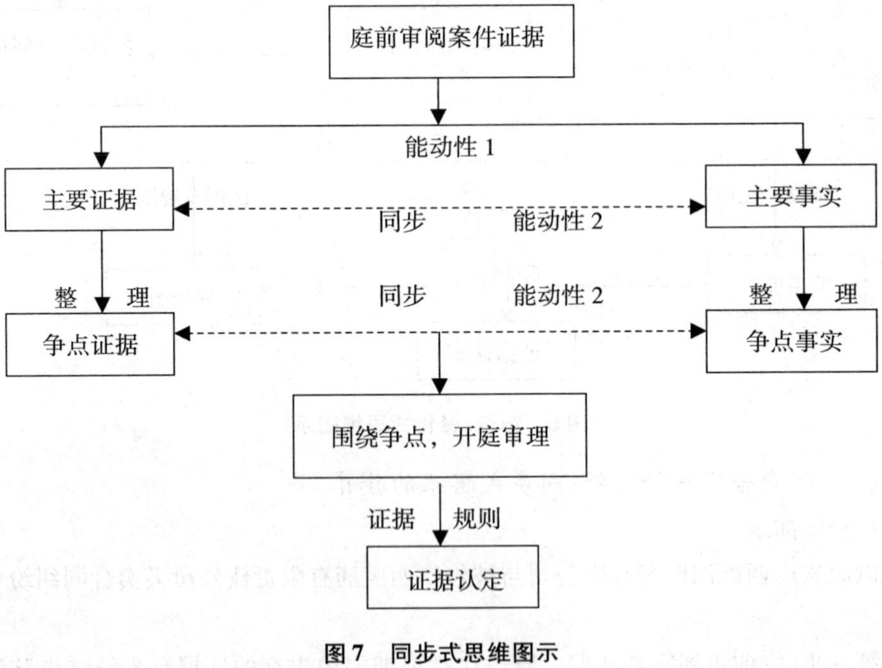

图7 同步式思维图示

（四）借款合同纠纷案例：比较式思维的验算

1. 步骤演示

以张界平诉林善仁借款合同纠纷一案为例。

第一步，开庭审理确定案件全部证据材料。原告一方的证据材料有：（1）原告的陈述；（2）借条一份；（3）借款来源状况证明；（4）银行存折。被告一方的证据材料有：（1）被告的陈述；（2）原告在公安机关的八次供述，供述中载明原告否认或承认“持有的林善仁借条与在商业银行张某处借30万元是同一事实”，及其他相关调查取证材料；（3）检察部门的信访答复材料和司法复查决定书。第三人一方的证据有：第三人的陈述。

第二步，多角度、多方位地分析研究证据材料和事实，审核认定证据。本案的同一案件事实是原、被告之间的借款法律事实是否存在。原告提供的证据1、2具有证据能力，可作为证据采用；证据3、4，与第三人陈述及公安机关对相关“资金出借人”的调查取证材料相矛盾，不符合逻辑和日常生活经验，在无其他证据佐证它们的合法性、关联性、真实性的情况下这两份证据无证明力。被告提供的证据3，不具关联性，不能作为证据采纳。被告提供的证据1、2相互印证，具有合法性，可与其他相关证据综合使用。

第三步，寻找证据规则。综合本案双方各自提供的证据实际情况，应适用《若干规定》第73条之规定。

第四步，根据“高度盖然性规则”，对证明力较大的证据予以确认。从本案看，相比较而言，被告一方提供证据的证明力更具明显的优势，应对被告一方的证据的证明力予以确认。

2. 思维图示

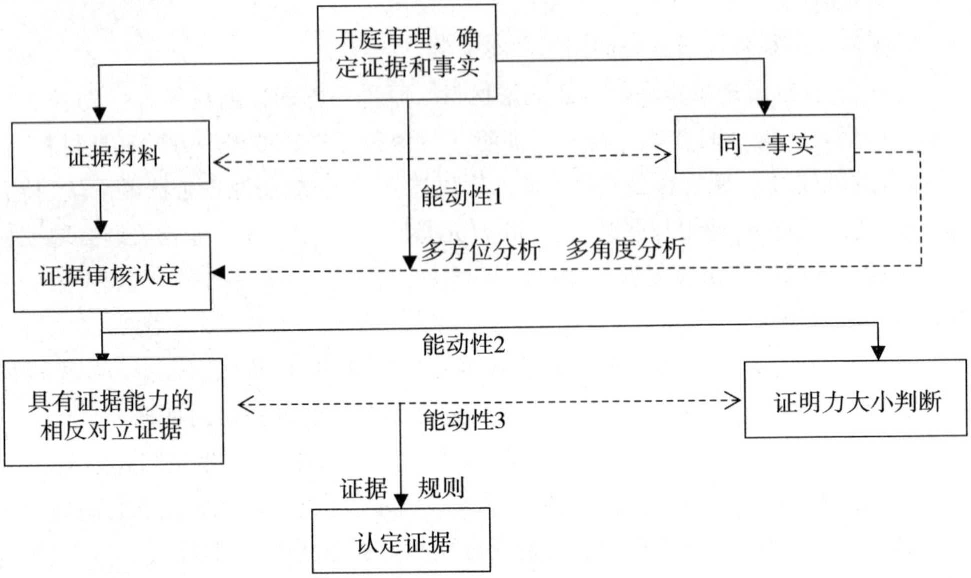

图 8　比较式思维图示

结　语

法律思维不仅强调逻辑，而且强调其中价值判断的因素，避免了单一思维方式的片面性。本文论述的四种思维方式并非司法认证领域内的全部思维方式，在多元化的利益发生激烈冲突的社会转型时代，法官应当遵循诉讼规律，根据不同案件的特点，运用逆向式思维、比较式思维、归纳演绎思维等不同的思维方式，完成证据认证推理，并使用逻辑语言将分析和论证过程充分地展示出来。认证虽是审判人员的判断，但这种判断不是主观随意的，必须遵循其基本的要求和原则性规范，否则认证都将是错误和违法的认证，对证据证明力和证明力大小的认定就是无效的。

居间合同报酬请求权问题研究

——以房屋买卖“跳单行为”为视角*

赵　东**　耿博瀛***

一、引言

随着国家对商品房买卖市场宏观调控力度逐步加大，在一定程度上缓解了过快增长的商品房价格，有效地遏制了商品房市场的投机行为，逐步引导商品房市场走向良性、有序、健康的发展方向。但不可否认的是，随着我国城市化进程的快速发展，未来城市人口还将呈现持续上升态势，对于新增城市人口，住房的刚性需求具有很大的增长空间，房地产交易市场仍将处于供不应求的局面。

二手房买卖市场作为商品房买卖市场的一个重要补充部分，在国家严控商品房买卖市场大的趋势下，日渐蓬勃发展。以南宁市为例，2016年全年南宁市二手房成交套数共计29173套，较2015年同比增长40.1%，成交面积2826981.26平方米，较2015年同比增长46%，二手房买卖市场总体发展状态良好，交易市场欣欣向荣。但与此同时，这个主要以房屋中介机构为交易媒介的二手房买卖市场，其相关政策法规并不完善，规范的交易模式还未完全统一形成，导致了二手房交易过程中纠纷频发，其中基于房屋中介机构与二手房买卖双方订立的居间服务合同

---

* 本文获广西经济法学研究会2017年年会优秀论文二等奖。

** 南宁市中级人民法院民一庭法官。

*** 南宁市中级人民法院民一庭法官助理。

是否可以主张报酬请求,成为二手房交易过程中争议较多的问题之一。

二、居间合同报酬请求权基本概况

居间合同是指居间人向委托人报告订立合同的机会或提供订立合同的媒介服务,委托人支付报酬的合同。[1] 在二手房买卖居间服务合同中具体是指由房屋中介机构作为居间人向委托人提供居间服务,依据委托人的要求提供房屋来源的信息,参与房屋买卖合同签订的协商,并依约向委托人请求居间报酬。房屋中介居间服务合同从合同目的上更倾向于媒介居间合同[2],其居间服务不单单是为委托人提供报告订约的机会,更是斡旋于房屋交易双方之间,促成双方交易。

居间合同从合同性质上属于有偿合同,委托人有依约向居间人支付报酬的义务,故居间合同报酬请求权基础源于合同双方约定。我国《合同法》第 426 条明确约定:“居间人促成合同成立后,委托人应当按照约定支付报酬。对居间人的报酬没有约定或者约定不明确,依照本法第六十一条的规定仍不能确定的,根据居间人的劳务合理确定。因居间人提供订立合同的媒介服务而促成合同成立的,由该合同的当事人平均负担居间人的报酬。居间人促成合同成立的,居间活动的费用,由居间人负担。”德国《民法典》规定:“合同系附停止条件而订立的,仅在条件成就时,才能请求支付居间佣金。”日本《商法典》规定:“居间人非基于法律规定的居间手续终结后,不得请求报酬。”我国台湾地区“民法典”也有类似的约定,“居间人,以契约因其报告或媒介而成立者为限,得请求报酬”。横向比较各国关于居间报酬请求权的规定,我们可以得知居间报酬的取得具有不确定性,需以特定条件成就为前提。具体到二手房居间服务合同中居间人的报酬请求的取得,或是基于一定的行为,或是基于特定结果的完成,通常表现为促成委托人签订房屋买卖合同,这一点可以从中介机构与委托人签订的合同文本中得以体现。以南宁市为例,几家主要的房屋中介公司适用的中介服务文本或名为《购房委托承诺书》,或名为《房地产买卖及居间合同》,其居间服务内容溢于言表。但是正因为居间服务合同报酬请求权的不确定性,在多种因素导致居间服务合同无法正常履行的情况下,中介机构是否可以取得居间报酬或基于已经提供的现有服务是否可以主张部分报酬,在司法实践中存在一定的争议。

---

〔1〕 马俊驹、余延满:《民法原论》,法律出版社 2010 年版,第 736 页。

〔2〕 居间合同,按照合同目的可分为仅提供报告订约机会的指示合同和斡旋于交易双方之间,促成交易的媒介合同。

三、房屋买卖居间合同的“跳单”行为认定

(一)居间合同无法取得报酬请求的原因分析

导致房屋中介机构无法获得合同约定报酬的原因主要可以分为两种情况:一种情况来自于中介机构内部,即其自身原因导致合同目的无法实现,其中具体包括有提供虚假的房屋信息、对所提供的房屋来源没有尽到必要的审查义务、在促成房屋买卖合同中,消极怠工没有积极配合委托人选购房屋,没有尽到合同约定的服务义务。另一种情况来自合同相对方,即委托人行为导致居间合同目的无法实现,也就是通常所指的委托人“跳单”行为,从司法实践的角度来看,委托人的“跳单”行为是导致居间合同无法正常履行的主要原因。

(二)“跳单”行为的构成要件

“跳单”行为是指房屋买卖合同双方在通过房屋中介机构提供的居间服务或取得联系后,为了规避或减少向中介公司提供居间服务费,而自行私下协商达成购房协议的行为。房屋买卖双方是否构成“跳单”行为,应当满足以下几个条件:(1)房屋买卖双方授权委托房地产中介公司就房屋具体交易进行磋商或提供促成交易的机会;(2)房屋中介机构已依照居间合同约定,积极履行了合同要求的居间服务义务;(3)委托人利用中介机构提供的居间服务信息,绕开中介公司,另行达成房屋买卖合同;(4)委托人具有规避支付(不付或少付)佣金的主观故意。依照《合同法》第427条的规定,居间人促成合同成立的,委托人应当按照约定支付报酬;居间人未促成合同成立的,不得要求支付报酬。[1] 但因委托人的“跳单”行为导致居间人无法促成合同成立的,依据《合同法》第45条“当事人为自己的利益不正当地阻止条件成就的,视为条件已成就”的规定,居间人应当享有请求居间报酬的权利。

(三)“跳单”行为主要表现形式

因房屋买卖双方的“跳单”行为导致房屋买卖居间服务合同无法实现主要表现在以下三个方面:一是购房者在接受房屋中介公司提供的居间服务后,又通过其他中介公司就相关的房屋交易进行磋商后与出卖方达成房屋买卖合同;二是购房者在接受房屋中介公司提供的居间服务后,通过获取到的卖方信息,跳过该中介公司与房屋所有者直接达成购房合同;三是购房者将从中介公司得到的居间信息反馈给第三人,由第三人与房屋所有者直接达成购房合同,构成以上三种情形之一的应当认定为构成

〔1〕 黄喆:《居间合同义务的射程——“看房确认书”效力迷局之破解》,载《南京大学学报》2013年第6期。

"跳单"行为。

四、"跳单"行为是否必然导致居间报酬请求

当房屋买卖合同双方构成"跳单"行为时，是否一定构成"跳单"违约，承担相应的违约责任，不能一概而论，应当综合考虑房屋买卖合同双方与中介服务机构签订的房屋中介服务合同的具体约定及各方当事人的实际履约情况来综合分析认定"跳单"行为是否构成违约情形。

（一）禁止"跳单"条款是否合法有效

一种观点认为，居间服务合同约定的"跳单"条款属于格式条款，即该条款是在合同双方订立居间服务合同之前就已经由中介机构为方便重复使用而预先拟定存在，并在与购房者双方签订居间服务合同时未与合同相对方磋商的条款。依据《合同法》第39条的规定，"采用格式条款订立合同的，提供格式条款的一方应当遵循公平原则确定当事人之间的权利和义务，并采取合理的方式提请对方注意免除或者限制其责任的条款，按照对方的要求，对该条款予以说明。"而中介机构约定的禁止"跳单"条款一般强制要求委托方不得在获取相关房屋信息后，绕开该中介机构另行签订房屋买卖协议，即受托人仅能在签订居间服务合同后通过该中介服务机构签订房屋买卖合同，这种约定严重侵犯了购房者的自主选择权，中介机构提供的禁止"跳单"条款所产生的垄断效应，同时也违背了公平、开放、竞争的市场经济秩序，也不利于二手房交易市场健康良性发展。故，中介机构提供的居间服务合同约定的禁止"跳单"条款违反公平原则，严重侵犯到委托人的权益，依照《合同法》第40条的规定应属无效。

另一种观点认为，中介机构约定的禁止"跳单"条款应当属于有效条款，居间服务合同双方当事人应当遵守合同约定，积极履行合同义务。在签订居间服务合同时，委托人有权选择适宜的中介公司作为受托人，二手房交易市场中中介服务机构繁多，彼此间竞争激烈，受托人具有较大的选择空间，中介服务机构所约定的"跳单"条款并不必然导致绝对的垄断后果，故双方签订的居间服务合同，是双方当事人真实意思表示，应当认定为受托人对居间服务条款的认可，当出现合同约定的禁止"跳单"事项时，应当由违约方承担相应责任。

笔者认为，认定居间服务合同禁止"跳单"条款是否有效，不能过于绝对，一味地否定禁止"跳单"条款的规范，不符合二手房买卖市场的行业交易习惯也违背了市场经济的发展要求，而对于禁止"跳单"条款的完全认可，也不利于维护在房屋买卖市场处于相对弱势地位的购房者。那么对于禁止"跳单"条款应当如何认定效力，应当结

合合同约定来具体分析。禁止“跳单”条款不应直接认定为无效条款，应结合《合同法》第54条的规定：“当事人一方有权请求人民法院或者仲裁机构变更或者撤销：（一）因重大误解订立的；（二）在订立合同时显失公平的。”[1]故，禁止“跳单”条款并不当然无效，只有在出现法定事由时，可以认定其为可撤销或可变更条款。

（二）“跳单”行为是否必然构成“跳单”违约

根据上文的分析，“跳单”行为主要表现为三种形式，对于购房者通过中介机构居间介绍获得卖房人的信息，且中介机构已经尽到了必要的居间服务义务，而购房者此时越过中介机构直接与卖房人进行房屋买卖的磋商并最终达成购房合同的行为，应当认定该种行为属于违反居间服务合同约定，购房者应当承担相应的“跳单”违约责任；对于购房者通过将从中介公司获取到的卖房人信息透露给第三人，第三人而后与出卖人达成房屋买卖合同的，其也构成“跳单”违约，应当承担相应的责任。

在“跳单”行为是否必然构成“跳单”违约中争议最大的一种就是多方委托是否构成“跳单”违约。二手房买卖市场中，房屋出卖人为了增加更多的交易机会，不会单一的将房屋委托给一家中介机构挂牌进行交易，即独家委托的情况相对较少，而房屋中介机构为能够更多的招揽房源也就默许了房屋出卖人的多方委托的行为，进而为了增加自己的居间交易机会，会把这种多方交易风险转嫁给购房者，即在与购房者签订居间服务合同时禁止购房者通过其他渠道购买房屋，否则承担违约责任。而购房者在选购房屋时，也会通过不同的中介机构获取相关房源信息，当多家中介机构提供的房源一致时，房屋交易价格及中介服务费用就成为决定选择交易对象的关键。司法实践中居间服务合同纠纷集中发生为购房者通过一家中介服务机构获取相关房源信息后，后又在其他中介服务机构的协助下与房屋出卖人达成房屋买卖协议，此时已提供居间服务但未促成买卖交易的中介机构是否可以要求委托人按照居间服务合同要求其承担“跳单”违约责任争议较大。一种观点认为，居间服务双方签订的居间服务合同在是其真实意思表示情况下，应当自觉严格遵守合同约定，在发生合同约定的违约事项时，应当承担相应的违约责任，故委托人应当承担其“跳单”行为导致的违约后果；另一种观点认为，居间服务合同条款中约定禁止委托人通过其他中介服务公司另行签订房屋买卖合同的约定，对处于相对弱势地位的委托人来说显失公平也不符合正常的市场经济规律，应当认定该约定对委托人不发生法律效力，故此种“跳单”行为，不构成违约，无须承担违约责任；还有一种观点认为，该种“跳单”虽然不构成违

〔1〕 胡锡庆、余宇：《简论〈合同法〉促进我国仲裁制度的发展》，载《华东政法大学学报》1994年第4期。

约,但中介服务机构毕竟为此进行了一定的居间服务活动,出于公平原则,委托人应当为此负担必要的服务费用。笔者观点倾向于第三种观点,该种“跳单”行为不构成违约,但委托人应当支付合理的居间服务费用,具体服务费用应当由中介机构承担举证责任,证明其为促成房屋交易而付出的时间、精力、财力、物力及人力成本。最高人民法院发布的第一批指导性案例“上海中原物业顾问有限公司诉陶德华居间合同纠纷案件”中指出同一房源信息经多个中介公司发布,买方通过上述正当途径获取该房源信息的,有权在多个中介公司中选择报价低、服务好的中介公司促成交易,此行为不属于“跳单”违约,故不承担违约责任[1],但是否应当支付必要的居间活动服务费用没有明确的要求,但根据《合同法》第427条的规定,“居间人未促成合同成立的,不得要求支付报酬,但可以要求委托人支付从事居间活动支出的必要费用”,故,对于中介机构提出的该部分居间报酬请求权,应当予以支持。

五、房屋买卖居间合同“跳单”行为原因分析及规范建议

二手房交易市场,为何委托人“跳单”行为屡见不鲜,为何中介机构居间报酬请求权难以实现,笔者认为主要有以下几点原因。

(一)居间服务合同文本不规范

二手房买卖市场未形成统一的合同范本,居间服务公司提供的居间服务文本也是五花八门,有《看房确认书》《委托看房书》《房地产求购确认书》《二手房买卖服务合同》等,种类繁多,名称不一,其合同范本的制定一般是以国家法律规范要求为指导,但制定的具体内容则倾向于有利于居间服务机构一方。在司法审判实践中会产生对居间服务合同文本性质认定的困惑,同时因为没有类似商品房买卖中《商品房买卖合同示范文本》对商品房买卖合同的规范指导,在居间服务合同文本审查过程中也缺乏一定的参照依据,不利于把握相关格式条款是否有显失公平的情况,仅仅凭借合同双方都签署认可合同文本来形式审查不违反双方意思的做法,从技术性规范角度来说还有待增强办案法官的内心确认。

故,笔者认为,国家相关部门应当对居间服务合同文本予以更加明确的规范,出台居间服务合同指导范本,供各省市结合具体的实际情况予以参考制定符合当地经济发展要求的居间服务合同文本,规范的合同文本有利于引导合同双方明确自己的

[1] 兰仁迅:《以“服务”为交易对象的债权人违约初探——以最高人民法院指导案例1号为例》,载《苏州大学学报》2016年第1期。

权利义务，既可以保障中介服务机构的居间报酬请求权实现依法有据，同时也可以维护广大消费者的合法权益不被侵犯，共同促进二手房买卖市场的和谐有序发展；同时也为司法裁量提供了强有力的依据支持，有利于明确合同性质，厘清双方权利义务关系，保障市场健康发展，更好地实现司法审判服务社会经济发展大的格局要求。

（二）居间服务费用负担弹性较大

我国住建部颁布的《关于房地产中介服务收费的通知》规定："房屋买卖代理收费，按房屋成交价格总额的0.5%～2.5%计收。实行独家代理的，收费标准由委托方与房地产中介机构协商，可适当提高，但最高不超过成交价格的3%。"导致中介机构居间报酬请求权无法实现及买房人屡屡发生"跳单"行为的症结就在于弹性较大的居间服务费收费标准。1995年7月公布实施的《国家计委、建设部关于房地产中介服务收费的通知》中对居间服务费的规定，显然已经无法满足当今二手房买卖市场的发展需求。一方面原因在于，房屋买卖市场化后，我国房地产市场经历了一轮快速增长，房屋价格屡创新高，房屋中介机构的中介服务费用仍然按照房屋交易价格的比例收取，面对较为固定的居间服务成本，居间服务佣金却随房价水涨船高，显然费用收取不合理，购房者往往不愿承受高额的服务费用，故"跳单"行为频发。另一方面原因在于，居间服务费用的负担的不确定性，中介机构有较大的自主选择权，既可以要求买卖双方共同负担居间服务费用，也可以要求买房人单方面承担支付居间服务费的义务。据笔者了解二手房交易市场的实际情况，中介机构为了获取更多的房源，往往不向卖房一方收取房屋中介服务费用，而是将该项交易成本全部转嫁到购房者一方，也促使了购房者"跳单"行为的发生。

故，笔者认为，浮动式的居间服务收费标准已经无法再适应当今的二手房买卖市场要求，对于高额的房屋价格收取累进制的居间服务费用，笔者认为较为适宜，对于成交额在不同档位的房屋价格收取相对固定的交易服务费用。同时，二手房买卖双方应当对交易行为共同承担交易成本，平均分摊居间服务费用，这样的做法有利于规范中介服务机构的交易行为，可以有效地遏制居间服务机构价格制定不规范的情况发生，也可以防止居间服务机构之间的恶性竞争。习近平同志在十九大报告中重点强调"房子是用来住的，不是用来炒的"。对于卖房人收取居间服务费用，而不是对其适用选择收取，有利于打击房屋买卖市场的炒房投机行为，增加其交易成本，净化房屋交易市场，刺激房屋买卖市场的刚性需求而不是投机需求的增长，真正地做到居者有其屋。

(三)居间服务合同法律规范单一

二手房交易市场增长势头迅猛,房屋中介服务机构发展日渐壮大。因居间服务合同产生的纠纷屡见不鲜,但司法裁判中法律依据却略显单薄,《合同法》中关于居间合同的规定仅仅四个条文,且对“跳单”行为的认定及居间报酬请求权的实现的规定仍不明晰。虽然最高人民法院发布的第一批指导性案例1号对居间纠纷提供了一定的指导意见,但仍不能满足解决当今居间服务合同矛盾的要求,故待进一步完善立法,增强裁判依据,更好地规范指引二手房买卖市场的健康发展。

比较法视野下我国法院民事调解制度变革之道

杨　钉[*]　钟瑛嫦[**]

根据最新修改的《民事诉讼法》第9条“人民法院审理民事案件,应当根据自愿和合法的原则进行调解;调解不成的,应当及时判决”以及第122条“当事人起诉到人民法院的民事纠纷,适宜调解的,先行调解,但当事人拒绝调解的除外”的规定,可以看出法院调解在我国法律体系中占有十分重要的地位,贯穿于整个民事诉讼过程的始终。诉讼调解在我国有着悠久的历史,在国际上被誉为“东方经验”,在当今诉讼大爆炸的时代凸显其作用。但是随着经济的不断发展,民事纠纷变得易发复杂,法院调解存在的问题也逐渐暴露:调解缺乏时限性久调不决的现象时有发生、调解的高反悔率居高不下、法官既是调解者又是审判者的双层身份妨碍当事人调解自愿性的充分发挥等。例如,上述《民事诉讼法》第122条的条文从字面上理解是法院可依职权适用调解,只有在当事人明确拒绝调解的前提下才不会启动调解程序,却恰恰缺少对当事人的调解程序自主选择权的规定,其才是启动调解的先决条件,从而导致在司法实践中不可避免的出现违背当事人意愿的强制调解。笔者认为,调解程序的启动应当以当事人自愿选择为原则,法官依职权介入(涉及家事纠纷等特殊案件的强制调解)为例外。本文欲通过分析现行法院调解存在的弊端及借鉴国外调解的模式和经验,以期为完善我国法院调解程序提出一些可行性的立法建议。

* 广西壮族自治区高级人民法院立案庭审判员。

** 广西壮族自治区高级人民法院立案庭法官助理。

一、法院调解概念的比较分析

(一)法院调解的概念分析

法院调解又称诉讼调解,主要指在民事诉讼中双方当事人就争议的实体权利与义务,在人民法院审判人员主持下,基于查明事实、分清是非的基础上进行协商达成协议而解决纠纷。法院调解有两层含义:一是指人民法院所主持的调解活动;二是指调解协议。因此,不能将法院调解片面的理解为调解协议或调解结案,未达成调解协议的调解活动亦属法院调解,法院调解是法院和当事人共同参与的行为,法官的主持引导和当事人的协商让步相互结合,才可能推动调解的进程,并最终达成调解协议。调解是建立在当事人处分权的基础上,法院调解作为有效的纠纷解决手段,必须取决于两个要素:一是当事人的合意;二是具有解决纠纷,结束诉讼的效力。其中,当事人的合意因素与诉讼中的处分原则相契合,从实质上具有了正当性。而这种合意既能以诉讼的形式取得等同于法院判决效力的效果,又能发挥其解决纠纷的功能。依据我国的民事诉讼法,我国法院调解主要采用两种方式进行:一是庭前调解,即人民法院在受理案件后,在开庭审理前对事实清楚、法律关系明确的民事纠纷,经当事人同意,由审判人员主持进行的调解活动;二是审理中的调解,即法院在开庭审理民事案件过程中,根据当事人的申请或法院依职权主持双方当事人进行的调解活动。

(二)与国外和解概念的辨析

国外的立法中,在纠纷被提交法院处理前的和解与诉讼过程中的和解是有本质区别的。前者即"私法上的和解"或"诉讼外和解",即通过双方当事人在纠纷发生后,通过协商谈判和妥协达成的有关变更实体权利的约定,从而使纠纷得以消除的行为(包括借助第三方调解下达成的和解),本质上属于当事人的契约或契约变更,对当事人产生合同上的约束力,受民法规范调整。世界各国协商调解类的 ADR,所达成的纠纷解决处理结果(和解协议或调解协议)均具有这种性质和效力。而通过相对正规的调解程序或特定的司法审核备案程序可使得这种和解具有更高的法律效力。后者即诉讼中和解,属于一种民事诉讼制度,是指当事人在诉讼系属中,经协商和让步而达成的、以终结诉讼为目的的合意。世界各国的民事诉讼制度对和解及其法律地位的规定各有不同,诉讼上和解在功能上至少有三个要素:(1)诉讼程序的关联(诉讼系属),即已经进入诉讼程序和法院的管辖范围;(2)当事人之间的合意,即属于当事人行使处分权的行为,往往是双方或一方让步、妥协的结果;(3)终结诉讼,即和解的结果意味着纠纷的解决和诉讼终结,这一结果产生诉讼终止和既判力的结果。对当事人和法院都有约束力。我国民事诉讼法将和解与调解区分开来，即在我国，和解完全发生在当事人之间，法官不介入；而调解是由法官介入完成的。可见，国外的和解概念较之我国更宽泛，其诉讼中和解相当于我国的调解。

二、法院调解制度改革之必要性

（一）法院调解制度改革的缘起

1. 随着司法改革的纵深推进，以“有案必立、有诉必理”为目标的立案登记制度已经在全国推广。根据我国最高人民法院的相关规定，立案登记指人民法院对符合法律规定条件的民事起诉、行政起诉、刑事自诉、强制执行和国家赔偿申请，一律接收诉状，当场或在规定期限内予以立案。这一制度的推行基本解决了群众反映的“立案难”问题，但也随之带来了法院案件数量激增的后果。因此，如何减轻法官工作负担，保障立案登记制持续推进，成为此项改革必须考虑的问题。长期以来，法院调解作为解决纠纷案件的次要方式之一存在，在此改革的特殊背景下，我们不得不考虑将调解纳入改革潮流之中，转化观念，更新工作模式，从根源上分流案件，达到既满足当事人诉讼需求与减轻法官负担的双重效果。

2. 司法体制改革以优化司法职权配置、加强人权保障、提高司法能力、践行司法为民为重点。何谓在司法中保障人权？本文认为，尊重当事人意愿，遵循权利自治，保护契约观念，是为保障人权。调解以双方当事人意愿为中心，主导纠纷解决的进展，第三方或法院仅充当引导角色，调解结果通常在双方当事人经历多次博弈、权衡、相互妥协后达成，更容易得到双方的认可和执行。从更高的层次来看，调解方式更能实现和谐社会的目标，达到节约诉讼资源的效果，是司法体制改革重点关注的内容。

（二）现行法院调解制度之不足

从调解制度萌芽到规范完备，我国的调解制度尤其是目前调审合一的法院调解模式已经日臻完善，但在司法实践及立法上仍存在一些不足，主要体现在以下几个方面：

1. 当事人自愿原则缺乏保障机制，以致调解的高反悔率居高不下

当事人自愿是法院调解制度的逻辑起点和正当性所在。我国最新修改的《民事诉讼法》第 9 条规定，人民法院审理民事案件，应当根据自愿和合法的原则进行调解；调解不成的，应当及时判决。但是，由于审判程序与调解程序经常由同一法官进行，法官在一个案件中既是调解者又是后续审判程序的裁判者，其在整个诉讼过程中的地位就不言而喻了。根据西方经济学的基本假设之一，即“经济人”假设，所谓的“经

济人"即人都是利己的、理性的、依据个人偏好的、以最利于自己的方式进行活动的。按照公共选择理论创始人詹姆斯·布坎南的观点,无论在哪个领域,我们对人的假定都应当保持一致,人怎么可能仅仅因为从经济市场转入政治市场或法律市场之后就由仔细求利的自利者转变为大公无私的利他者呢?法律的经济分析的理论前提就是人都有一种追求最大效率的动机并由此而进行行动,即人都是理性的、功利的。既然所有的参与者都是追求利益最大化的经济人,那么作为诉讼活动的参与者法院、法官和当事人也不例外。所以当一起民事纠纷起诉到法院,究竟是以审判结案还是以调解结案,法院、法官和当事人各自做出的选择毫无例外都是以自身利益最大化来进行选择的。在我国现行司法制度下,案件调解率是作为考核法院与法官的工作量化的指标,因此一些法院就把调解率作为年底法官个人评选先进的依据,同时调解案件的结果不存在上诉、改判或发回重审的风险,出于趋利避害的心理,法官很自然的会倾向于调解而避免判决,从而导致强制调解、久调不决的现象时有发生。另外,在整个调解的过程中,法官通过"背对背"的调解方式,获取各方当事人的案件信息,拥有对信息量最大的采集权,出于上述因素的考虑,为促成调解,法官有可能对当事人只透露部分案件信息,从而使当事人在信息不全面的基础上作出违背其意愿的调解承诺;此外,碍于法官既是调解者又是判决者的双重身份,当事人有时出于顾忌法官可能会先入为主而作出不利于自己判决结果的考虑,进而被迫接受调解;这些也是调解高反悔率,自动履行率低的原因所在。

2. 调解缺乏时限性,调解低成本优势不明显

理论上,调解的优势之一在于具有诉讼费低廉,时间短等成本优势。但在实际操作中,由于民事诉讼法并没有对调解审限进行规定,因此调解案件审限同判决案件一样,如无延长审限的法定原因,一审为6个月结案,二审为3个月结案。虽然《最高人民法院关于人民法院民事调解工作若干问题的规定》第6条规定,当事人在答辩期满前同意法院进行调解而未达成调解协议的,经各方当事人同意,可以就调解,延长的调解期间不计入审限,从而在一定程度上规范了法官调解的期限,赋予了当事人自由选择权,但却可能为一些恶意调解,从而故意拖延时间转移财产的当事人提供滋生的土壤,如果不对调解的时间及当事人申请调解的次数进行规制,那么同样会出现久调未果的现象,更有甚者鉴于调解时间不计入审限,甚至会出现调解案件的处理时间大大超出正常审限,从而弱化了调解案件时间耗时短的优势。在实际运行过程中,我国人民法院无论对于裁判还是调解在法院案件受理费用上差别并不大。《诉讼费用交纳办法》第15条规定:以调解方式结案或者当事人申请撤诉的,减半交纳案件受理

费。可见,即使最终调解结案当事人也必须承担案件一半的受理费用。同时,聘请律师的相关费用也并不因调解结案而有所降低,对于财产性案件,律师实行的是案件诉讼标的金额按一定比例收费而不是根据代理诉讼所花费的时间,当事人如果聘请律师代理诉讼,调解与裁判所需要支付的律师费也是相同的,而一般的民事案件律师在调解中所花费的时间和精力通常要少于裁判类的案件,这在收费上并未得到体现。当事人在诉讼程序中达成调解协议的,从法院的角度来讲,避免了可能发生的上诉问题。如果是在二审程序中达成调解协议,则法院无须继续审理,减轻了法院的工作量,节约了有效的司法资源。但是这些优势并不能在调解的当事人利益上得到有效体现。因此,法院调解与裁判相比较而言,在成本上的优势不明显,当事人并不能从法院调解中充分享受低成本带来的好处。

3. 调判一体化,从而出现双重软化

法院调解程序与审判程序的功能设计、价值和特点都有很大不同。以审判为主导的诉讼模式是法治建设的必然要求。当事人在调解程序中所提供的信息和所要达到的目标与审判程序不同,但是,同一个法官在调解不成之后进行审判时,其思维是连续的,进入审判前对案件已有了解甚至是定论。因此,审判程序所要求的法官角色的中立性令人怀疑,实际上一个案件的判决有可能是两种程序共同作用的结果。最终使得调解受后续可能判决的强制,判决受前面调解程序的影响,造成双重软化。这也是诉讼和解替代论抨击法院调解制度的主要理由。[1] 正是由于调解与判决在价值、目的导向上的不同,调解合法性程度方面不能僵化的认为应像判决一样符合一切制定法,而应做宽泛的理解,即不违反国家强制性规定或损害国家、公众或第三人的合法权利。但在司法实践中,有些法院认为当事人双方协议赠与第三方财产的约定不应作为调解的内容,从而导致调解结果无法达成。例如,笔者曾挂职锻炼的一个基层法院在处理一起夫妻离婚案件过程中,由于双方都彼此不信任,所以一致同意将夫妻共有的房屋由其婚生儿子继承,但由于一些法官认为调解内容不应涉及第三方,其不符合合同相对性为由,不予确认其合法性,最终导致调解无果。

4. 调解协议效力的不确定性,违反契约原则,往往导致调解成果付之东流

根据新《民事诉讼法》第 97 条的规定,调解达成协议的,人民法院应当制作调解书……调解书经双方当事人签收后,即具有法律效力,换言之,即使双方当事人达成了调解协议,仍需法院调解书的确认,在这之前调解协议的效力是不确定的,只有双

---

〔1〕 李浩主编:《中国民事诉讼法专论》,中国政法大学出版社 2005 年版,第 432 页。

方当事人签收调解书后才发生与判决相同的法律效果。但是当事人达成的调解协议,实际上是当事人就发生争议的民事关系订立的新合同,而合同一旦依法成立就应当对双方当事人产生法律约束力。赋予当事人无须任何理由的反悔权,违反了合同法的一般原理,违反了诚信原则,也违反了调解制度的自由价值选择,因为自由也是法律限度内的自由。这种对当事人任性的放纵,会破坏调解中当事人和谐的关系,加剧对方当事人的反感,导致双方当事人之间更加对立。从另一方面看,这也影响了效率,增加了诉讼成本,只要当事人一方反悔拒收,调解书就不能生效,法院所作的全部努力就会付诸东流,有悖于效益理念,且我国法律也赋予了当事人对调解的救济程序,如果一旦有证据证明调解违反了当事人的意愿或违反法律是可以申请再审的。因此,赋予当事人这种毫无任何理由的反悔权是不合乎法理的。

三、国外调解模式及启示

虽然法院调解制度被认为是一项地地道道的"中国制度"。然而,考证外国相关制度对我们的研究不无裨益。虽然像我国这样的完全与审判过程融为一体的法院调解在其他国家和地区很难找到,但在法院进行,由法官主持,以促成当事人达成协议为目的的纠纷解决程序却是常见的。[1] 特别是自 20 世纪 60 年代以来,由于产业的复杂化与经济的迅猛发展,许多国家出现了"诉讼爆炸"现象,法院不胜负荷而致诉讼严重拖延,同时诉讼成本的高昂致使普通百姓难以接近正义,加之案件类型的多样化使审判常显捉襟见肘,由此迫使各国开始反思和改革,并致力于创设和发展判决外的纠纷解决方式。根据各国情况,目前存在三种调解模式:一是调审结合式,法院调解和审判可以动态转换、交互运行,以德国为代表;二是调审分立式,把法院调解置于诉讼程序之前,作为独立的程序,以日本、我国台湾地区为代表;三是调审分离式,把法院调解从审判程序中分离出来,作为独立的诉讼方式,以美国为代表。

(一)美国的 ADR 模式及启示

美国的法院被称为"附设在法院的调解"(mediation),是美国"替代诉讼纠纷解决程序"ADR(Acternative Disput Resolution,即诉讼外纠纷解决途径)中的一种。1998 年美国《替代性纠纷解决法》对 ADR 的定义是:替代性纠纷解决方法,包括任何主审法官宣判外的程序和方法。它既包括谈判、仲裁、法院外调解等传统意义上的非诉讼纠纷解决方式,也包括如审前会议、诉讼和解、诉讼调解、模拟仲裁、早期中立评

---

〔1〕 汤维建:《民事诉讼法全面修改专题研究》,北京大学出版社 2008 年版,第 102 页。

估、小型审理、简易陪审团审理等法院附设的 ADR。其基本纠纷解决程序,主要指谈判、调解和仲裁。(1)法院附设调解。可由当事人申请,也可由法院指定进行,由此分为任意(或合意)型与强制型两大类。如著名的"密歇根式调解",被称为"丝绒锤"(The velvet Hammer),比喻调解与丝绒锤一样,打在要求过高的当事人身上,迫使其降低要求。法院备有调解员名单,双方当事人各选一名调解人,再由两位调解人另选一名作为中立调解人。双方必须在规定的期限内送交有关文件材料,在调解日必须出席。调解员在听证程序之后 10 日内作出书面决定,双方在收到决定后 20 日内,必须作出接受或拒绝的表示。如双方同意接受决定,则由法院备案或作出正式裁决,产生法律效力;如任何一方拒绝接受该结果,即进入正式诉讼程序,并将调解决定密封保存。如果法院判决与调解决定之差额不超过 10%(被告)或 50%(原告),则拒绝接受调解决定的一方,需向对方支付诉讼费用,以示惩罚。(2)法院附设仲裁。各州的仲裁分为任意(或合意)型与强制型两大类,程序依各法院规则不同。其特点是:首先,仲裁不是根据当事人的仲裁契约而启动的,很多都是强制性的,被作为诉讼的前置阶段。其次,仲裁裁决不是终局性的,裁决后当事人仍可向法院起诉。最后,仲裁在法院的监督之下进行的,法官可依职权取消仲裁程序。(3)调解—仲裁,主要流程:调解员努力缩小双方差距,并促进他们达成一致意见。如果双方互不让步,就进入仲裁程序,以得到一个最终的对双方均有约束力的裁决。仲裁员可由原来的调解员担任,也可另聘一名新的仲裁员。[1]

启示:结合我国实际情况,美国的法院调解制度值得我国借鉴的经验有:(1)在形式上非常灵活、富于变化,在自愿达成调解的过程中,当事人自由度非常大,几乎不会受到任何方式方法乃至程序上的束缚,更好地行使了自由处分权。(2)充分调动社会各界力量主持,促成调解。退休法官、律师、专家、社区服务人员等都可以为法院调解所用,极大地缓解了法官人员不足带来的案件积压状况。(3)由拒绝合理调解方案的当事人承担为此增加的诉讼成本,用经济杠杆防止恶意诉讼的出现,督促当事人尽早作出符合切身利益的选择。

(二)德国 ADR 模式及启示

德国根据法律设立的 ADR,可分为强制性和非强制性两类。前者是起诉前的必经阶段,纠纷类型主要有:发明专利方面的纠纷、有关著作权使用费的纠纷、有关不正当竞争的纠纷、有关机动车事故补偿基金的纠纷、职业培训中的纠纷等,如发明专利

---

〔1〕 章武生:《司法 ADR 之研究》,载《法学评论》2003 年第 2 期。

方面的纠纷在起诉前必须向联邦专利局所设的仲裁所申请仲裁;后者不是诉讼的必经程序,主要包括仲裁、中介人(其是民间的名誉职务,主要解决个人民间的民事纠纷,以及轻微的刑事案件)、律师协会的调解程序(在律师协会设立和解所,主要解决律师之间的纠纷及率实现与委托人之间的纠纷)、工商协会调解、手工业协会调解等。德国的法院调解体现了大陆法系职权主义诉讼模式的特点,法院在调解中有着较强的主动性、干预性。法官主持并积极促成调解。1976年《德国民事诉讼法典》第279条规定:"地方法院和州法院应在程序进行中努力促成双方当事人和解,为此目的,得命令当事人到案,或把他们交给受命法官或受托法官进行和解。"在德国,调解协议只要在法院案卷上作为合同登记,就具有与判决相同的强制执行的效力。

启示:在德国,审前程序是法官介绍案件、提出书面建议的基础,其法院调解体现了职权主义与当事人主义的协调运作,其带来的成果是诉讼效率的大幅度提高。在我国青岛市市北区人民法院,有一种类似的做法,法官查明案情后,将本案所适用的法律条文打印出来送达给双方当事人,让双方当事人据此对自己的诉讼前景进行思考,再在此基础上组织调解。

(三)日本的ADR模式及启示

日本判决外纠纷解决机制有民事调停和诉讼中和解制度。日本的调解属于非诉程序的一种,它主要由法院负责运作,在制度上与诉讼审判相分离,而在功能及实际运用上有与诉讼交织在一起的纠纷解决方法。主要因为纠纷被交付调解有两种途径:一种是当事人向裁判所申请调解,这完全在诉讼外进行的,如调解不成,当事人可另行起诉;另一种是当事人起诉后,由法官依职权交付调解程序,调解期间诉讼程序只是暂时中止,若调解成功则按撤诉处理,若调解不成,则恢复诉讼程序。这类似于我国的庭前调解制度,所不同的是我国庭前调解在实践中未完全与诉讼程序分离,仍然包含在诉讼程序中。与调解不同,日本的诉讼和解制度在诉讼之内,属于诉讼程序的一部分。所谓诉讼上的和解,是指当事人在诉讼程序中就某种解决方案达成了合意,而且在法院的认可和参与下将此方案以一定的书面形式记载下来并就此终结案件,属于裁判外的纠纷解决机制,相当于我国的调解制度。这相当于我国的诉讼调解制度。日本的民事调停程序只适用于简易法院和地方法院。调停一般由法院组成调停委员会,主任由法官担任,在适当的情况下,法官也可以独自进行调停,其他民事调停委员为非专职人员,从民间事先选任的调解委员名单中指定。调解委员一般具有解决某些类型纠纷的专门知识和经验,如具有律师资格者、具有一定专业知识或社会生活经验丰富的、具有较高的个人品格见识等。实践中,律师、医生、建筑师、会计师、税理师、不动产鉴定人、大学教授等专家学者被选任为调解委员的情况比较普遍。日本的调停程序一般由当事人的申请而启动,当事人提起诉讼后,受诉法院也可依职权对认为应进行调停的案件进行调停。若当事人之间达成调停合意,应记入案卷,与诉讼上的和解具有同等效力。如在调停中当事人之间不能达成和解,为了解决纠纷,法院也可以根据调停委员会的意见,进行平衡,在不违反当事人基本主张的限度内,做出决定。这种决定不具有终局拘束力,当事人可以在规定期间内提出异议。但如果逾期未提出异议,则决定生效,产生与诉讼上和解的同等效力。当事人对于决定可以上诉。在日本,涉及人事关系的案件由家庭裁判所管辖,一律采用调停前置原则,即调停作为诉讼程序的必经阶段。家庭裁判所可以依职权进行调停。[1]

启示:日本法院调停制度的设置理念就是当事人本位。我国一直以来把法院调解作为法院的一种结案方式,实际盖上了职权主义的帽子,忽视了当事人在调解中的主导地位。程序的正义直接取决于当事人对自己权利的处分,所以要树立当事人主义的法院调解理念才能充分保障法院调解的正当性。但当事人主义定位也并不意味着完全限制法官的职权,而是通过合理配置法官职权与当事人的权利,既要限制法官职权又使当事人积极参与调解。我们应该设计调解是由当事人自愿申请启动,对于调解的结果法院就不需要再审查干涉。优化了法院调解主体,日本法院调停制度的调停委员会主任是从拥有丰富的审判经验的法官中选任,其他委员也是从社会各界优秀的专业人士中选任的。我国法院一旦设立专门的调解机构,调解人员的选任就必须有严格的选任程序,我们可以借鉴日本的做法,调解主任要从优秀的法官中选任,其他参与调解人员可以依据具体案情从社会中选出,比如涉及医疗纠纷可以从医生中选任,金融证券方面可以从会计师、经济学人才中选出。并把这些人员记入调解名册,以后遇到同类纠纷案件,当事人可以自愿在调解名册中挑出调解人员。再者,其有相应的立法保障。日本法院调停制度是依照《家室调停法》和《民事调停法》加以规定保障实施的。我国目前法院调解没有单独程序的立法规定,只是在民事诉讼法中有简单规定,对于具体程序细则并没有详尽的规定。立法上的缺失,使得法院调解在实践中不能充分发挥作用,现在虽然对民事诉讼法做修改,但由于缺乏对法院调解的具体程序细则确定,从而不利于保证法院调解良性运行。

---

〔1〕 龚刃韧:《现代日本司法透视》,世界知识出版社1993年版,第37页。

四、我国法院调解模式选择及程序立法的建构

如前所述，通过分析国外调解的运行得出三种主要调解模式：以德国为代表的调审结合式、以日本为代表的调审分立式及以美国为代表的调审分离式。我国现行立法上的“调审合一”的模式，其由于审判是以查清是非曲直、严格依法裁判为解决诉讼的手段，而调解是以当事人自愿行使处分权达到定分止争的手段，二者明显存在法律实体和程序上的不同，这种巨大的差异就意味着二者同处一种法律程序中会导致相互牵绊，出现双重软化。基于此，有人提出应套用国外的“调审分离”的模式，把调解放置于诉讼之外成为一种独立的设置，在诉讼中法院不再组织调解。笔者认为，这种“一刀切”“头痛治头、脚痛治脚”的方式实乃讳疾忌医，主要理由如下：如果完全将调解设置在诉讼之前，即案件一旦进入诉讼程序便不再调解，这种分立模式虽然能够有效避免调解与审判在同一程序中产生的冲突与矛盾，但不可否认，这种单纯的分立会使法院丧失许多调解时机，同时也排除了当事人随时请求调解的权利；此外，我国数千年积累下的调解经验是有其存在的价值和意义的，且现行庭前调解方式也使许多矛盾得以有效解决，节省了大量的司法资源。因此，不能因为其在立法存在缺陷而完全摒弃法院调解的重大贡献和现实意义。基于以上分析，笔者认为，我国法院调解可采取调审适度分离的模式，具体程序设计如下：

1.在民诉法中增设一章关于调解的程序，从而区别于审判程序。如前所述，调解和审判两者存在巨大差异，断不能以审判的程序要求来衡量调解。关于调解程序应以方便当事人诉讼，降低诉讼成本，节约司法资源，高效化解矛盾为根本宗旨。法院调解应当遵循自愿、合法、保密及适度查明原则：(1)自愿是指立法赋予当事人启动程序上的选择权，应规定当事人启动调解程序为主，法院依职权启动调解为辅的方式。法院依职权启动调解仅涉及强制调解的受案范围，包括我国法律明确规定的婚姻家庭纠纷和继承纠纷；劳务合同纠纷；交通事故和工伤事故引起的权利义务关系较为明确的损害赔偿纠纷；宅基地和相邻关系纠纷；合伙协议纠纷；诉讼标的额较小的纠纷，除此之外的案件必须当事人申请才予以启动调解程序。(2)调解程序中的合法原则应是广义上的，只要不违反强制性法律规定，损害国家、集体或第三人合法利益的，即视为合法，而不必如审判程序一样遵守一切法律。(3)保密原则的适用是指调解程序应以不公开为原则，公开为例外，与审判程序正好相反。基于调解是当事人自愿处分的行为，是双方当事彼此博弈和妥协的结果，正因为如此，当事人一般不希望把调解的过程公开，以防有第三者的其他诉讼。例如，笔者在调解某小区业主诉某房地产开

发公司延期交房系列案中,由于开发商考虑到诉讼结果的辐射性效力,其要求业主不要对外宣扬具体违约金的赔偿数额,而业主基于诉讼时间及执行时间的考虑,同意以诉讼主张违约金数额的80%调解,试想如果像审判程序一样适用公开原则,不仅达不到解决矛盾的目的,更是违背了当事人的意愿,徒增不必要的烦恼。同时,笔者认为,为确实维护当事人的意愿,落实保密原则,可在程序设计上,考虑把保密条款写入调解协议并处之于必要的惩罚措施,例如,当事人一方若违反了保密原则可以违约金的形式予以补偿,从而有效地维护了诉讼的诚信。(4)适度查明原则,即调解不必像审理程序需明辨是非,但同时让双方当事人掌握一些必要的信息是调解得以达成并自动履行的前提。笔者认为,可在调解程序中规定庭前证据开示制度,这一制度可以有效避免法官或调解员为达到调解的目的有意向当事人隐瞒部分信息,导致当事人在变相违背自己意愿的基础上签订调解协议。庭前证据开示可以让双方当事人把自己收集的证据及主要辩论意见予以说明,从而使当事人在分辨自己胜败概率及诉讼成本的前提下作出理性的思考和选择。这种完全建立在当事人自由意志上的调解协议必然会提高自动履行率。

2. 规范调解员的选任程序,避免调解员与审理案件的法官同属一人的现象。首先,我国当前的司法实践中,有许多案件的庭前调解员与案件主办法官同为一人,这就无法保持法官的中立角色,因为调解中看法必然会让法官先入为主,影响判决的结果。其次,当事人也会因考虑到调解员与审判人员同属一人而存在被迫接受调解的可能。据此,笔者认为,应在调解程序设计中严格调解员与审判员的分离,庭前介入调解的法官不能作为审判程序中的法官。同时,由于现在法院普遍存在“案多人少”的局面,从审判人员中单独抽调人员作调解员,唯恐心有余而力不足,为解决这一困境,笔者认为,可以由财政拨款用以聘请退休法官、法律教授、律师等具有丰富法律知识和经验的人员充实调解队伍。综观国外,律师越来越成为调解的主力军,他们具有处理法律问题的能力,同时他们也可以借助调解的平台宣传自己,这种双赢的局面有何不可?此外,国家培养一位经验丰富的法官实属不易,现已退休的法官完全有能力胜任调解员一职。上海杨浦区法院现在推行的非诉调解大厅、社区调解员就是这种形式,该院通过聘请退休法官担任诉讼前的调解员虽然有明显的成效,但却存在如下几个问题:一是调解员的工资经费无法落实;二是诉前调解无执行力,必须通过司法确认程序赋予其与法院调解书同等的效力,手续过于烦琐。而在立法中确认聘请调解员在立案后调解的效力,可以提高效率,免去烦琐,方便当事人。在选定上述调解员后,法院应制作调解员花名册,由当事人自主选择调解员进行庭前调解。最后,为防止审判法官对案件的先入为主，应对调解案件当单独装订成卷，在案件未判决前属于保密档案，审判法官不可以翻阅卷宗，从而充分保证诉讼的公平、公正，这也符合调解结果不能作为今后判决依据的规定。

3. 立法确立调解的时限及当事人启动调解的次数，避免久调不决、恶意调解的现象。我国现行立法未对调解的时间作出明确、具体的限制，致使久调不决的情况时有发生；同时实践中有些当事人为了达到其逃避法律义务的目的，故意进行恶意调解，拖延案件审理时间。对此，笔者认为，可以通过立法确认庭前调解时间为15天，一旦调解不成即转入审判程序，之后依据当事人的申请可以再次启动调解程序，但必须征得对方当事人的同意，申请次数限制为两次，每次调解期限可以10天为限。当然这只是笔者的一个初步设想，关于具体时间和次数的约束需实践检验为据。

4. 调解的优惠措施及救济方式。首先，我国现行法对于调解结案的案件实行的是诉讼费减半收取的规定，但这与法院就调解结案的案件避免上诉、节省司法时间的获益来说，并不成正比。笔者认为，法院可采取庭前达成调解的免收诉讼费的形式鼓励当事人尽早解决诉讼，庭后达成调解的减半收取诉讼费。其次，在规范律师费问题上，可以制定以诉讼标的额或计时的收费标准，当事人可以选择律师费的收费标准，如果选择计时收费标准，那么调解无疑对当事人来说是降低诉讼成本最有效的方式之一。关于庭前不同意调解协议方案的，一旦判决的结果高于或等于调解的结果，那么可以考虑由不同意调解的一方承担诉讼费，从而提高当事人调解的积极性。最后，对于不自动履行调解协议或调解书的当事人，一方当事人可申请法院优先执行，同时通过向银行发布不诚信司法建议书的形式对恶意逃避义务的当事人进行制裁。对于有证据表明调解违反法律强制性规定，损害国家、集体、第三人合法权益的，当事人可以另行起诉。我国现行法律规定通过再审程序予以纠正，但再审往往启动较为烦琐，直接赋予当事人起诉的权利更加便捷。

5. 确立调解协议一经当事人协商签字后，即发生法律效力，消除调解协议的不稳定性因素，调解员只需在调解协议上注明不违反调解合法性原则，然后签字确认即可。

除了以上程序立法的完善之外，在行政管理上，对于法官考核不应仅从调解率出发，而应结合调解自动履行率、调解逾期履行率、调解后不履行率予以综合考察。

结　语

笔者通过分析我国现行法院调解模式存在的弊端及原因，比较国外调解模式的优劣,得出我国法院调解模式应择调审适度分离式而行之,继而从调解程序的设计、原则、时限、组成人员、经费等多个方面展开论述,提出一些符合我国法制现状且实际可行的意见,以期促进调解程序法的立法。

行政协议之诉的司法识别疑难问题及突破

黄训愈*

行政协议又称行政合同或行政契约,也有学者主张对三者加以严格的语义区分。[1]《最高人民法院关于适用〈中华人民共和国行政诉讼法〉若干问题的解释》(以下简称《适用解释》)把行政协议定义为"行政机关为实现公共利益或者行政管理目标,在法定职责范围内,与公民、法人或者其他组织协商订立的具有行政法上权利义务内容的协议"。自20世纪初诞生以来,行政协议已为许多西方国家广泛运用。[2] 事实上,新法实施前行政协议在我国某些领域也已广泛应用并加以立法规制,如《基础设施和公用事业特许经营管理办法》《国有土地上房屋征收与补偿条例》等。但由于完整配套的法律和理论尚不完善,实践中面临着真假行政协议之诉识别困难、法律适用及裁判方式不统一等问题。本文立足审判实务,通过提萃行政协议的特征,与相似之诉对比分析探索快速精准识别行政协议之诉的路径,并在分析中提出设置专门规定的一些构想。

一、行政协议的特征提萃

结合《行政诉讼法》第12条第1款第11项及《适用解释》第11条,参考专家学者的主流意见,本文对行政协议的特征作如下提萃:

---

* 合浦县人民法院石康法庭法官助理。

〔1〕 马兵:《行政契约、行政协议和行政合同的辨析》,载《湖北工程学院学报》2016年第1期。

〔2〕 焦峰:《大陆法系契约行政契约制度刍议》,载《贵州警官职业学院学报》2002年第2期;转引自步兵:《行政契约履行研究》,法律出版社2011年版,第9页。

(一)至少一方为行政主体

协议行政协议是行政主体与公民、法人或其他组织等行政相对人签订的协议,即必须至少有一方是行政主体。法国行政法中也作了这样的规定。[1] 在司法实践中区别一般民事合同与行政协议可以优先从这一点入手。行政主体因其身份和权力明显强势于行政相对人,使得行政协议可以围绕公共利益或行政管理秩序而展开,并在相对人不履行协议义务时可以通过行使行政强权敦促协议履行。特殊地,如果协议各方都是具有独立法人资格的行政主体呢?新行政诉讼法出台前,许多学者把行政主体之间就行政管理事项订立的社会管理协作协议称为行政协议。[2] 新行政诉讼法及其解释已经对行政协议做了专门定义,为了避免混淆,本文建议停止在其他场域使用该称谓。从行政权力运行的角度而言,称为“行政管理协作章程”之类或许更为贴切。这种协作章程显然不是现行法定义的行政协议。

(二)公法的目的性

缔约一方是行政主体未必是行政协议。典型的例子就是政府购买办公用品。行政协议应然的作用和目的是维护公共利益或实现公共管理秩序,本文概括称为公法目的。例如,在征地拆迁补偿协议场域中,《城市房地产管理法》第6条、《土地管理法》第2条第4款、《国有土地上房屋征收与补偿条例》第8条等法律法规均规定行政机关签订补偿协议的出发点必须是“为了公共利益”。同时,行政协议也并不苛限于《适用解释》第11条规定的“为了实现公共利益”或“行政管理目标”。例如,特许经营协议中行政相对人往往获得的经济收益非常可观。在有些场域中行政协议的签订甚至具有一定的“息事宁人”或者“政府增收”的意志乃至“不可告人的目的”[3],但这并不能否定行政主体通过特定的协议处分行政管理权,使行政管理秩序达到其所

---

〔1〕 王名扬:《法国行政法》,中国政法大学出版社1988年版,第187页。

〔2〕 例如,黄学贤、廖振权:《行政协议法治化之路径选择》,载《学习论坛》2009年第1期。“如行政主体之间为了完成某种共同的或者不可分割的行政事务签订行政执法协作协议,又如行政主体之间为了明确行政事务的管辖权订立行政事务管辖协议。行政主体之间通过签订行政协议来提高行政效率,促进社会、经济的共同发展,进而实现行政目的。”巩丽娟:《长三角区域合作中的行政协议演进》,载《行政论坛》2016年第1期。作者开篇即指出“作为地方政府间关系协调机制中的行政协议从‘虚’到‘实’,从‘做做样子’到得到切实的落实,可以说是长三角走向合作的缩影”。

〔3〕 “地方当局还以不可告人的政策目的而利用其法定合同权力。特别是在规划领域,它们拥有广泛的达成协议的权力,以便‘限制或调节’土地的开发或使用”,Town and Country Planning Act 1971, s. 52. see e. g. Avon CC v. Millard (1985) 83 LGR 597; [1977] CLP 63 (J. Jowell);见第12章,转引自威廉·韦德:《行政法》,中国大百科全书出版社1997年版,第489页。

期待的状态之意图。相对人不能认为行政主体签订协议是为了“增加财政收入”而主张该协议不是行政协议,因而提起民事诉讼。[1]

(三)协议主体不真正平等

行政主体在协议签订、履行、救济的整个过程中始终占据优势地位,承担的权利义务无法像一般民事合同一样量化地或者直观地对等,这种优势地位学界习惯上称为优益权。[2] 由于前述公法目的的需要,行政协议规定的权利往往倾向于行政主体一方,而义务则更多地课予行政相对人。一旦发生纠纷,追溯合同责任的途径和力量也相去悬殊:行政主体可以动用指挥权、监督权、单方变更解除权、制裁权等。这些特权在《城镇国有土地使用权出让和转让暂行条例》《全民所有制小型工业企业租赁经营暂行条例》等法律法规中可见一斑。例如,在土地征收补偿协议中,行政主体得令行政相对人在指定期限前交出土地,如果超期交地或在签订协议后抢种作物,行政主体通常的做法是暴力铲除,强行收地。而在政府违约的情况下,相对人常常因无力对抗而选择非正常上访来表达诉愿,这也是经常引发社会矛盾的节点之一。

二、比较视角下行政协议之诉的司法识别难点及破解

(一)行政协议之诉 vs. 根行政行为之诉

行政协议是对行政主体和相对人权利义务的固定,这些被固定的权利义务必然产生于某个或某些行政行为,本文把这种行政行为称为根行政行为。

1. 原告主体资格

首先,是否缔约署名人都具有原告主体资格?根据《行政诉讼法》第12条之规定,行政诉讼只能由公民、法人或者其他组织提起。事实上,行政协议纠纷往往也是由于行政主体不履行或者未按照协议履行协议引起的。[3] 如行政相对人违反行政协议约定,行政主体可以动用其行政管理权加以敦促或救济。例如,在特许经营协议中行政主体可以取消经营许可,在委托施工协议中可以中止项目等。退言之,行政主体还可以先书面催告相对人履行,相对人仍拒不履行的,行政主体还可以申请法院强制执行。因此,允许行政主体作为行政协议之诉的原告意义不大,而限于行政相对人

[1] 江必新、梁凤云:《最高人民法院新行政诉讼法司法解释理解与适用》,中国法制出版社2015年版,第107页。

[2] 罗豪才:《行政法论丛》(第1卷),法律出版社1998年版,第192页。

[3] 江必新、梁凤云:《最高人民法院新行政诉讼法司法解释理解与适用》,中国法制出版社2015年版,第125页。

作为原告既符合现行法的构设又符合我国当前的社会现实，也与世界大多数国家的做法不谋而合。

其次，非缔约署名人的主体是否具有原告主体资格？典型的情形是，土地征收补偿协议中如果村民小组没有起诉，村民个人（家庭户）或未达村民总数2/3的部分村民能不能起诉？《行政诉讼法》第25条规定，与行政行为有利害关系的人可以提起行政诉讼。本条所指的“行政行为”应作严格的文义解释，即“行政行为”不包含“行政协议行为”。行政协议是协商的双方行政行为，具有鲜明的相对性，应排除协议签订主体外的人享有起诉资格。本案中，村民个人（家庭户）或未达村民总数2/3的部分村民如对该协议有异议，应视具体情况就不法处分集体资产等行为起诉村民小组或其他村民。协议外的第三人如认为协议内容损害了自己合法权益的，应对该协议对应的根行政行为单独提起诉讼。

2. 第三人主体资格

行政诉讼第三人应具如下特征：(1)第三人与本诉所争议的诉讼标的——具体行政行为有直接的利害关系；(2)第三人须是参加到他人诉讼中来的公民、法人或其他组织；(3)第三人在法律上有独立的法律地位。[1] 概言之，本文认为，第三人概念对生于传统行政行为概念。在承认行政协议之诉与一般行政行为之诉同时存在的语境下，协议外的第三方不能直接作为协议之诉的诉讼第三人，而只能作为根行政行为之诉的第三人或者原告。

特别地，缔约主体的成员能否作为协议之诉的第三人？实践中，随着土地市场价格的逐年攀升，土地行政征收补偿协议之诉也不断增加。例如，广西H县法院仅2016年1~7月就受理了9件，占收案总数的38.6%。该类案件中，常见村民集体中的一人或数人主动请求或由法院通知其以第三人身份参加诉讼。一种情况是村民在起诉时遗漏签名导致失去原告主体资格，但诉讼的结果显然与其有直接利害关系，因此根据《行政诉讼法》第29条，应当通知其作为第三人参加诉讼。但越来越多的情况是，案件经过几次庭审即将进入法庭辩论，突然出现一两名村民以先起诉的村民冒其签名签署放弃起诉声明等理由请求作为第三人参加诉讼。本文认为，如果村民个人动辄以不知晓协议或意思受胁迫等为理由中途请求加入诉讼，既容易对法院的审判工作造成困扰，也容易给行政管理带来不安，影响项目的顺利推进。如前文所述，如其另行起诉村小组则整体效率和效果逻辑上应是更为便捷妥帖的办法，法律可以对

---

〔1〕 应松年：《行政诉讼法学》，中国政法大学出版社1994年版，第50页。

此加以明确规定。

3. 主体瑕疵下的协议效力

实践中，一些行政机关在作出被诉行政行为时并不具备相应的行政主体资格。越往基层此种现象越多，如越权或超越受委托权限、滥用行政管理权僭越市场经济行为等。在一般行政行为之诉中，如原告申请确认该行政行为无效，法院应根据《行政诉讼法》第 75 条、第 76 条判决确认无效并责令被告采取补救措施，如造成相对人损失的还应当予以赔偿。

如果签订行政协议的主体不具备法定的相应行政主体资格，该协议效力如何？各路观点众说纷纭。本文认为，此种情况下协议应视为效力待定，而不能"一刀切"地认为无效。第一，现实生活中行政主体除了公示的职权外还可能通过委托、授权等形式获得相应行政行为权，要求行政相对人准确掌握行政主体的具体职权范畴是强人所难；第二，行政相对人签署了协议就对该协议内容以及署名的行政主体产生履约信赖和期待，简单粗暴地认定无效既伤害了相对人的信赖利益也很容易折煞政府的公信力；第三，简单认定此种协议无效客观上可能为行政机关故意制造无效协议开了方便之门。因此，此种情况下应根据相对人的诉请作个案判断。第一，如协议内容对相对人或协议外的个人、组织明显不利的，一般认定为无效；第二，如协议内容对相对人不利，但相对人请求确认协议有效或请求行政机关履约的，认定为有效；第三，如署名的行政机关无权或越权签订协议，但其上级机关有权缔约并予以追认的，认定为有效，协议内容对相对人不利的除外。

(二) 行政协议之诉 vs. 民事合同之诉

1. 共循契约法则基本精神

行政协议可以理解为合同在行政权力运行中的化用，因此行政协议审判也应遵循协商一致、诚实信用、公共利益保护等合同基本原则。具体而言，行政协议的签订程序及其内容应当符合合同法关于合同效力、违约责任承担等原则性的规定。任何一方违背诚实信用原则采取欺骗手段订立协议，或者协议内容侵害协议外他人合法权益的均涉嫌协议无效或可撤销，合同权益不应受法律保护。行政协议本质上是双方行政行为，是对行政行为内容的条约化固定。因此，民法中关于合同成立和生效的理论可以选择适用。[1] 在行政契约理论及立法均不成熟、完善的情况下，通过对私

〔1〕 宋海东：《新行政诉讼法语境下行政协议若干问题探析》，载《山东审判》2015 年第 6 期。

法规则的借鉴和扬弃不失为一种可行的手段。[1]

2. 细化举证责任配置及证成标准

理论界通常把行政诉讼的举证责任配置规则称为举证责任倒置。[2] 行政协议之诉纳入行政诉讼法时并没有对举证责任作出特别规定。由于行政协议兼具合同和行政行为属性，既不能照搬民事审判的举证规则也不应简单套用举证责任倒置规则。具体如下：

(1)确认协议无效之诉

根据《适用解释》第15条第2款之规定，人民法院可以依诉请判决行政协议无效，并根据合同法的有关规定作出处理。该条明确了对合同法的指示适用。《合同法》第52条以列举的方式规定了合同无效的五种情形。以"一方以欺诈、胁迫的手段订立合同，损害国家利益"为例。即便在最理想的情景中，被告也只能证明其如何遵照法定程序如何严格适用实体法的有关规定与相对人签订协议，但遵照法定程序和相关规定也不等于没有自设程序或附加条件等违法行为。此时，举证责任倒置实质上反而为行政主体隐匿对自己不利的实际情况开了方便之门。如果行政主体想证明其没有以欺诈、胁迫的手段订立合同逻辑上更难成立——没有做过的事是没有办法留痕的。因此，如果相对人以合同法规定的五种情形主张协议无效，应由其举证。但以根据行政行为违法或无效等理由主张协议无效的除外——但这种情况本文认为应归属为一般行政诉讼，不在本文讨论范畴。

(2)请求违约责任之诉

违约责任的承担方式通常有继续履行、采取补救措施或者赔偿损失等。请求承担违约责任的请求权基础是原告享有合法的合同权益且被告违约。行政协议违约责任之诉语境下，合同权益的合法存在原告不需举证，被告如欲对抗可以举证证明原告不具有该协议上的合同权益(如证明原告不是合同当事人)，或者证明自己已经履行了协议义务，或者证明存在合法合理的义务除却事由(如不可抗力)。概言之，违约责任之诉适用举证责任倒置规则。

(3)解除协议之诉

当协议已经无法继续履行或者继续履行无法达到合同目的，当事人可以解除协

---

[1] 步兵：《行政契约履行研究》，法律出版社2011年版，第32页。

[2] 具体条文主要见于《行政诉讼法》第34条及《最高人民法院关于行政诉讼证据若干问题的规定》第1条。

议。难点问题是被告能否请求解除协议?在现行法律规则下被告如果在答辩中请求解除协议并不违反法律禁止性规定,但应当提出具体的补偿方案。在将来的修法中如果允许行政主体作为行政协议之诉的原告的话,则行政主体可以直接起诉请求解除协议。《合同法》第94条列举了可以解除协议的几种情形。本文认为,行政协议具有相对性,被告订立合同、履行或不履行合同义务、预期违约表现等合同行为对于原告而言都是可以直接感知的。因此,《合同法》第94条罗列的这几种情形对于原告或者被告举证都是可以期待的,应当适用"谁主张,谁举证"规则。

3. 协议责任的承担方式

行政协议的效力情形应包括有效、无效、效力待定及可撤销,对应的责任承担形式可以有采取补救措施或者赔偿损失、继续履行等。法院可以参照合同法的相关规定,根据当事人的申请课以不同的责任承担形式。有的学者还主张依据私法理论和法制,把民事违约责任经过适当变通后套用于行政协议,包括违约金、定金罚则、继续履行、履行瑕疵补正和解除协议等。[1] 值得思考的是,行政协议中是否存在缔约过失责任?本文对此持肯定态度。缔约过失责任是指在合同订立过程中,一方因违背其依据的诚实信用原则所产生的义务,而致另一方的信赖利益的损失,并应承担损害赔偿责任。行政法学上的一个重要原则是信赖保护原则。行政相对人有理由基于对行政机关权威和信誉的信赖而与之签订协议,但不排除在歪曲的政绩观引导下或者其他缘由,行政机关超越职权或者隐瞒实际投资环境与相对人签订协议。这样的协议自签订时起就注定无法达到协议目的。相对人为履行该协议而做的人力、物力投资可以请求行政主体赔偿损失或者恢复原状等。

三、增设行政协议之诉特别规定的构想

(一)诉讼受理

1. 主动审查最长起诉期

起诉期限关系到起诉权的存丧,诉讼时效系关胜诉权。现行行政诉讼法规定了起诉期限而没有规定诉讼时效,民事诉讼则刚好相反。行政协议是基于一定行政行为而订立的,行政协议的稳定即行政行为的稳定,亦即行政管理秩序的安定。因此,为了防止行政管理秩序的过度震荡,法院在审查立案时应主动审查是否已过最长起诉期限。理论上说,协议经过最长起诉期的沉淀,对应的行政管理行为已经处于较稳

[1] 蔺耀昌:《行政契约效力研究》,法律出版社2010年版,第182~185页。

定的状态,新的行政管理秩序应已形成,相对人的生活工作也应已经比较稳定。而科学的起诉期审查,应兼顾相对人的权利救济与行政法关系的及早稳定这两种法益。[1] 法院不宜简单套用民事诉讼的起诉期限审查,也不必拘泥于立案登记制而放任现实意义不大的起诉,因此主动审查最长起诉期应是比较可行的。

最长起诉期限如何确定?现行法作了如下规定:《行政诉讼法》第46条规定六个月一般起诉期限、因不动产起诉二十年最长起诉期限、其他案件五年最长起诉期限;《行政诉讼法》第47条规定行政机关不履行保护公民人身和财产等合法权益的,在接到申请之日起两个月内起诉及紧急情况下请求的无起诉期限;《最高人民法院关于执行〈中华人民共和国行政诉讼法〉若干问题的解释》第41条规定行政机关未履行告知义务的两年起诉期限。根据协议涉及的内容,超过前述对应的最长期限的,法院应不予受理。

2. 管辖权的确定

管辖权的特殊性亦是行政协议区别于民事合同的一大特征。行政诉讼法没有对之专门设定管辖权制度,行政协议案件的管辖归同于一般行政案件,因而有别于一般民事合同。行政诉讼的管辖规定集中于《行政诉讼法》第三章。需要着重指出的是,在排除了民事合同协议管辖的基础上,行政诉讼法还规定了一些特殊情况的管辖:第18条第2款规定了跨行政区域管辖,第19条规定了对限制人身自由强制措施不服的选择管辖,第52条规定了有管辖权的法院不予立案又不作出裁定的“飞跃起诉”。这些行政诉讼特有的管辖规定核心价值在于把可能存在的地方行政干预降到最低,最大限度确保司法独立和审判理性。然而,这些规定在行政协议案件中是否是最科学合理呢?或许这需要更长久的司法实践来检验。笔者窃以为,纯粹的行政协议之诉(仅起诉请求确认协议无效或确认单方撤销违法、请求继续履行)不必适用跨区域管辖。行政机关的“有形之手”通常只局限于其所在辖区,因此由其所在辖区法院管辖更便于法院查明事实,也便于被告出庭应诉。尤其是多方协议的情况下,数个行政主体的负责人奔波到另一个辖区应诉不符合诉讼便宜的当代法治精神。如果这种情况泛滥开来对公共行政管理的耽搁将是不得不考虑的诉讼成本。越是强调异地管辖的防止行政干预功能或许客观上越加强化了“法院和政府同穿一条裤子”的消极群像,折射了司法独立的不自信,实属遗憾。

---

〔1〕 杨建顺:《应科学设定行政诉讼起诉期间》,载《检察日报》2014年9月3日。

(二)裁判原则

1. 公益优先、利益均衡

行政协议裁判应首先考虑公共利益和公共行政管理秩序。实践中,并不是所有的行政协议都是完完全全地体现公法目的,有的甚至带有明显的增加地方财政收入的目的,在裁判的时候就要更审慎地考量被诉协议的公益目的价值。同时,要充分考虑协议各方在协议行为中的损益,不偏不倚,居中裁判,针对不同的诉求课以适当的合同责任。当然,这必须在法官自由裁量权允许的幅度之内。

2. 有限调解、及时裁判

行政诉讼法明确规定了赔偿、补偿部分可以调解。理论上,调解使各方当事人更乐于接受,有利于促进息诉服判平复社会秩序。在行政协议中双方基于平等自愿原则,在法律允许的框架内达成和解协议,对于化解行政管理矛盾,维护行政机关的权威具有可观的优势。但是调解不宜依赖或者勉强适用。过分强调调解的作用实际上也在弱化法律和法院的权威。法官在适当释明和解权并征询各方当事人的和解意愿后,如果当事人有一方不同意调解或者调解方案较难确定的,应当及时下判。一者保持法律和法院的严肃性,防止法院在行政审判中演变成居委会大妈;二者及时判决有利于快速恢复行政管理秩序的安定。

(三)增设撤销判决

行政协议是否存在可撤销状态,是否应设置撤销判决?各国法律对此立场不一。我国新行政诉讼法及《适用解释》均未设置撤销判决。联邦德国的《行政程序法》规定行政协议只有有效和无效两种状态。[1] 而葡萄牙《行政程序法》明确肯定行政协议存在可撤销状态,并在该法第185条中规定"决定行政合同订立的行政行为(即本文所定义的根行政行为)为无效或可撤销,则该行政合同也同样为无效或可撤销"。英美的普通法系中也设有行政契约撤销制度。[2]

我国地广物博,文化素质差异较大,行政管理层级较复杂,行政权力运行中使用的行政协议也更为复杂多样。撤销判决的设置可以很好地处理虽有瑕疵但尚不构成无效的行政协议之诉。参照《合同法》第54条规定,因重大误解订立的或者在订立合同时显失公平的或者一方迫使对方在违背真实意思的情况下订立的合同,受损害方有权请求撤销。实践中常见官方媒体有意无意地夸大当地的人文地理环境,美化行

〔1〕[德]哈特穆特·毛雷尔:《行政法学总论》,高家伟、刘兆兴译,法律出版社2000年版,第379页。

〔2〕步兵:《行政契约履行研究》,法律出版社2011年版,第52~53页。

政治理的效果,放大投资开发的有利条件而回避相对疲弱的一面。投资者如果没有切实地做好实地调研往往对投资环境产生误判。例如,高速公路建设特许经营协议,投资者误判了当地经济水平和发展潜力,准备开发建设的时候在征地过程中或者设备筹备中才发现这很可能是个重大亏损的项目。故本文认为,可以引进合同法上的撤销判决以便更具体地保护合同权益。但为了防止权力滥用,应同时设定一个权利除斥期间,建议参照民事诉讼之规定设置为协议签订后一年内,或者一方开始履行合同主要义务前。如在前述案例中,可以确定为实施土地征收工作前。

结　语

行政协议在我国并非鲜见,如高速公路特许经营协议、烟草专卖协议等。政府作为人民守夜人形象正在行政协议的规范化中一步步巩固,而法院在行政协议之诉审理中愈加凸显了其作为权利保护最后一穗的角色担当。然而,当前配套立法及审判理论仍较为薄弱,不利于公共利益的有效保护,也使行政相对人的权益难以周延。本文重点从立案识别、法律准据识别等角度对行政协议加以特征提萃及审判思路探索,并提出一点立法建议。限于篇幅,许多问题未能详加探讨。此外,协议签订程序的规范、审理模式及庭审程式如何构架等问题仍需理论界和实务界不断研讨。不难想见的是,行政协议审判将是法院化解行政机关与相对人矛盾的桥梁,为全面建设法治政府缸鼎荷重。

案例分析

如何审查是否存在刑讯逼供和排除重复性供述

——庄某某运输毒品案

陆洪鸣*

一、裁判要点

审查被告人供述的合法性，应当审查被告人在侦查期间被提押出所的过程是否存在违规，同时结合同步录音录像进行判断。对于不能排除刑讯逼供可能，不能排除被告人在看守所所作的重复性供述继续受到之前刑讯逼供的心理强制的，应当将被告人的重复性供述作为非法证据予以排除。

二、基本案情

被告人庄某某，男，汉族，1983年6月15日出生，小学文化，城镇居民。因涉嫌犯运输毒品罪被逮捕。

G市人民检察院以被告人庄某某犯运输毒品罪，向G市中级人民法院提起公诉。

被告人庄某某辩称，其在侦查阶段的有罪供述系受到刑讯逼供所作，案发当晚公安人员带其去指认毒品时，毒品已经打开包装放在高速路边，其在指认过程中触碰了包装袋而留下自己的DNA，该毒品并非其

* 广西壮族自治区高级人民法院刑一庭庭长。

所有，其不构成运输毒品罪。

G市中级人民法院经审理查明：2015年10月31日，被告人庄某某驾驶一辆车牌号为ZXM95X的小车装载一包毒品甲基苯丙胺（冰毒）从广东省广州市经广东三水、广西梧州等地前往贵州省贵阳市。当晚20时许，当庄某某驾车经过广西苍硕高速公路平南服务站时，被设卡例行检查的公安民警拦停检查，庄某某先是假装配合，随即便驾车冲卡往桂平市方向逃跑，并在逃跑途中将随车携带的毒品丢弃在公路边。公安民警驾车追至平南服务站往桂平市方向约2公里处将庄某某抓获，随后在该处往平南服务站方向约50米处的路边搜获庄某某丢弃的毒品。经称量鉴定，该包毒品净重为680.9克，检出甲基苯丙胺成分，含量为69.0%。

该案在检察机关审查起诉及一审期间，被告人庄某某提出，其2015年11月2日归案被送至P县看守所羁押后，曾于11月2日至11月4日被提押至公安机关办案中心，遭到公安机关的辅警刑讯逼供，并提供了遭受刑讯逼供的具体时间、地点、手段及实施刑讯逼供的人员等线索。

三、裁判结果

G市中级人民法院审理认为，庄某某到案后在侦查阶段所作的有罪供述，系经公安机关依法讯问后如实记录，且有同步录音录像证实讯问过程合法，并无刑讯逼供、诱供行为，本案证据足以认定庄某某明知是毒品甲基苯丙胺而运输的事实，故没有启动证据的合法性调查程序。

G市中级人民法院认为，被告人庄某某明知是毒品甲基苯丙胺（冰毒）而非法运输，其行为构成运输毒品罪。公诉机关指控的罪名成立。庄某某运输甲基苯丙胺680.9克，运输毒品数量大，应依法惩处。依照《刑法》第347条第1款、第2款第1项、第59条第1款、第47条、第61条的规定，判决如下：

被告人庄某某犯运输毒品罪，判处有期徒刑十五年，并处没收个人财产人民币二十万元。

宣判后，被告人庄某某不服，向G高级人民法院提出上诉，诉称其有罪供述是受刑讯逼供、诱供所作，毒品包装袋上的DNA系其指认毒品时触摸所致，本案生物物证鉴定意见不能作为定案依据。

G高级人民法院经依法公开开庭审理认为，本案中庄某某的有罪供述均是2015年11月4日还押看守所之后所作，且均有同步录音录像，但公安机关存在违规提押出所行为，期间不能排除刑讯逼供可能，不能排除庄某某在看守所所作的重复性供述继续受到之前刑讯逼供的心理强制，决定对上诉人庄某某在2015年11月4日还押平南县看守所之后作出的有罪供述均作为非法证据予以排除。但在案其他证据足以认定其运输毒品的犯罪事实。原审判决认定的事实清楚，证据确实、充分。定罪准确，适用法律正确，量刑适当，审判程序合法，应予维持。依照《刑事诉讼法》第225条第1款第1项的规定，裁定驳回上诉，维持原判。

四、裁判理由

本案在审查起诉和一审阶段，被告人庄某某辩称其有罪供述是受刑讯逼供、诱供所作的辩解及辩护意见。经查，虽然庄某某在2015年11月4日还押看守所之后所作的重复性供述被作为非法证据予以排除，但其在到案后、提押出所前所作的供述，系经公安机关依法讯问后如实记录，且有同步录音录像证实讯问过程合法，并无刑讯逼供、诱供行为，生物物证鉴定书亦系公安机关依法检验鉴定后所作，程序合法，内容客观真实，均可作为定案依据。对庄某某及其辩护人提出其对涉案毒品不知情，不构成犯罪的辩解意见，经查，庄某某在侦查阶段曾供述其将涉案毒品从广东省广州市运输前往贵州省贵阳市，途经广西苍硕高速公路平南服务站被公安民警检查时冲卡逃跑，并在逃跑途中丢弃毒品，后被公安民警追捕抓获的事实，有庄某某所驾驶的车辆GPS定位运动轨迹图、抓获经过、视听资料、从抓获庄某某现场附近路边查获的一包毒品甲基苯丙胺、检验鉴定报告等证据证实，生物物证鉴定书证实从该毒品包装上检出庄某某的DNA，进一步印证了庄某某丢弃该包毒品的供述。上述证据相互印证，足以认定庄某某明知是毒品甲基苯丙胺而运输的事实，依法应以运输毒品罪对其定罪处罚，故对上述辩解及辩护意见不予采纳。

侦查实验不能作为认定毒品数量的唯一定案根据

——劳某甲、严某甲等贩卖、运输毒品案

植勇建*

一、裁判要点

侦查实验及其笔录不能作为认定毒品数量的唯一定案根据。

二、基本案情

Q市人民检察院指控:2014年10月间,被告人劳某乙与被告人严某甲商量,由劳某乙出资100万元,严某甲负责联系购买"海洛因",组织运输到广东贩卖。劳某乙又与被告人劳某甲商量由其在广东贩卖。随后,劳某乙积极筹措毒资75万元交给严某甲,严某甲按两人事先商量,将其欠劳某乙的25万元与劳某乙筹措的75万元,共计100万元购买"海洛因"。严某甲联系一名叫"阿勇"(另案处理)的男子,并指使严某乙将钱交给"阿勇","阿勇"收到钱后,贩卖11块"海洛因"给严某甲。"阿勇"指使外号叫"细佬"(另案处理)的男子用摩托车将"海洛因"运输到P水库,严某甲指使严某丙(另案处理)将装有"海洛因"的摩托车开回严某丙家中存放。2014年11月8日,严某甲再次指使严某丙将装有"海洛因"的摩托车开到P市X镇高速路边交给"细佬"等人,再由"细佬"等人将装有"海洛因"的包交给受严某甲指使驾驶车牌为GA1Y2XX小轿

* 广西壮族自治区高级人民法院刑三庭审判员。

车到该处接货的被告人严某乙、劳某丁,其二人接到装有“海洛因”的包后,驾车将装有“海洛因”的包运输到 NY 高速公路 NM 服务区路段,再将该包交给受劳某乙指使驾驶车牌为 AARX2YY 小轿车到该处接货的被告人张某亮、劳某丙,严某乙、劳某丁按照严某甲的安排,继续开车在前面“探路”护送劳某丙、张某亮的车到吴圩收费站。劳某丙、张某亮驾车则将装有“海洛因”的包运往广东省增城市新塘镇。劳某乙另驾驶车牌为 GA6E3EE 的小轿车从吴圩机场路段至 D 省 Z 市路段负责在前面带路。2014 年 11 月 9 日凌晨 4 时许,劳某丙、张某亮按照劳某乙的指使将装有“海洛因”的包运输到 D 省 Z 市交给劳某甲,劳某甲将装有“海洛因”的包存放在其租住的 D 省 Z 市 XX 小区 E6 座 402 室内。2014 年 11 月 9 日早上 7 时许,公安人员在 D 省 Z 市 XX 小区 E6 座 402 室抓获劳某甲。在抓捕过程中,劳某甲将该袋“海洛因”进行销毁,公安人员及时制止,在现场缴获 11 个装“海洛因”的塑料包装袋以及部分没有销毁的“海洛因”,其中,在厕所地面提取到若干块不规则形状的可疑毒品经称量净重 248 克,经鉴定含有海洛因成分,海洛因含量 64.1%;在厕所瓷兜内提取到若干块不规则形状的可疑毒品经称量净重 376.5 克,经鉴定含有海洛因成分,海洛因含量 71.1%;在房间内提取到已经开封并泡水的可疑混合毒品奶茶 5 小袋经称量重 62.5 克,经鉴定检出 3,4 - 亚甲基二氧基甲基安非他明(MDMA)成分。

三、裁判结果及理由

Q 市中级人民法院经审理认为,认定上述被告人构成犯罪的主要证据有:

1. 鉴定意见。缴获的毒品海洛因和 3,4 - 亚甲基二氧基甲基安非他明,经鉴定系海洛因和 3,4 - 亚甲基二氧基甲基安非他明,海洛因含量为 64.1% 和 71.1%。

2. 高速公路视频证实作案用的交通工具 GA1Y2XX 小汽车、AARX2YY、GA6E3EE 小汽车出入相关收费站。

3. 电话清单,证实案发前后各被告人间相互通话情况。

4. 证人严某丙、白少群、欧阳云、劳世安等的证言。

5. 上述被告人在公安机关的有罪供述。

上述被告人供述之间及与其他证据能够相互印证,形成完整的链条,足以认定。本案事实清楚,证据确实、充分。该辩解辩护意见不能成立。

关于本案中查获 11 个装“海洛因”的塑料包装袋的毒品数量,Q 市中级人民法院认为:

1. 从劳某乙和严某甲的供述看,用于购买毒品的毒资为 100 万元。按照严某甲的供述和以往侦破的其他案件中每块海洛因的价格，劳某乙和严某甲用100万元毒资可以购买11块海洛因，每块海洛因重量在340～350克左右。

2. 严某甲供述此次购买了11块毒品。

3. 劳某丙供述这个袋大概有四五斤左右白粉。

4. 劳某甲供述帮保管一个黑色塑料袋，里面装有一块块四四方方的块状固体，约有1至2斤重。

5. 公安机关在抓捕劳某甲时，劳某甲用菜刀砍烂并用水冲毁毒品。

6. 公安机关在现场缴获11个装"海洛因"的塑料包装袋以及部分没有销毁的海洛因624.5克。

7. 从现场的便池中提取液体，检出海洛因成分。

8. 经侦查实验，每个包装袋可装海洛因347.5克，11个装海洛因的塑料包装袋共装海洛因3822.5克。侦查实验与其他证据能够相互印证，且上述证据具有合法性、客观性和关联性，足以证明本案涉及的海洛因重量为3822.5克，七被告人对上述毒品承担责任。

关于3,4－亚甲基二氧基甲基安非他明62.5克的认定问题。经查，劳某甲系贩卖毒品人员，且上述毒品系公安机关在其住处缴获，应认定为劳某甲贩卖的毒品，并由其对该毒品承担责任。公诉机关指控劳某乙、严某甲、劳某丙、张某亮、严某乙、劳某丁对该毒品承担责任，没有提供确实充分的证据证实，不予认定。

Q市中级人民法院依照《刑法》第347条第2款第1项、第26条第1款、第4款、第27条、第48条第1款、第55条、第57条、第59条、第64条的规定，判决如下：一、被告人劳某甲犯贩卖毒品罪，判处死刑，剥夺政治权利终身，并处没收个人全部财产；二、被告人劳某乙犯贩卖、运输毒品罪，判处死刑，缓期二年执行，剥夺政治权利终身，并处没收个人全部财产；三、被告人严某甲犯贩卖毒品罪，判处死刑，缓期二年执行，剥夺政治权利终身，并处没收个人全部财产；四、被告人劳某丙犯运输毒品罪，判处无期徒刑，剥夺政治权利终身，并处没收个人全部财产；五、被告人张某亮犯运输毒品罪，判处无期徒刑，剥夺政治权利终身，并处没收个人全部财产；六、被告人严某乙犯运输毒品罪，判处有期徒刑十五年，剥夺政治权利五年，并处没收个人财产人民币5万元；七、被告人劳某丁犯运输毒品罪，判处有期徒刑十五年，剥夺政治权利五年，并处没收个人财产人民币5万元；八、缴获的毒品海洛因624.5克、3,4－亚甲基二氧基甲基安非他明62.5克、被告人的手机17台，予以没收。

一审判决后，劳某甲、严某甲等被告人不服判决，提起上诉。G高级人民法院经二审审理后认为：

综合全案证据，本案的租房合同、房租收据、理化检验报告、搜查笔录、扣押笔录、清单、称量笔录、现场勘查笔录、上诉人的供述证实了公安机关对劳某甲与其女友白少群一起租住的D省Z市××小区E6座402室进行搜查，当场抓获劳某甲，当场缴获了毒品约624.5克，经鉴定是海洛因，海洛因含量达到64.1%、71.1%。公安机关随后抓获了其上诉人，其他上诉人到案后，对各自参与毒品的犯罪事实供认不讳，上诉人的供述与视频资料、电话通话清单、调取证据通知书、车辆监控视频等相印证，共同证实了上诉人劳某甲、严某甲犯贩卖毒品罪，上诉人劳某乙犯贩卖、运输毒品罪，上诉人劳某丙、张某亮、严某乙、劳某丁犯运输毒品罪的事实。因此，认定各上诉人参与本案的证据是充分的。

但原判认定本案毒品全部系海洛因以及数量3822.5克不准确，理由如下：

劳某甲供述袋装条状固体有1至2斤，公安机关现场查获的毒品海洛因共624.5克。劳某乙供述其将75万元交给严某甲购买毒品，严某甲欠其25万元。严某甲供述其欠劳某乙25万元，告诉劳某乙说阿勇欠严某甲21万元，其和阿勇的两笔钱抵销，11块毒品共89.1万元，交75万元给阿勇。劳某丙供述接到是黑色背包装的是白粉，大概四五斤左右。张某亮供述毒品装在一个背包，其心里知道是毒品，其和劳某丙没有打开过毒品。严某乙供述其不知道交多少钱给阿勇，毒品装在一个旅行袋里，里面有一黑色布袋将毒品，海洛因，不清楚多少块，劳某丁供述在高速公路，其与严某乙将2袋毒品交给别人，两辆不同的车接毒品，公诉机关指控各上诉人贩卖、运输毒品共624.5克，原判认定各上诉人贩卖、运输毒品海洛因共3822.5克。从现在证据看，现场查获的毒品是可以认定的。一审法院以11个包装袋检测出毒品海洛因，进行侦查实验后，每个包装袋可装347.5克毒品海洛因，从而认定本案贩卖、运输的毒品海洛因为11×347.5克=3822.5克。从侦查实验过程看，公安机关只任意选取3个包装袋，选取以往曾侦破的案件中提取得的一块毒品，3个包装袋分别可装入此块毒品，经称量分别是347.5克，侦查实验得出结论：在劳某甲租住的D省Z市××小区E6座402室缴获的11个用于包装毒品海洛因的包装袋的尺寸、装有海洛因的重量与以往其他案件缴获的毒品海洛因基本符合，每块毛重约370克，净重约350克。只说是约350克，一审法院就以这块能装入11个包装袋的毒品海洛因347.5克，认定本案上诉人贩卖、运输的毒品海洛因为3822.5克，这种认定方法是不科学的，不具有客观性。

因此，G高级人民法院认为，原审判决认定上诉人（原审被告人）劳某甲、严某甲、劳某乙、劳某丙、张某亮、严某乙、劳某丁等人参与贩卖、运输毒品海洛因3822.5克的事实不清,证据不足。依照《刑事诉讼法》第225条第1款第3项的规定,裁定如下:一、撤销Q市中级人民法院(2015)Q刑一初字第32号刑事判决;二、发回Q市中级人民法院重新审判。

四、法理评析

原判认定上诉人劳某甲、严某甲参与贩卖毒品罪,上诉人劳某乙参与贩卖、运输毒品罪,上诉人劳某丙、张某亮、严某乙、劳某丁参与运输毒品罪的事实是清楚,但原判认定上诉人参与贩卖、运输毒品的数量、种类、含量不清。

原判主要以侦查实验笔录确定本案毒品的种类与数量,原判是否正确,我们要思考侦查实验能否作为认定毒品数量的依据。根据我国《刑事诉讼法》第133条第1款的规定,为了查明案情,在必要的时候,经公安机关负责人批准,可以进行侦查实验。侦查实验,是指侦查人员为了查明与案件有关的某一事件或者事实在某种情况下能否发生或者如何发生,而模拟案件原有条件,将该事件或者事实实验性地加以演示的侦查活动。侦查实验是一种特殊的侦查措施,是实验性地演示与案件相关事实、事件的发生可能性及过程。因此,必须确保实验时的各项条件与原来的条件相同,如时间段、地点、光线、风向等条件,才能确保侦查实验结论的客观性和科学性。《最高人民法院关于适用〈中华人民共和国刑事诉讼法〉的解释》第91条第1款规定,对侦查实验笔录应当着重审查实验的过程、方法,以及笔录的制作是否符合有关规定。《解释》第91条第2款专门规定,侦查实验的条件与事件发生时的条件有明显差异,或者存在影响实验结论科学性的其他情形的,侦查实验笔录不得作为定案的根据。因此,审判过程中,对于侦查实验笔录应当着重审查上述内容,以确定能否作为定案的根据。本案中,侦查机关拿同地区以往其他案件查获的同类型毒品案件中的一块毒品(经称量净重347.5克),对本案中缴获的11个毒品包装袋进行是否能用于装此块毒品的实验。经实验,任意选取的其中3、7、9号包装袋能装下此块毒品,经侦查实验,原判得出结论在劳某甲租住的D省Z市XX小区E6座402室缴获的11个用于包装毒品海洛因的包装袋的尺寸、装有海洛因的重量与以往其他案件缴获的毒品海洛因基本符合,每块净重约350克,原判最终认定上诉人参与贩卖、运输的毒品是11袋,每袋为347.5克,海洛因共3822.5克。本案中侦查实验仅能证实此11个包装袋能够装下347.5克海洛因,但没有证据证实该11个包装袋中包的是何种物品,不能确定每个包装袋中是否全部都是海洛因,因此本案的侦查实验及其笔录不能证实被告人已销毁的海洛因的数量。另外，就算11包毒品均为海洛因，但是体积、重量是不同的，加上侦查机关选取其他案件查获的毒品也有随意性，影响得出本案上诉人贩卖、运输毒品的数量的科学性、真实性。毒品案件一般以涉案毒品数量作为定罪量刑的尺度，准确认定毒品的种类以及数量，关乎能否准确定罪量刑。如果不能查获毒品，仅凭侦查实验作为认定毒品的数量以及含量，可能会造成公安机关怠于收集实物证据，造成毒品案件证据不充分。法官在适用刑罚时，通常综合考虑全案证据，根据证据裁判原则作出裁判，在刑事案件中如果不坚持严格的证据标准，极有可能造成侵害人权的严重后果，进而影响司法公信力。本案侦查实验得出3822.5克海洛因的数量不具有唯一性，尤其不能作为死刑案件的定案根据。

另外，本案程序存在严重瑕疵，公诉机关起诉书指控各上诉人贩卖、运输毒品共624.5克，公诉人在庭上以表公诉词认定各上诉人贩卖、运输毒品共3822克左右，但没有作出变更或者追加起诉，并告知上诉人。一审法院最终认定各上诉人贩卖、运输毒品海洛因共3822.5克，其认定的事实超出了公诉机关的指控范围，但仅仅在庭上出示证据、辩论，没有给上诉人、辩护人充分机会行使辩护权，剥夺了当事人充分的诉讼权利，程序上欠妥，影响了司法公正，理应通过发回重审予以纠正。

以数额巨大为诈骗目标实施诈骗行为属于诈骗罪未遂

——郑某诈骗案

李星林*

一、裁判要点

行为人以数额巨大的财物为诈骗目标,实施诈骗行为的,应当以诈骗罪未遂定罪量刑。

二、基本案情

2016年8月至9月,被告人郑某利用QQ实施网络诈骗,其先是通过QQ查询功能查找QQ并添加好友,通过好友验证后即向对方发送木马链接,对方点击后便获得对方的QQ号和密码,查看其中的聊天记录,而后再用自己的QQ克隆他人信息,冒用被克隆人的QQ名义要求他人汇款到其指定的银行账户,或者冒用公司老总名义向他人发送手机短信要求支付定金到其指定的银行账户。2016年12月4日21时许,B县公安局新宾派出所联合县局网安大队等部门在B县将正在实施QQ诈骗行为的郑某抓获,并缴获作案用的笔记本电脑、手机、银行卡以及U盘等物品。经南宁市公安局网络安全保卫支队电子数据鉴定所对扣押手机、电脑进行提取,从手机中提取到郑某冒用王总、何总等人名义要求他人支付5万至8万元不等的定金等内容。

---

* 南宁市中级人民法院刑二庭副庭长。

三、裁判结果

G 自治区 B 县人民法院认为，被告人郑某以非法占有为目的，通过电信网络虚构事实、隐瞒真相，以数额巨大的财物为诈骗目标，其行为已触犯《刑法》第 266 条的规定，构成诈骗罪。公诉机关指控被告人郑某犯诈骗罪罪名成立。关于公诉机关指控被告人郑某非法获取他人公民个人信息用于实施诈骗，犯侵犯公民个人信息罪的意见，经审查本案证据，被告人郑某获取公民个人信息用于实施诈骗属实，但认为因此构成犯罪于法无据，且其非法获取的公民 QQ 账号密码为 90 组，未达到情节严重的标准，故公诉机关指控被告人郑某犯侵犯公民个人信息罪罪名不成立。在犯罪过程中，被告人郑某因意志以外的原因未能得逞，属犯罪未遂，可以比照既遂犯减轻处罚；其归案后如实供述自己的罪行，认罪态度较好，原审法院依法从轻处罚。依照《刑法》第 266 条、第 23 条、第 52 条、第 53 条第 1 款、第 64 条、第 67 条第 3 款的规定，作出判决如下：一、被告人郑某犯诈骗罪，判处有期徒刑二年，并处罚金人民币 5 万元。二、扣押在案的作案工具，银行卡二张，U 盘三个，电脑主机一台，电话卡六张，无线网卡二个，路由器二个，笔记本电脑三台，信号发射器一个，手机七部，通用 K 宝一个，由扣押机关即 B 县公安局依法处理。

一审宣判后，郑某及其辩护人提出上诉，称：一审判决量刑过重，判处 5 万元罚金过多。首先，手机发送的信息要求支付的定金是 5 万至 8 万元不等，超过数额巨大 3 万元不多，在量刑时判处一年以下有期徒刑比较合适；其次，上诉人一分钱都没有骗到手，判处上诉人 5 万元罚金不适当。上诉人请求二审法院撤销一审判决，改判上诉人一年以下有期徒刑，并不处罚金。

N 市中级人民法院经审理裁定驳回上诉，维持原判。

四、法理评析

近年来，利用通讯工具、互联网等技术手段实施的电信网络诈骗犯罪活动持续高发，侵犯公民个人信息，扰乱无线电通讯管理秩序，掩饰、隐瞒犯罪所得、犯罪所得收益等上下游关联犯罪不断蔓延。此类犯罪严重侵犯人民群众的财产安全和其他合法利益，严重干扰电信网络秩序，严重破坏社会诚信，严重影响人民群众安全感和社会的和谐稳定，社会危害性大，人民群众反映强烈。本案涉及的主要争议焦点在于犯罪数额如何认定，应当如何量刑。

(一)网络诈骗与一般普通诈骗的区别

网络诈骗是指以非法占有为目的,利用互联网采用虚构事实或者隐瞒真相的方法,骗取数额较大的公私财物行为。网络诈骗与一般诈骗的主要区别在于网络诈骗是利用互联网实施的诈骗行为,没有利用互联网实施的诈骗不是网络诈骗。

网络诈骗犯罪借助了网络的平台,在犯罪构成的客观方面与普通的诈骗犯罪差别不大,通常也包括以下几个方面:行为人采用了虚构事实或者隐瞒真相的欺骗手段,导致被害人产生认识错误,被害人基于认识错误处分财产,行为人取得财产且数额较大。但与普通诈骗犯罪相比,网络诈骗犯罪的行为方式具有一定特殊性。

2011 年《最高人民法院、最高人民检察院关于办理诈骗刑事案件具体应用法律若干问题的解释》对网络诈骗犯罪进行了较为具体的规定,"通过发送短信、拨打电话或者利用互联网、广播电视、报刊杂志等发布虚假信息,对不特定多数人实施诈骗",依照《刑法》第 266 条的规定酌情从严处罚。

网络诈骗犯罪行为方式特殊性主要有:

1. 方法隐蔽性,网络用于诈骗犯罪使犯罪行为人在不接触受害人的情况下,可任意虚构逼真的虚假信息,从而使受害人易于上当受骗,处分财产。

2. 犯罪成本低,行为人利用网络制作信息诈骗公私财物,不需要投入过多的资金、人力、物力。

3. 犯罪时空性强,网络四通八达,在为人们提供便捷的同时,也为犯罪提供了便利的条件,网络诈骗犯罪活动超越了时空条件,行为人可以在任何时间、空间实施犯罪。

4. 社会危害性大,互联网的实时互动和异步传输并举的技术结构,网络诈骗已不再是一对一或一对几的诈骗,而是整个网民群体的诈骗。它没有特定的诈骗对象,诈骗行为的实施也并不是特意针对特定人,而是广泛散布诈骗信息,等待受害者上钩,对社会造成极大的危害。

(二)网络诈骗犯罪的数额认定

网络诈骗一般属于诈骗罪的一种,应当适用诈骗罪的相关法律规定来进行衡量。

依照《刑法》第266 条和《最高人民法院、最高人民检察院关于办理诈骗案件具体应用法律若干问题的解释》的规定,诈骗公私财物,数额较大的,处 3 年以下有期徒刑、拘役或者管制,并处或者单处罚金;数额巨大或者有其他严重情节的,处 3 年以上 10 年以下有期徒刑,并处罚金;数额特别巨大或者有其他严重情节的,处十年以上有期徒刑或者无期徒刑,并处罚金或者没收财产。同时,个人诈骗公私财物 2000 元以上的，属于“数额较大”；个人诈骗公私财物3万元以上的，属于“数额巨大”；个人诈骗公私财物20万元以上的，属于诈骗数额特别巨大。

《最高人民法院、最高人民检察院关于办理诈骗刑事案件具体应用法律若干问题的解释》认为，“诈骗数额难以查证，但具有下列情形之一的，应当认定为刑法第二百六十六条规定的‘其他严重情节’：(1)发送诈骗信息五千条以上的；(2)拨打诈骗电话五百人次以上的；(3)诈骗手段恶劣、危害严重的。以诈骗罪(未遂)定罪处罚。”同时，《最高人民法院、最高人民检察院关于办理诈骗刑事案件具体应用法律若干问题的解释》第5条规定，“诈骗未遂，以数额巨大的财物为诈骗目标的，或者具有其他严重情节的，应当定罪量刑”。上述规定突破了传统意义上认为诈骗犯是纯正数额犯的观点，确立了根据情节对诈骗罪进行定罪量刑的规则，为司法实践认定诈骗罪未遂指明了方向。

结合本案，行为人发送木马链接获取他人信息，再向其他人发送支付信息，虽未实际获得利益，但其以数额巨大的财物为诈骗目标，依然构成诈骗罪。首先，行为人已经准备了电脑、手机、信号发射器、通用K宝等作案工具，并已经着手实施犯罪行为，发送木马病毒，收集个人信息，虽没有实际获得利益，但行为人已经着手实施犯罪，由于意志以外的原因没有将犯罪进行到既遂，属于诈骗未遂。其次，行为人通过电信网络这一特殊的群发方式，面对的对象是不特定多数人，向不特定多数人发送信息，被骗人数和骗取的金额均可以无限多，并且无论多少人被骗，骗取多少金钱都不违背行为人的主观意志，因此可以认定行为人以数额巨大的财物为诈骗目标。

综上，关于电信网络诈骗犯罪的数额认定，诈骗数额难以查清时，可根据诈骗罪未完成形态的相关规则定罪量刑。本案一审判处被告人郑某以非法占有为目的，通过电信网络虚构事实、隐瞒真相，以数额巨大的财物为诈骗目标，构成诈骗罪。经二审审理查明，原判认定的事实清楚，证据确实、充分，定性准确，适用法律正确，量刑适当，审判程序合法，遂依法作出维持原判的裁定。

共同饮酒人不作为侵权赔偿的请求权基础与赔偿规则研究

——黄某某诉余某、黄某生命权纠纷案

赵元松*

【裁判规则】

共同饮酒人之间互负注意义务，包括事先的提醒、劝阻义务和事后的照顾、保护、救助、妥善安置等义务。共饮人不履行或不完全履行注意义务造成损害的,构成不作为侵权,应承担损害赔偿责任。受害人作为具有完全民事行为能力的人,应对自身损害结果承担主要责任,其他共饮人承担次要责任并互负连带责任。其他共饮人之间的责任分配按照根据每人在酒宴中的地位和过错程度、因果关系进行分配,一般找组织者(召集者)、参与者、提前离场者的顺序承担由大到小的责任。

【基本案情】

黄某带朋友邓某到余某家中吃饭、饮酒,饮酒过程中三人一起划拳猜码、玩扑克,期间邓某去卫生间期间摔倒。余某和黄某便决定送邓某回家休息,将邓某送到邓某住所附近,便先后离开了。次日凌晨,邓某被人发现躺在街上昏迷不醒。后经抢救治疗无效死亡,司法鉴定为邓某系因颅脑外伤合并感染导致呼吸循环衰竭而死亡。邓某家人向一审法院起诉请求判处黄某、余某向支付邓某受伤住院医疗费、护理费、住院伙食

* 广西壮族自治区高级人民法院研究室审判员。

补助费、误工费、丧葬费、死亡赔偿金、赡养费、精神损害赔偿金等。

【法院审判】

一审法院审理认为,饮酒者对自己的生命安全都负有最高的注意义务,共同饮酒人对其他同饮者负有善意提醒、劝诫、照顾的义务。黄某、余某和邓某三人当晚共同饮酒,黄某、余某在邓某饮酒时未尽到提醒义务,未劝诫其适量饮酒,在邓某醉酒摔跤后也未仔细查看,没有及时将邓某送到医院检查治疗,未尽到注意和救助义务,致使邓某未能及时得到治疗,最终导致邓某因颅脑外伤合并感染导致呼吸循环衰竭而死亡,黄某、余某对邓某的死亡具有一定过错,故应对邓某的亲属遭受的损失承担相应的赔偿责任。邓某作为完全民事行为能力人,因饮酒过量,醉酒后摔跤受伤导致治疗无效死亡,自身存在重大过错,应当对自己的行为造成的后果承担主要责任。结合本案当事人的过错程度,与事件发生的因果关系等具体事实,黄某承担本案7%民事责任,余某承担本案3%民事责任并互负连带责任。

邓某家人不服一审判决,提起上诉,请求判决黄某、余某承担全部损失。黄某、余某共同辩称,两人也不应当承担连带赔偿的责任,应当按照过失的大小各自承担责任,而不是承担连带责任。二审法院审理认为,黄某、余某与邓某的死亡存在相当的因果关系,应承担相应的民事责任。根据各自过错大小、原因力比例确定各自承担应负的责任,酌定死者邓某自担80%的责任,两被上诉人各自承担10%的责任为宜。一审判决黄某、余某互负连带赔偿责任,予以维持。

邓某家人和余某不服二审判决,分别提起再审申请。再审法院经审查认为,二审法院认定事实准确,适用法律准确,确定责任分担比例合适,裁定驳回再审申请。

【法理辨析】

本案是共同喝酒引起的人身损害侵权赔偿纠纷。本案的争议焦点一是黄某、余某是否承担损害赔偿责任,二人对同饮人邓某是否负有义务?死者邓某家人能否向共饮的酒友索赔?二是黄某、余某二人是否承担连带赔偿责任?

对于共同喝酒引发的侵权行为的法律责任问题,我国民法未作明确规定,在司法实践中存在争议。主流观点认为,应按照侵权行为法中的安全保障义务或一般注意义务理论,共同饮酒人对受害人进行劝酒、敬酒等要受害人被动饮酒而导致其因饮酒丧失意志犯下的过错应承担相应法律责任,应进行一定赔偿。但有的法院认为,共同饮酒属于情谊行为,没有必要受到法律的约束,也不应该承担相应的民事责任。还有法院认为以公平原则为基础,共同饮酒人应当适当地对受害者进行相应的民事赔偿。针对司法实践中的争议,本文从法理上进行分析,提出明确的裁判规则。

一、共同饮酒者责任的请求权基础

针对第一个争议焦点,在法律上来讲,就是受害人提起侵权赔偿的基础是什么?按照侵权法的理论,行为人承担责任的基础是其行为构成侵权。共同饮酒致人损害是典型的不作为侵权。一般侵权行为通常应当具备以下四个构成要件:侵权行为(包括行为人实施的违反法律的禁止性规定或强制性规定的行为,应当履行义务但未履行义务的行为)、损害事实、因果关系、存在过错。一般侵权行为的这四个构成要件缺一不可,它们共同构成我国侵权法理论上的一般侵权行为。

在这起案件中,黄某强调他是出于善意邀请死者邓某饮酒,余某强调他并未主动邀请邓某,而且他们在发现邓某醉酒后,还主动开车并护送邓某回家,由于找不到邓某家的具体位置,才放置在街头,余某还拿了毛毯给邓某盖上。他们本身并没有义务,如果有,也尽到了酒后认知程度内的照看义务。而死者家人则认为,黄某、余某将醉酒后的邓某放置在街头致使邓某丧失及时救治机会而死亡,应承担赔偿责任。共同饮酒人承担责任需要满足侵权行为的构成要件。在讨论此问题时,关键问题是侵权行为的认定,也就是说,共同饮酒人是否承担作为义务或者不作为义务。

(一)共同饮酒人之间义务的确定

对于共同饮酒者在酒后对醉酒者的救助义务,法律并无明确的规定,因此在法律上存在一个真空地带。按照传统民法的观点,按照"无救助义务规则",只有在特定情况下,才能够要求不作为的行为人承担侵权责任,即违反作为义务的人。[1] 因此,有判决以共同饮酒行为属于情谊行为为由,判决驳回原告诉讼请求。[2] 但理论界和司

---

〔1〕《法国民法典》确立了"自己责任原则",包含了四个方面的含义:第一,每个人都对自己的行为负责;第二,每个人只对自己的行为负责;第三,无行为无责任;第四,无过失无责任。这一原则内容成为民法中"意思自治原则"的核心内容。作为义务的来源在德国法的传统学说中仅仅存在于有法律规定、契约约定或有在先的危险行为时才产生,这一学说为《德国民法典》所接受。

〔2〕浙江省杭州市余杭区人民法院(2015)杭余民初字第4041号民事判决书。

法实务界看法并不一致。[1]

义务的来源通常被分为契约义务、制定法上的义务和非制定法上的义务。共同饮酒行为是情谊行为[2]，是不受法律约束的意思表示，同饮者相互间并不存在约定的或法定的权利和义务关系，行为本身是由社交习惯、风俗、道德等规范来调整的。同时，在饮酒前，共同饮酒人之间也不会以签订合同的形式来约定损害发生时的责任承担问题，共饮人之间的义务并不是契约上的义务。本文认为，共饮人间的义务更多的是一种非制定法上的义务，是因自己行为存在潜在的危险而产生的一般注意义务。

一般注意义务的理论基础是危险控制理论。“在与自己有责任的领域，开启或持续某一危险源者，应负一个‘理性人’、‘善良家父’的注意义务并依情况采取必要的且具有期待可能性的防范措施，以保护第三人免于危险的发生。”[3]对于存在于一般的、正常的社会活动中具有潜在的或者存在危险可能性的活动，并没有专门法律对其进行规范，但作为理性人应采取适当的措施来避免损害结果的发生，如果损害结果的发生是因为行为人没有尽到合理的注意义务，那么行为人就应该对损害结果承担责任。从比较法的角度看，英国法的“邻人原则”、美国法的“注意义务”、德国法的“交往安全义务”与危险控制理论具有同一的功能。邻人原则是英美法中判断注意义务有无的重要原则，在著名的 Donoghue v. Stevenson 案中，阿特金（Atkin）勋爵指出：“你应当爱护你的邻居，这一规则已经成为了法律上的规则，你不应当损害你的邻居……你应当承担合理的注意以避免那些你可以合理预见到有可能损害你的邻舍的作为或不作为。那么在法律上谁是我的邻居？答案似乎是，当我在采取引起争议的作为或不作为时，我应当预见到的会受到我的行为影响的、同我有密切关系并会直接受到我的行为影响的人即是我的邻居。”德国逐步通过判例创造出“交往安全义务理论”，“开启或持续特定危险的人所应承担的，对危险尽到合理的注意，并根据具体情况采取必要

[1] 关于这一问题的讨论，参见史尚宽：《债法总论》，中国政法大学出版社 2000 年版，第 124 页；王泽鉴：《侵权行为法》（第一册），中国政法大学出版社 2001 年版，第 94 页；郑玉波：《民法债编总论》，中国政法大学出版社 2004 年版，第 125 页；邱聪智：《新订民法债编通则》（上），中国人民大学出版社 2003 年版；曾世雄：《损害赔偿法原理》，中国政法大学出版社 2001 年版，第 63～66 页；中国民商法专题研究报告小组：《侵权法上的作为义务在我国司法判决中的运用》，载张民安主编：《民商法学家》（第 2 卷），中山大学出版社 2006 年版，第 408～443 页；[日]平井宜雄：《债法各论——不法行为》，弘文堂平成八年第四版，第 30 页；Markesinis and Unberath：The German Law of Torts，p. 86，转引自李昊：《交易安全义务论》，北京大学出版社 2008 年版，第 105 页。

[2] 王雷：《民法学视野中的情谊行为》，法律出版社 2014 年版，第 194 页。

[3] 熊进光：《侵权行为法上的安全注意义务研究》，法律出版社 2007 年版，第 62 页。

的、具期待可能性的防范措施,以保护第三人免受损害的义务。"[1]饮酒本身是一种危险性活动,会导致人神智不能像正常情况下清醒和控制能力下降,导致醉酒或诱发疾病,喝酒的人在人身、财产上会处于一种比正常情况下危险的境地,在从事驾驶、高度危险作业等行为时不安全的系数明显增加,特别是醉酒的人更易陷入无助的境地,危险性更大。共同饮酒开启了这个活动的危险,因此共同饮酒者应对共同危险行为承担防范的义务。

针对共同饮酒造成的损害赔偿请求,世界各国法院普遍予以支持。美国法院早期并不赞同因为醉酒人的缘故对组织者强加侵权责任[2],但从 1984 年新泽西州最高法院的 Kelly v. Gwinnell 一案开始[3],法院依据"社交主人责任"理论判定组织者一旦为已经醉酒并随后可能会驾车的客人提供了酒水,他就承担起了不去创造任何可能对公众产生的可预见性损害的风险的义务,并将社交主人责任的范围扩展到醉酒者本人遭受的损害。[4] 加拿大也有大量追究组织者责任的判例存在,法院认为让组织者承担责任视为一种社会控制酒后驾车的方法,以鼓励更加和谐有序的饮酒活动;承担赔偿责任的主要原则是任何人,只要有助于他人醉酒,或者提供了酒水,又或者创造了一种家长式的关系,就应该对他人所造成或所遭受的可预见的损害承担责任。在德国、意大利以及俄罗斯诸国民法典及其法律实务中,都要求共同饮酒人对共饮人承担合理注意义务,只是注意义务的范围有所不同。

(二)共同饮酒人义务的来源

在确定共同饮酒人之间负有注意义务后,需要解决探讨共同饮酒人的义务的来源。在司法实践中,主要有以下几种观点:(1)来自于对共同危险行为的防范义务,(2)基于合理的预见性,(3)客观形成的,(4)法定义务,(5)基于情谊行为,(6)源于善良风俗,(7)基于邻人原则。

本文认为,共同饮酒人之间义务的来源在于共同饮酒这一先行行为。先行行为最早源于德国判例之中,是指民事主体所实施的、具有一定危险可能性、并据此形成安全注意义务之行为,怠于履行义务构成不作为侵权。曾世雄教授将先行行为所产生的义务解释为:"行为人以法律规定和其约定原无作为之义务,惟行为人基于法律

---

〔1〕 周友军:《侵权责任认定》,法律出版社 2010 年版,第 280 页。

〔2〕 Social Host Liability for Injuries Caused by the Acts of an Intoxicated Guest, 59*N. D. L. REV.* 445, 451 – 455 (1983).

〔3〕 Kelly v. Gwinnell, 96 N. L. 538, 476 A. 2d 1219 (1984).

〔4〕 Selchert v. Lien, 371 N. W. 2d 791 (S. D. 1985).

规范以外其他社会生活规范之要求而作为,因致直接介入他人生活资源之变动,从而衍生有使他人生活资源发生良性变动之义务。"[1]先行行为可以产生作为义务,英美法和大陆法都予以承认。美国将先行行为称作先前行为,美国《侵权法复述》(第二版)第321条规定,任何制造了某种危险情形或在行为时创设了某种破坏性的力量,只要他认识到或本应认识这种危险,就必须采取合理的措施来避免危险的发生。美国《侵权法重述》(第三版)第40条规定:基于制造了有形损害危险的先前行为而产生的作为义务。德国法认为当事人承担这一义务的前提是他实施了一种先前的危险行为,强调作为义务的内容上是一种对在先危险行为可能引发的危险之避免的义务并且义务产生的前提是引发的危险超过了日常生活所面临的危险。

先行行为说反映了共同饮酒人承担责任的义务来源。行为人的先行行为开启或制造了某种可能加害于他人的危险,行为人通常可从此种危险中受益或是能够控制此种危险的产生和发展,就由此产生了避免此危险发生或在危险发生之后予以救助的作为义务。先行行为无论产生何种评价,只要以自己的行为积极的启动了一个危险链,该行为人负有阻止损害发生或将损害限定在最小范围内的合理义务。饮酒在增进感情之时,也开启了一个现实的危险源——饮酒人的人身和财产可能遭受损害,那么同饮者就负有相应的义务来阻止损害的发生,法律所评价的是同饮者后续的不作为,并不是对共同饮酒本身这个先行行为做出评价,只要他的行为导致饮酒人处于危险状态中,他就有义务去阻止损害的发生,否则就可能会导致不作为侵权。正如王利明教授在东营市中级人民法院的讲座中就该问题谈到的:"同饮者实施在先行为会引发一种在后的照顾义务,这一义务不是经济活动产生的,是一个在先行为产生的。喝过量的也不能说有过错,关键问题是当这个人喝多了离开时,一起喝酒的人就会产生一种义务,意识到他不能保护自己,可能引发损害或受到损害,因为共同喝酒,共同实行了这个在先行为,应该产生一种在后的保护义务,所以其他共饮人可适当承担责任,这也主要适用于饮酒者离开时已经喝过量的情形。"因此,共同饮酒人承担侵权责任的基础是对共同饮酒这一先行行为产生的作为注意义务的违反及出于对生命权、健康权之绝对权的保护产生的不作为义务违反。

正因为共同饮酒人的义务来源于共同饮酒这一先行行为,共同饮酒人均负担这一义务,特别是酒宴组织者、请客者等,他们先前的敬酒、劝酒、灌酒行为使饮酒者的人身财产安全处于危险状态,他们有责任避免同饮者出现饮酒过度情况,并在饮酒过

[1] 曾世雄:《损害赔偿法原理》,中国政法大学出版社2001年版,第64页。

度时采取有效措施排除危险。对于其他醉酒者是否也应该承担相同的义务,本文认为,无论是其本人是否醉酒均不能免除对其他共饮人的义务,正如在我国刑法中也不会因为醉酒引起的意志不清、意识模糊、不能控制和理解自己的行为而免除行为人的刑事责任一样。如果免除醉酒者对其他共饮人的义务,可能会导致饮酒人为了避免承担责任而纷纷把自己灌醉。

(三)共同饮酒人承担义务性质

关于共同饮酒人的注意义务的性质,主要有安全注意义务说、附随义务说和一般注意义务说等。

本文认为,一般注意义务是最为合适的观点。安全注意义务说认为酒宴的组织者是《侵权责任法》第37条中规定的"公共场所的管理人"和"群众性活动的组织者",扩大了该条适用主体的范围,存在适用主体是否合格的问题。《侵权责任法》第37条中规定的安全保障义务的主体是"公共场所的管理人"和"群众性活动的组织者"。而根据《大型群众性活动安全管理条例》第2条的规定,朋友聚餐、请客喝酒、举办婚宴等活动均难以归为"大型群众性活动"。附随义务说认为酒宴召集人酒宴邀请行为构成合同关系,会产生相应的劝阻、通知、协助、照顾和帮助等附随义务。而附随义务产生的前提是债之关系的存在,而共同饮酒行为属于情谊行为,在适量饮酒情况下,饮酒人相互之间并无法定或约定的义务,更不会产生所谓的附随义务。[1] 比较合适的应该是一般注意义务。

一般注意义务是由德国法官通过判例创设而来,是指因社会接触或社会交往活动而对他人引发一定的危险,基于诚信原则、善良风俗、行为人与受害人之间的合理信赖,或适当社会生活不成文的规则所要求的对此等危险之合理的注意而对一般人负有的除去或者防止危险的义务,要求从过去确立"无害他人"的普遍义务转变为特定情形下要求行为人应"适当地爱他人"。通过适用一般注意义务,法官可以对那些法律没有规定的侵权领域,根据普通人的认知和判断,认定行为人是否尽到了不使他人的合法权益遭受损害的注意责任,并据此对违反注意义务的侵权行为追究法律责任,从而保护受害人的合法权益,并通过注意义务的法律认可,引导人们在行为时注意他人的人身与财产安全,从而提高行为的安全系数,减少损害事故的发生,维护社会的和谐稳定。共同饮酒行为一般是在组织者婚丧嫁娶或者其他特定理由组织的社

---

〔1〕 邱鹭风:《论情谊行为侵权责任——以一起"情谊行为侵权案"的判决为分析样本》,载《南京大学学报》(哲学·人文科学·社会科学)2008年第5期。

交活动中出现,应邀参加聚会的当事人互相之间会形成合理信赖关系,饮酒人相信自己的人身、财产安全会在社交活动中得到保障,共同饮酒人因劝酒、敬酒等先行行为创设危险致饮酒人处于危险状态时,其他共饮人负有的除去或者防止危险的义务。

(四)共同饮酒人注意义务的内容

一般注意义务的内容包括避免危险的义务和控制或除去危险的义务,前者包括警告义务、指示义务、说明义务。后者包括危险管理义务、选任义务与监督义务、组织义务、调查义务和通知义务、保管义务及保护义务。[1] 就共同饮酒而言,共饮人也负有的除去或者防止危险的义务。

根据现实生活中常见的饮酒致害类型,共同饮酒人具体负有劝阻、提醒、通知、照顾及扶助等注意义务。一是提醒、劝阻义务。共同饮酒人应承担互相提醒、劝阻义务,以保障各自人身财产安全。特别是,(1)对明确酒精过敏或患有某种不宜饮酒疾病的共饮人;(2)对出现明显醉意的共饮人;(3)对酒后可能从事如驾车、高空作业、游泳等具有危害自身安全或法律所禁止的行为的共饮人,其他共饮人负有提醒、劝阻其饮酒的义务,或提醒、劝阻乃至制止其从事危险活动。二是照顾、保护、救助、通知义务。对饮酒过程中出现醉酒、明显不适的共饮人,其他共饮人负有照顾、保护的义务,应及时检查其身体状态,包括通知、协助医疗机构治疗,提供醒酒汤等帮助减轻酒精损害,以求能够摆脱所面临的危险,避免进一步遭受损害,照管好共同饮酒人携带的物品,最大限度地保护共同饮酒人的人身和财产不受损害。如果损害业已发生,则对共同饮酒人采取最为有效的措施,防止损害进一步扩大,或有效地防止损害后果的发生。三是妥善安置义务。同伴饮酒后,同饮者应对其根据饮酒量多少、身体意识等实际情况妥善安置,如将其送至家人的看护之下、妥善安排他人照顾或安置于自己家中并妥善照顾或及时送医等,即必须使醉酒人处于妥善照顾之下。四是控制义务。在醉酒人酒后行为失控时,其他共饮人应及时通知其家人或报警,尽量制止可能出现的危险行为以包括保护过量饮酒者的人身安全义务以及防止其酒后致害第三人。

(五)共同饮酒人违反注意义务的判断标准

在共同饮酒案件中,经常会出现义务人以不存在安全保障义务或者已履行义务来进行抗辩。因此,在判断共同饮酒人有无违反该义务时应该确定一定的标准,以此作为是否违反注意义务的标准。

大陆法系和普通法系在司法实践中总结出了以下这些标准:一是理性人标准。

---

〔1〕 杨垠红:《一般注意义务研究》,载《厦门大学法律评论》2005年第2期。

理性人的标准是一个客观的标准,是法律在消灭了所有人在容貌、脾气、智力、教育等方面的差别而创造出的一个只具备社会中一般人所拥有的经验见识和逻辑推理能力的普通人的模型。理性人就是"具有平均水平的普通人",理性人标准即以一个具有平均水平的普通人的标准来判断行为人的行为是否合理。艾尔德森法官在1856年英国布莱思诉伯明翰水厂一案中将理性人标准解释为:"过失是指没有像一个合理的人那样,根据人们惯常处理事务的方式去做其该做的事,或者,在某些时候,做了一个合理的、谨慎的人不会做的事。"就共同饮酒来言,共同饮酒人以一般自然人的思维判断出饮酒人已经达到醉酒状态时,采取了一般自然人通常采取的安全保障措施,并且履行照顾、扶助等安全注意义务使饮酒行为的危险性减少或消失则可以认为共同饮酒人履行了安全注意义务。例如,共同饮酒人基于一般人判断饮酒人出现话多、肢体不协调等表明醉酒的迹象时,及时提醒饮酒人停止喝酒行为。如果饮酒人是开车来的,应提醒其不要喝酒或饮酒后提醒、劝阻其不要开车。饮酒后不宜做剧烈运动、洗澡、游泳等行为,共同饮酒人应该也能意识到这些行为对同饮者的危害。二是可预见性标准。可预见性指的是行为人作为一个"理性人",应当预见到自己的行为可能会对他人合法权益造成损害。可预见性并非是特定个人的资料来判断的,其应当社会某行业抽象一般人的预知能力为标准。共同饮酒人应当预知到其行为造成他人人身、财产损害的可能性,应采取相应合理的防范措施,以避免这类损害的发生。三是有效避免性。共同饮酒人对于注意义务的履行应当是一种完全履行,能够有效的避免损害结果的发生。如在本案中,黄某、余某已经部分履行了将邓某酒后送回家的义务,但未将邓某安全送至家中家人的照顾之下或者送至医院进行救治,二人未履行有效避免危害结果发生的行为,故应当承担民事侵权责任。

（六）共同饮酒人注意义务的限度

虽然共饮人之间存在注意义务,但毕竟每人应对自己的人身安全尽最高程度的注意义务,不能因饮酒就将义务全部转由其他共饮人负担。"行为人承担的安全保障义务是合理的注意义务,而不是绝对注意义务。"[1]如果负有注意义务的共同饮酒人在现实条件下已经尽到充分的注意义务,但仍然造成醉酒者损害,应该仅在其对损害具有过错的情况下承担责任,否则应该减轻或免除共同饮酒人的责任。因此,共同饮酒人之间注意义务的承担也需要限度,不能无限制的加重义务人的负担。

笔者认为可以从以下两个方面考虑:一是事前预防措施的限度。在饮酒之前,对

---

〔1〕 张民安:《侵权法报告》,中信出版社2005年版,第106页。

酒精过敏或患有某种不宜饮酒疾病的共饮人，其他共饮人负有提醒、劝阻其饮酒的义务。这一义务并不要求达到有效劝阻的程度，如托马斯·阿奎那所言，“任何私人都无权强迫别人过正当的生活，他只能提出劝告，但如果这一劝告不被接受，他也没有权力强迫。”饮酒者经提醒、劝阻后仍坚持饮酒，可视为受害人同意，同饮者不再承担责任。二是事后救助措施的限度。在饮酒后，共饮人之间负有照顾、保护、救助、通知义务，这些义务需要共饮人尽最大善意履行。但如果义务已经全部尽到，损害依然发生的，应减轻或免除义务人的赔偿责任。

（七）对本案的分析

在本案中，黄某邀请邓某到余某家共同饮酒，余某提供了酒水，这个行为可以视作是开启了危险源。基于这一先行行为，黄某作为酒宴的组织者、余某作为酒宴的主人，有充分提醒与关照的义务，二人应提醒、劝阻邓某适量饮酒。但事实是，在饮酒过错中，黄某、余某没有劝阻受害人邓某过量饮酒，邓某等三人饮用了自酿的米酒三斤多，并采取玩扑克牌等方式助兴，没有尽到合理义务。

邓某醉酒后，意识不清，丧失自我行动能力，并且摔了一跤，余某、黄某应当能够预见到邓某处于危险之中，二人就此负有阻却邓某受到伤害的义务。黄某、余某二人并没有引起足够的重视，虽然开车送邓某回家，但在没有找到邓某家具体位置时，将邓某留置在冬夜的街头，而不是送医救治。余某、黄某用车将邓某送至出租屋附近，本身是履行照顾、帮助义务的体现，但对于已经表现出明显醉酒的人来说，将其送到出租屋附近并在冬天的深夜置于无人照顾的街头并不能认为已经完全履行了救助义务，应根据醉酒的具体情况，将其送到家人身边，或者在醉酒更为严重时将其直接送医院救治才能被认为完全履行了救助义务。二人应该能够预见到醉酒并且摔了一跤的人在寒冷的冬夜会发生损害的危险性而未预见或者虽然预见但轻信可以避免或放任这种危险的发生。黄某、余某的行为，无论是事先的危险防范义务还是事后的积极救助义务，都未履行或未尽到最大的善意履行应负的注意义务，属于不作为侵权行为，应该承担民事责任。虽然死者邓某本人的过量饮酒与死亡结果之间具有直接的和主要的因果关系，他作为完全民事行为能力人，明知醉酒的危险性，却没有控制自己的酒量，其自身存在重大过错，应当对自己行为造成的损害后果承担主要责任。但是黄某、余某明知邓某过量饮酒、未及时劝阻、未尽到救助义务与死亡事实之间仍然具有间接的和次要的因果关系。这二位共饮者未尽到必要的注意义务，显然对于邓某的死亡结果具有主观过错。综上所述，在这起共同饮酒损害赔偿案中，二位共饮者的行为构成一般侵权行为。

生命权是以自然人的生命安全的利益为内容的权利。它是自然人的最高人格利益,法律必须严格保护。《民法通则》第 119 条对于故意或过失侵害人身的侵权行为作出了规定,侵害公民身体造成伤害的,应当赔偿医疗费、因误工减少的收入、残废者生活补助费等费用;造成死亡的,并应当支付丧葬费、死者生前扶养的人必要的生活费等费用。《侵权责任法》第 18 条也对侵害生命权的侵权行为作出了规定,被侵权人死亡的,其近亲属有权请求侵权人承担侵权责任。侵害生命权侵权行为的责任形式是损害赔偿,加害人应当承担赔偿损失的责任,包括承担财产上的损失和精神上的损害。受害者的近亲属有权请求上述赔偿。可见,在这起共同饮酒损害赔偿案中,死者邓某的家人有权向二位共饮者索赔,他们应当承担适当的人身侵权损害赔偿责任。

二、共同饮酒人侵权责任的承担

本案中,双方争议的最大焦点在于损害赔偿责任的承担。受害人邓某家人主张邓某的死亡是因黄某、余某二人未尽到及时救助义务导致邓某得不到及时治疗,应该全部由两被告承担全部责任。黄某、余某二人则认为,两人应承担按照过失的大小各自承担按份责任,而非根据《侵权责任法》第 8 条承担连带赔偿责任。

这一争议涉及两个法律问题:一是损害赔偿责任的承担;二是其他共饮人之间是否构成共同侵权。

(一)损害赔偿责任的承担

无论是法学理论界还是司法实务中,均认为共同饮酒的人身安全是以自我保护为主,以其他人的注意义务为补充。饮酒是一项会产生危险性的行为,饮酒过量会导致身体受到损害,严重的会发生酒精中毒致人死亡,这是一个众所周知的基本常识。任何人在饮酒之前应当预见到这一行为会给自己带来危险,并自主控制喝酒行为,防止自身的人身、财产受到损害。作为完全民事行为能力人,应当认知和预见到自己过量饮酒的潜在危险和严重后果,有义务注意其自身的健康和安全。在不存在强迫性灌酒的情况下,主动饮酒或接受他人的敬酒、劝酒、斗酒、赌酒,饮酒人的行为则表明对自己的健康和安全的无视,明知醉酒的危险性而不控制酒量和采取有效措施,或尽管意识到醉酒和酒后可能发生的危害,却始终认为可以避免最终发生的损害结果,其本人具有过量饮酒与伤亡后果最直接、最主要的因果关系,自身具有重大过失,应对其伤亡的后果负主要责任,有过错共饮人承担次要责任。如果本人对自己的安全义务都不加以注意,就没有理由要求别人负担更高的注意义务。在司法实践中,根据个案的不同,对受害人自身承担的责任比例一般在 70% 至 90% 之间,其他共饮人承担

10%至30%的赔偿责任。在本案中,二审法院判决邓某自行承担80%的责任,这个比例也是比较适当的。

但也应强调的是,如果有人故意使用强迫、威胁、利诱等不当方法使他人醉酒发生事故或唆使未成年人喝酒而引发损害的,则属故意侵权行为,应承担全部或主要责任。

(二)共同饮酒人之间的责任形态

《侵权责任法》规定的各责任人的责任形态,是指需要承担侵权责任的各责任人之间根据各自行为及责任承担规则分担责任的形式,主要是指连带责任或按份责任。在共同饮酒致人损害的情况下,共饮人是承担连带责任还是按份责任,都有观点支持。持按份责任观点的认为,各行为人之间并无将饮酒人灌醉的意思联络,故行为人仅就其各自的过错承担相应的责任。持连带责任观点的则认为,各行为人对饮酒人未尽到注意义务是共同的过错。

关于是适用连带责任或是按份责任,本文认为,应从整体上理解和把握《侵权责任法》有关数人侵权的规定,准确理解共同侵权的本质属性。《侵权责任法》第8条规定,二人以上共同实施侵权行为,造成他人损害的,应当承担连带责任。关于"共同实施"的理解,综合分析《侵权责任法》第8条、第9条、第10条、第11条、第12条,和《最高人民法院关于审理人身损害赔偿案件适用法律若干问题的解释》第3条的规定,"共同实施"中的"共同"应当包括共同故意和共同过失。在共同饮酒致人损害中,除去恶意的积极灌酒致人损害属于明显的故意侵权外,因不作为侵权致人损害的,很难认定各侵权人之间存在意思联络。存在意思联络的共同侵权应承担连带责任,无意思联络的侵权人也会承担连带责任。是否存在共同侵权行为不能以是否具有意思联络及共同过错的要件标准来衡量,而应该以其行为之间存在的相互密切的关联,并且在构成同一损害发生的原因上是一个不可分割的统一的整体为标准。[1]在共饮人致人损害行为中,共饮人的饮酒死亡原因和其他共饮人的行为是一种多因一果的关系,且共饮人的侵权行为与所导致的损害后果是一个统一的不可分割的整体,即共同侵权行为与作为一个整体的损害后果之间具有因果关系。共饮人共同实施的饮酒行为造成了共饮人的死亡,此时,其他共饮人应当对死者承担连带责任。

在本案中,黄某与余某二人在送醉酒邓某回家过程中,将邓某放置在街道上,先

---

〔1〕 张新宝:《侵权责任法立法研究》,中国人民大学出版社2009年版,第117页。

后离开。虽无共同意思联络,但在未尽到及时救助义务上存在共同过失。按照《侵权责任法》第11条、第12条的规定,无意思联络的共同侵权责任承担方式是连带责任还是按份责任取决于侵权行为与损害后果之间的因果关系:如果每个行为单独即足以造成全部损害结果的发生,则构成聚合因果关系的无意思联络数人侵权,此情形下,各侵权人承担连带责任;如数人分别实施侵权行为,且每一人的行为都不足以造成全部损害,那么此时构成竞合因果关系,则数人之间对损害后果承担按份责任。

本案中,黄某、余某与邓某一起喝酒,虽然余某声称自己喝的较少,且与邓某不熟,应承担较少的责任。但本案中,造成邓某死亡的原因是酒后摔倒致颅脑受伤救治不及时死亡,黄某、余某两人未充分履行酒后救助义务的行为,每个行为单独即足以造成全部损害结果的发生,两人共同过失造成的损害无法区分。按照《最高人民法院关于审理人身损害赔偿案件适用法律若干问题的解释》第3条第1款的规定:"二人以上共同故意或者共同过失致人损害,或者虽无共同故意、共同过失,但其侵害行为直接结合发生同一损害后果的,构成共同侵权,应当依照民法通则第一百三十条规定承担连带责任。"一审、二审法院判决黄某、余某互负连带责任,在适用法律上并无不当之处。

(三)责任人的内部分担

在对受害者承担侵权责任连带责任后,共饮人内部也存在一个责任比例问题,应根据每人在酒宴中的地位和过错程度、因果关系进行分配。一般来说,酒宴召集者、组织者应付首要的责任。无论召集者、组织者是否直接参饮均应属于共同饮酒人,应当对酒宴所有参与人负注意义务:对参与人的饮酒数量应当审慎控制、对其人身安全应当负有合理注意并提供必要的扶助。对于其他参与者,不管是否熟识,之间均互负安全注意义务,如未对共饮人采取妥善的处置措施,对伤亡的结果具有一定的过失责任,也应承担一定的责任。对于提前离场者,有观点认为不负责任。本文认为,虽然提前离场者可能无法对后离场者尽到酒后救助义务,但先前共同饮酒这一先行行为引发的注意义务并不能免除,但也适当减轻责任。对于参加聚餐但未饮酒者,本文认为一般情况不承担赔偿责任,但也可视情况按照公平原则承担一定责任。

在本案中,黄某作为酒席的召集者;余某作为主人和酒水的提供者,并且邓某是在其家摔倒致伤。二人均应负较大程度上的注意义务,应在邓某摔倒后及时送医治疗。在过错程度和因果关系上,二审法院判定二人负同等责任,各负10%,确定责任分担比例是合适的。

结 语

在司法实务中，此类因共同饮酒引发的损害赔偿案件时有发生。适量喝酒是社交的需要，是宴席上交流和沟通的重要媒介，可以增进感情。但是，小酌怡情，醉酒伤身。在共同饮酒过程中不要过度饮酒酒，当发现酒友出现不良状况时，其他共饮者应该给予关心与救助，妥善处理安置，确保酒友的人身和财产安全。

无交通事故责任认定的情况下机动车交通事故赔偿责任的承担

——昌某与梁某机动车交通事故责任纠纷案

李　寒*

一、裁判要点

在发生机动车交通事故时，交警部门无法查实何方当事人有过错行为，而无法认定事故责任时，如没有证据证明非机动车一方与机动车发生交通事故时有过错，应由机动车一方承担赔偿责任。有证据证明非机动车驾驶人、行人有过错的，根据过错程度适当减轻机动车一方的赔偿责任。

二、基本案情

2015年2月，梁某驾驶轿车左转弯时，适有昌某驾驶电动自行车通过该路口，梁某轿车车头与昌某电动车左侧相碰。事故造成昌某受伤，两车不同程度损坏。后N市公安局交通警察支队四大队作出N公交证字(2015)第20150418号《道路交通事故证明》，证明内容：该事故主要原因是事故当事人是否存在违反交通信号的交通行为，由于该事故的当事人陈述不一致，且无其他证据证明引发该事故的主要原因，因此该道路交通事故成因无法查清。事发后昌某住院18天，医疗费共计35779.29元。昌某为非农业家庭户口，事故发生时其静脉血液乙醇浓度145.2mg/

* 南宁市兴宁区人民法院审判员。

100ml,属醉酒驾驶电动车。梁某未依法取得机动车驾驶证,所驾轿车经检验安全技术性能不符合技术标准,且未购买交强险。昌某诉至法院要求梁某承担人身损害赔偿责任。

三、裁判结果

G 自治区 N 市 X 区人民法院经审理认为,梁某在未依法取得机动车驾驶证的情况下驾驶安全技术性能不符合技术标准的机动车在交叉路口左转弯与醉酒驾驶电动车的昌某相碰,由于引发该事故的主要原因是事故当事人是否存在违反交通信号的交通行为,交警部门无法查实何方当事人有过错行为,因而无法认定事故责任。但作为机动车驾驶方,梁某对道路安全行驶应负有更多的安全驾驶注意义务。昌某醉酒驾驶电动车亦存在一定的人身危险性。故根据《道路交通安全法》第 76 条第 1 款第 2 项的规定并结合本案具体情况,酌情认定昌某承担本起交通事故 30% 的责任,梁某承担 70% 的责任。并以此为据判决:一、被告梁某赔偿原告昌某医疗费、住院伙食补助费、营养费共计 16353.8 元;二、被告梁某赔偿原告昌某护理费、误工费、交通费、残疾赔偿金、精神损害抚慰金共计 56414.89 元;三、被告梁某赔偿原告昌某鉴定费 1050 元。

梁某不服一审判决,以涉案交通事故责任认定明显错误,上诉人不应承担任何责任为由提起上诉。G 自治区 N 市中级人民法院经审理认为一审确认赔偿责任比例并无不当,但扣减昌某医疗费用中 409.19 元与本交通事故无关的费用,并作出判决:一、维持 N 市 X 区人民法院(2015)X 民一初字第 1459 号民事判决第二、三项;二、变更 N 市 X 区人民法院(2015)X 民一初字第 1459 号民事判决第一项为:上诉人梁某赔偿被上诉人昌某医疗费、住院伙食补助费、营养费共计 16067.37 元。

四、法理评析

本案的争议焦点是在没有交通事故责任认定的情况下,机动车与非机动车驾驶人、行人之间发生交通事故,应有哪一方承担赔偿责任,如何承担赔偿责任。

(一)交通事故责任认定书的证明力

根据《道路交通安全法》第 73 条的规定,公安机关交通管理部门应当根据交通事故现场勘验、检查、调查情况和有关的检验、鉴定结论,及时制作交通事故认定书,作为处理交通事故的证据。因此,在道路交通事故损害赔偿案件的审理中,公安机关交通管理部门制作的交通事故认定书,是最常见也是最重要的一种证据形式。从民事诉讼法的证据形式上来看，交通事故认定书在证据属性上为书证，虽然是由公安机关交通管理部门作出的，但并非是“于法院已显著之事实或法院职务上已知之事实”的司法认知，交通事故认定书在民事诉讼中，不具有鉴定结论或者勘验笔录的属性。《最高人民法院关于审理道路交通事故损害赔偿案件适用法律若干问题的解释》第27条规定，公安机关交通管理部门制作的交通事故认定书，人民法院应依法审查并确认其相应的证明力，但有相反证据推翻的除外，已明确说明人民法院在审理该类案件时应审查交通事故认定书的证明力，并以此作为定案判决的证据使用，即使在没有交通事故认定书的情况下，人民法院也应结合具体实际情况及相关法律规定作出相应判决。

（二）无法证明事故责任时的认定

本案事故发生时没有现场记录、经调查也无人清楚案发情况，而双方当事人又各执一词，交警部门无法查实何方当事人存在违反交通信号的交通行为，进而无法认定事故责任，导致本案在审理过程中不能够直接认定双方的过错责任。但作为对人身危害性较高的机动车，其驾驶人对于道路的安全行驶应负比相对速度较小的非机动车驾驶人、行人有更多的安全驾驶注意义务，并要遵守道路交通的法律法规，谨慎驾驶，防止意外发生。本案中，被告未依法取得机动车驾驶证，驾驶安全技术性能不符合技术标准的机动车，且也没有按照规定购买交强险，其发生交通事故的程度较高，具有高度危险性。而昌某醉酒驾驶电动车亦非法律所鼓励的，虽然法律并未明确禁止醉酒不能驾驶非机动车，但是醉酒后意识不清醒，对周围事物及发生的判断存在滞后性和偏差，醉酒驾驶非机动车亦能够对他人造成人身危险性。通过对事故发生时基本情况的分析，可以确定双方均存在过错，而机动车驾驶方的危险性更高，对引发本次交通事故的参与程度更大，因此在不能够确定何方当事人存在违反交通信号，但通过对事发基本情况各方过错参与度的分析，推测本案的过错责任程度。

《道路交通安全法》第76条第1款第2项规定，机动车与非机动车驾驶人、行人之间发生交通事故的，由机动车一方承担责任；但是，有证据证明非机动车驾驶人、行人违反道路交通安全法律、法规，机动车驾驶人已经采取必要处置措施的，减轻机动车一方的责任。本案中，由于交警部门无法查实行人或机动车其中一方是否有过错行为，因而无法认定事故责任。被告梁某也未提交其他证据证明非机动车驾驶人昌某有除醉酒外的其他违反道路交通安全法律、法规的行为，故法院酌情减轻机动车一方的责任，认定昌某承担本起交通事故30%的责任，梁某承担70%的责任。

审理涉外国家赔偿案件应注意几个问题

——越南公民周某某申请国家赔偿案*

陈　钢**

一、裁判要点

（一）《国家赔偿法》第 40 条规定，外国人、外国企业和组织在中华人民共和国领域内要求中华人民共和国国家赔偿的，适用本法。外国人、外国企业和组织的所属国对中华人民共和国公民、法人和其他组织要求该国国家赔偿的权利不予保护或者限制的，中华人民共和国与该外国人、外国企业和组织的所属国实行对等原则。越南社会主义共和国的法律对我国公民、法人和其他组织要求国家赔偿的权利并无限制性规定，越南公民申请国家赔偿案件应当适用我国国家赔偿法。

（二）涉外国家赔偿案件中外国人提交的在中华人民共和国领域外形成的证据，未经所在国公证机关证明，也未经中华人民共和国驻该国使领馆认证的，对相关证据的合法性不予认定。

（三）赔偿请求人主张在被采取强制措施期间被虐待导致身体受到伤害的，伤害结果与法院作出有罪判决没有因果关系，不属于本案审理范围，可另案向侵权机关申请赔偿。

二、基本案情

赔偿请求人：周某某

---

* 本文在第三届全国法院优秀国家赔偿案例评选活动中被评为优秀案例。

** 广西壮族自治区高级人民法院审判员。

赔偿义务机关:C 市中级人民法院

法定代表人:王某

委托代理人:林某

委托代理人:韦某

周某某因重审无罪赔偿申请 C 市中级人民法院国家赔偿一案,不服 C 市中级人民法院于 2015 年 7 月 20 日作出的(2013)C 法赔字第 2 号国家赔偿决定,向 G 高院赔偿委员会申请作出赔偿决定。G 高院赔偿委员会依法立案受理,于 2015 年 10 月 21 日召开质证会,赔偿请求人周某某、赔偿义务机关的委托代理人林某、韦某参加了质证会。本案现已审理终结。

C 市中级人民法院经审查查明,2002 年 11 月 12 日,周某某因涉嫌合同诈骗罪被 P 市公安局刑事拘留至同月 23 日。2003 年 3 月 24 日,P 市公安局经侦查终结后以周某某涉嫌合同诈骗罪向 P 市人民检察院移送审查起诉。2003 年 4 月 28 日,P 市人民检察院作出 P 检刑诉(2003)17 号起诉书,指控周某某涉嫌合同诈骗罪,向 P 市人民法院提起公诉。2003 年 6 月 30 日,P 市人民法院作出(2003)P 刑初字第 33 号刑事判决,认定周某某犯诈骗罪,判处有期徒刑三年,并处罚金人民币 10000 元,周某某诈骗所得的人民币 30000 元,予以追缴,退还被害人谭某某。2003 年 7 月 6 日,经 P 市人民法院决定,P 市公安局对周某某执行逮捕。周某某不服一审判决,向原 N 地区中级人民法院提起上诉。2003 年 10 月 10 日,原 N 地区中级人民法院以周某某已取得越南国籍,审理可能违反法律规定的诉讼程序为由,作出(2003)N 地刑终字第 152 号刑事裁定,撤销 P 市人民法院(2003)P 刑初字第 33 号刑事判决,发回 P 市人民法院重新审判。2003 年 10 月 23 日,周某某经取保候审释放。在 P 市人民法院重新审理期间,P 市人民检察院以事实、证据变化为由,向 P 市人民法院提出撤诉申请。2003 年 12 月 31 日,P 市人民法院作出(2003)凭刑初字第 33 号刑事裁定,准许 P 市人民检察院撤回起诉,同日,P 市人民法院决定对周某某解除取保候审。2004 年 11 月 15 日,C 市公安局经侦查终结后以周某某涉嫌诈骗罪移送 C 市人民检察院起诉。2005 年 12 月 20 日,C 市人民检察院作出崇检刑诉(2005)93 号起诉书,指控周某某涉嫌诈骗罪,向 C 市中级人民法院提起公诉。2006 年 2 月 28 日,C 市中级人民法院作出(2006)C 刑初字第 8 号刑事判决,认定周某某犯诈骗罪,判处有期徒刑三年,并处罚金人民币 10000 元,刑满释放后驱逐出境;追缴周某某非法所得人民币 30000 元,退还被害人谭某某。2006 年 3 月 2 日,经 C 市中级人民法院决定,由 P 市公安局对周某某执行逮捕。周某某不服向 G 高院提起上诉。2006 年 10 月 26 日,G 高院以原审法院认定本案事实不清、证据不足为由作出(2006)G刑经终字第12号刑事裁定,撤销C市中级人民法院(2006)C刑初字第8号刑事判决,发回该院重审。2007年4月9日,C市中级人民法院另行组成合议庭重新审理此案,作出(2007)C刑终字第40号刑事判决,认定周某某犯诈骗罪,判决有期徒刑三年,并处罚金人民币10000元,刑满释放后驱逐出境;追缴周某某非法所得人民币30000元,退还被害人谭某某。周某某仍不服,向G高院提起上诉。2008年8月7日,G高院作出(2007)G刑经终字第24号刑事裁定,认为原判认定周某某诈骗谭某某货款的事实不清,证据不足,裁定撤销C市中级人民法院(2007)C刑终字第40号刑事判决,再次发回该院重审。2008年8月29日,C市中级人民法院作出(2008)C刑初字第95号刑事裁定,准许C市人民检察院撤回周某某犯诈骗罪的起诉。2008年9月9日,C市公安局作出C公经撤字(2008)01号《撤销案件决定书》,撤销周某某诈骗案件。2008年9月10日,经C市中级人民法院决定,P市看守所释放周某某。周某某共被限制人身自由1046天。另查明,2015年5月27日,最高人民法院公布《关于2015年作出的国家赔偿决定涉及侵犯公民人身自由权赔偿金计算标准的通知》,根据该通知,各级人民法院在2015年作出国家赔偿决定时,对侵犯公民人身自由权每日的赔偿金为219.72元。

三、裁判结果及理由

赔偿义务机关C市中级人民法院认为,根据《国家赔偿法》第40条第1款的规定和适用《最高人民法院关于越南社会主义共和国公民周某某向G自治区C市中级人民法院申请国家赔偿如何适用对等原则的答复》,拥有越南社会主义共和国国籍的自然人周某某在中华人民共和国领域内要求中华人民共和国国家赔偿的,适用《中华人民共和国国家赔偿法》。该院审理的周某某诈骗案件经G高级人民法院二审发回重审作无罪处理,周某某被错误采取拘留、逮捕强制措施并被执行羁押,符合《中华人民共和国国家赔偿法》第17条第1～2项、第22条之规定,由取得赔偿的权利。根据《中华人民共和国国家赔偿法》第21条第4款"二审改判无罪,以及二审发回重审后作无罪处理的,作出一审有罪判决的人民法院为赔偿义务机关"的规定,周某某申请因错拘错捕错判被限制人身自由的国家赔偿,应由作出一审有罪判决的C市中级人民法院作为赔偿义务机关,按照2015年的国家赔偿标准赔偿周某某被限制人身自由的赔偿金。对于周某某提出的精神损害抚慰金的赔偿问题,经查,周某某虽然没有因被错拘错捕错判造成残疾或精神障碍,不属于致人精神损害并且造成严重后果的情形,不符合《中华人民共和国国家赔偿法》第35条规定的应当支付相应的精神损害抚慰金的条件,但周某某本人客观上因错拘错捕错判被限制人身自由1046天,其工作、生活、家庭及精神上确实受到影响,可酌情支付其精神损害抚慰金50000元。对于周某某提出要求赔偿货款、非正常流产医药费、被割除子宫应赔偿营养费、误工费等损失,经查,该赔偿申请不属于本案受理范围。周某某可通过民事诉讼途径解决货款纠纷;如认为羁押期间因受虐待行为致其身体伤害的,可向侵权部门申请赔偿。因此,对周某某的上述赔偿请求,该院不予支持。至于周某某要求赔偿在调查、追诉、审判过程中所支付的实际损失以及赔偿金的利息等,经查,周某某提出的该项赔偿项目不属于国家赔偿的法定范围,该院不予支持。综上,依照《中华人民共和国国家赔偿法》第22条、第32条、第33条第1款、第35条、第40条第1款的规定,并经该院审判委员会讨论,决定如下:一、C市中级人民法院向赔偿请求人周某某支付被侵犯人身自由权1046天的赔偿金为229827.12元(每日赔偿金按照国家2014年全国城镇非私营单位在岗职工日平均工资219.72元计算);二、C市中级人民法院向赔偿请求人周某某支付精神损害抚慰金50000元;三、C市中级人民法院以适当方式向赔偿请求人周某某赔礼道歉;四、驳回赔偿请求人周某某的其他赔偿申请。

周某某不服向G高院申请作出赔偿决定,请求赔偿人民币1992097.58元,项目如下:财产损失赔偿16998元,人身权损害赔偿1043588元,身体伤害赔偿31724.08元,律师代理费、车费等65000元,精神损害抚慰金357593.024元,利息477194.478元。称其从2002年11月12日至23日被P市公安局刑事拘留期间,因不给吃饭喝水,躺在潮湿寒冷的地上,导致非正常流产。后于2005年6月13日至24日在越南L省卫生厅中心多科医院做手术被割除部分子宫,身体受到伤害,应予以赔偿。因共被限制人身自由1046天,赔偿金应在C市中级人民法院决定赔偿数额的基础上乘3~4倍。还要赔偿其货款损失以及非正产流产医药费、因被割除子宫住院治疗期间的营养费、误工费,在调查、追诉、审判过程中所支付的律师代理费、交通费及赔偿金利息。

质证中,周某某提交了邓某某、阮某某、张某某的证明(越文)及中文译本,L省卫生厅中心多科医院手术证书、出院证、院费收据(越文)及中文译本,以及越南公证机构出具的证明译本与原件内容一致的公证材料。G高院赔偿委员会认为,邓某某、阮某某、张某某的证明没有其身份证明材料,虽有翻译文本,但没有经过中华人民共和国驻越南使领馆认证。越南L省卫生厅中心多科医院手术证书、出院证、院费收据属于在中华人民共和国领域外形成的证据,未经所在国公证机关证明,也未经中华人民共和国驻该国使领馆认证。依照最高人民法院关于涉外诉讼证据认定的相关规定,对周某某提交的以上证据的合法性不予认定。

因质证会上赔偿请求人和赔偿义务机关均对C市中级人民法院(2013)C法赔字第2号《国家赔偿决定书》查明的事实无异议,故G高院赔偿委员会查明的事实与C市中级人民法院查明的事实一致。

G高院赔偿委员会认为,本案争议焦点为:C市中级人民法院作出的(2013)C法赔字第2号国家赔偿决定,认定事实是否清楚?适用法律是否正确?具体从以下三个方面分析:

一、关于周某某主张非正常流产和子宫被部分割除造成身体受到伤害与法院作出有罪判决是否存在因果关系问题。经查,2002年11月12日至同月23日,P市公安局对周某某执行刑事拘留。周某某称在此期间已经怀孕2个多月并非正常流产。在周某某所称的非正常流产期间,P市人民法院尚未作出有罪判决。周某某在2003年7月6日被逮捕前,有半年多时间没有被限制人身自由。从2003年10月23日周某某经取保候审被释放,至2005年6月13日周某某到越南L省中心多科医院做割除子宫手术,周某某在此期间没有被限制人身自由。周某某没有证据证明其非正常流产和子宫被部分割除造成身体受到伤害与法院作出有罪判决存在因果关系,周某某主张其身体受到伤害要求国家赔偿,不属于本案审理范围。周某某如认为其在刑事拘留期间被虐待导致身体受到伤害,可另案依法向侵权机关申请赔偿。

二、关于周某某主张赔偿其非正常流产医药费、住院治疗期间的营养费、误工费,在调查、追诉、审判过程中所支付的律师代理费、交通费及赔偿金利息是否属于本案国家赔偿范围的问题。因周某某主张非正常流产和子宫被部分割除造成身体受到伤害要求国家赔偿,不属于本案审理范围,故周某某所主张赔偿其非正常流产医药费、住院治疗期间的营养费、误工费,亦不属于本案审理范围。周某某主张的在调查、追诉、审判过程中所支付的律师代理费、交通费及赔偿金利息,根据《中华人民共和国国家赔偿法》第33条、第34条、第36条的规定,不属于国家赔偿范围,G高院赔偿委员会对此不予支持。

三、关于周某某主张赔偿其财产损失(货款16998元)是否属于国家赔偿范围的问题。周某某主张的财产损失(货款16998元)是因其与谭某某货物买卖纠纷导致,不是人民法院违法查封、扣押、冻结等行为造成。虽然周某某称因法院判决无法追回货款,但是根据《中华人民共和国国家赔偿法》第18条规定,国家赔偿仅限于司法机关违法行为造成受害人直接财产损失而非间接损失。周某某主张的财产损失(货款16998元)不是司法行为造成的直接损失,依法不属于国家赔偿范围。周某某如果认为其货款未收回受到损失,可通过民事诉讼途径寻求救济。

综上，因周某某没有证据证明其非正常流产和子宫被部分割除造成身体受到伤害与法院作出有罪判决存在因果关系，故周某某主张其身体受到伤害要求国家赔偿，不属于本案审理范围。周某某主张非正常流产医药费、住院治疗期间的营养费、误工费，亦不属于本案审理范围。周某某如认为其在刑事拘留期间被虐待导致身体受到伤害，可另案依法向侵权机关申请赔偿。周某某主张赔偿侵犯其人身自由赔偿金应按C市中级人民法院决定赔偿数额的3至4倍计算，没有法律依据，G高院赔偿委员会对此不予支持。周某某主张的货款损失和在调查、追诉、审判过程中所支付的律师代理费、交通费及赔偿金利息，根据《中华人民共和国国家赔偿法》第33条、第34条、第36条的规定，不属于国家赔偿范围，G高院赔偿委员会对此不予支持。C市中级人民法院的领导和办案法官已于2015年7月31日向周某某表示了赔礼道歉。在G高院组织的质证会上，C市中级人民法院的委托代理人代表该院再次向周某某表示了道歉。C市中级人民法院作出（2013）C法赔字第2号国家赔偿决定，认定事实清楚，适用法律正确，已经履行了该院（2013）C法赔字第2号国家决定中规定的"C市中级人民法院以适当方式向赔偿请求人周某某赔礼道歉"义务。依照《最高人民法院关于适用〈中华人民共和国国家赔偿法〉若干问题的解释（一）》第19条第1项的规定，G高院赔偿委员会决定维持C市中级人民法院作出的（2013）C法赔字第2号国家赔偿决定。

四、法理评析

当前，随着国家对外经济交往越来越频繁，人民法院赔偿委员会受理外国人申请国家赔偿案件逐年增多。越南社会主义共和国公民周某某因涉嫌诈骗罪被我国公安机关刑事拘留1046天，后因重审无罪申请C市中级人民法院赔偿。因本案赔偿请求人周某某是越南社会主义共和国公民，依照《中华人民共和国国家赔偿法》第40条"外国人、外国企业和组织在中华人民共和国领域内要求中华人民共和国国家赔偿的，适用本法。外国人、外国企业和组织的所属国对中华人民共和国公民、法人和其他组织要求该国国家赔偿的权利不予保护或者限制的，中华人民共和国与该外国人、外国企业和组织的所属国实行对等原则"的规定，经请示最高人民法院赔偿委员会，该案适用我国国家赔偿法。

该案的赔偿义务机关C市中级人民法院于2015年7月20日作出的（2013）C法赔字第2号国家赔偿决定，该院向赔偿请求人周某某支付被侵犯人身自由权1046天的赔偿金为229827.12元（每日赔偿金按照国家2014年全国城镇非私营单位在岗职工日平均工资219.72元计算);向赔偿请求人周某某支付精神损害抚慰金50000元;以适当方式向赔偿请求人周某某赔礼道歉;驳回赔偿请求人周某某的其他赔偿申请。周某某不服该决定向G高院赔偿委员会申请作出赔偿决定。根据我国《国家赔偿法》第40条的规定,外国人根据对等原则,依法享有取得国家赔偿的权利。对涉外案件审理中外国人提交的证据,我国法律有特殊性规定。因周某某提交的邓某某、阮某某、张某某的书面证明没有其身份证明材料,虽有翻译文本,但没有经过中华人民共和国驻越南使领馆认证。越南L省卫生厅中心多科医院手术证书、出院证、院费收据属于在中华人民共和国领域外形成的证据,未经所在国公证机关证明,也未经中华人民共和国驻该国使领馆认证。依照最高人民法院关于涉外诉讼证据认定的相关规定,对周某某提交的以上证据的合法性不予认定。

G高院赔委会认为周某某主张非正常流产医药费、住院治疗期间的营养费、误工费,不属于本案审理范围。并告知周某某如认为其在刑事拘留期间被虐待导致身体受到伤害,可另案依法向侵权机关申请赔偿。周某某主张赔偿侵犯其人身自由赔偿金应按C市中级人民法院决定赔偿数额的3至4倍计算,没有法律依据。周某某主张的货款损失和在调查、追诉、审判过程中所支付的律师代理费、交通费及赔偿金利息,根据《中华人民共和国国家赔偿法》第33条、第34条、第36条的规定,不属于国家赔偿范围。C市中级人民法院的领导和办案法官已于2015年7月31日向周某某表示了赔礼道歉。在G高院赔委会组织的质证会上,C市中级人民法院的委托代理人代表该院再次向周某某表示了道歉。C市中级人民法院作出(2013)C法赔字第2号国家赔偿决定,认定事实清楚,适用法律正确,已经履行了该院(2013)C法赔字第2号国家决定中规定的"C市中级人民法院以适当方式向赔偿请求人周某某赔礼道歉"义务。依照《最高人民法院关于适用〈中华人民共和国国家赔偿法〉若干问题的解释(一)》第19条第1项的规定,决定维持C市中级人民法院作出的(2013)C法赔字第2号国家赔偿决定。

该国家赔偿决定书送达当事人后,赔偿请求人周某某到赔偿义务机关C市中级人民法院领取了限制人身自由赔偿金229827.12元和精神损害抚慰金50000元。目前,没有发现赔偿请求人越南公民周某某有申诉上访行为,也没有引发外交纠纷。该案认定事实清楚,说理充分、适用法律正确、决定结果公正、取得了良好的法律效果和社会效果。本案对人民法院赔偿委员会审理涉外国家赔偿案件具有典型指导意义。

法徽闪耀

法律天平的忠实守护者

——记全国模范法官、南宁市江南区人民法院副院长陈玉萍

张 菁*

陈玉萍是这样一名法官，说话温柔但不失威严，情感细腻又心思缜密。从事审判工作15年，她心里始终秉持这样一个信念——“对我只是一件案，对当事人却是影响深远。”她是这样想的，也是这样做的。从审判员到基层法院副院长，近三千件案件在她手上审结完毕，收结案数连续名列全市、全区法院系统前茅，裁判正确率保持在98%以上，无一起投诉上访案件发生。她用这样的成绩深刻诠释了公平与正义如何在阳光下闪耀光芒，她也用自己每一次伏案判决生动演绎了“全国模范法官”的魅力与风采。

陈玉萍2001年毕业于中国政法大学法律系，2002年进入南宁市兴宁区人民法院工作，历任该院书记员、助审员、审判员、民一庭副庭长、审监庭庭长。2015年7月，陈玉萍调至南宁市江南区人民法院，担任该院党组成员、副院长。由于陈玉萍突出的工作表现，她先后荣获了全国模范法官、全国优秀法官、全国政法系统优秀党员干警、全国法院系统党建先进个人、全国法院系统第十九届学术论文优秀奖、全国法院第二十届学术讨论会二等奖、第十四届广西青年“五四”奖章、第四届“广西优秀

* 南宁市江南区人民法院办公室干部。

青年卫士”、广西法院系统第十八、十九届学术论文二等奖、一等奖、全区十佳法官、首届“南宁市优秀青年卫士”、第四届南宁市“优秀青年岗位能手”、第九届“南宁十大杰出青年”等多项荣誉。

政治坚定，服务和谐稳定大局

政治坚定是一名合格法官的脊梁，也是一名合格法官的首要条件和必要条件。一直以来，陈玉萍非常注重政治理论的学习，她用清醒的政治头脑，敏锐的政治眼光，诠释了一个优秀共产党员的良好政治修养。

以身作则，加强理论学习。在深入开展“三严三实”专题教育活动与“两学一做”学习教育活动中，陈玉萍切实将理论与实践结合起来，把坚定的理想信念揉进每一个案件的审判中。陈玉萍在担任兴宁区法院民一庭庭长时，专门负责审理群体性房地产纠纷案件。这类型案件涉及面广、矛盾尖锐、社会影响较大。对于这样的案件，她在审判中始终能够坚持从大局出发，强化服务意识，力求在办案中取得最佳的社会效果。她先后承办审理了550余件涉群体性纠纷案件，为维护社会的稳定与和谐、建设平安广西作出了突出的贡献。

言传身教，带领党员凝心聚力。现作为南宁市江南区人民法院副院长的陈玉萍，也是该院的党总支书记。“如何开展别开生面的党员活动，让我们的党员干警进一步坚定理想信念？”带着这样的期许，陈玉萍早早就为建党日活动绞尽脑汁。从开会策划到落实细节，陈玉萍亲力亲为。2017年7月1日这天，一场生动深刻的党课在江南区法院举行。作为授课人，陈玉萍从近期发生在法院的各类鲜活事例入手，涉及立案、审判、执行、司法改革等内容，并结合自己在南宁市中青年干部培训班的所学所思，以“院长讲故事”的形式，用通俗且深刻的语言，讲述了什么是全心全意为人民服务、如何在法院工作中做到全心全意为人民服务、如何让人民群众在每一个司法案件中感受到公平正义等内容，党员干警纷纷表示从这场特别的党课中深受启发。

勤恳敬业，甘做法治进步的“铺路石”

“人们都称邹碧华为法治的‘燃灯者’，但他更像一座灯塔，点亮了我前进方向。作为一名基层法官，我想唯有像他一样：坚定、坚持、坚守，才能做好法治薪火的传递者！”这是陈玉萍在其撰写文章《传承邹碧华精神　立足本职建新功》的开篇，也是她在忙碌繁重的审判工作中不忘初心甘于奉献的真实写照。

一丝不苟，她是民事审判的“专家”。长期一线办案的工作经历，让陈玉萍在不停穿梭法庭间实现了自己的人生价值——作为法官,她从每一个鲜活的案件中践行了对公平正义的追求。民事审判部门一直是基层法院任务最繁重的部门,陈玉萍在兴宁区法院民一庭一干就是十几年。她每天都在和一沓沓案卷打交道:阅卷、开庭、查阅法条、讨论案件、写判决书连轴转。在她眼中,每一个案件都关系着当事人的切身利益,容不得丝毫敷衍搪塞。在兴宁区法院民一庭,她主动承担了大案要案的审理,每年的办案数量都在200件以上,最多的一年达432件,平均每个工作日要结案2件以上。虽然案件多、压力大,但她一直紧绷案件质量的神经,坚持高规格高标准,一丝不苟地秉公审理好每一起案件,确保司法公正。多年来她所承办的案件质量一直走在全市、全区法院前列,裁判正确率保持在98%以上,无一起投诉上访案件发生,受到了领导、同事和当事人的一致好评。在担任庭室负责人后,她毫无保留地把自己的审判经验与大家共享,促进青年法官的迅速成长。并将科学管理和带动全庭提高审判质量和效率相结全,带领兴宁区法院民一庭创建了青年文明号等集体荣誉称号。

学无止境,她是法院工作的"多面手"。2003年任书记员期间,陈玉萍通过了国家司法考试,成为南宁法院系统第一批通过司考的任职法官之一。此后,尽管工作烦琐忙碌,她也从没有停下学习的脚步,做一名学习型、智慧型法官是她的奋斗目标。2006年至2009年,她攻读并取得了西南政法大学的法律硕士学位。另外,每当出台新条例以及公布新的司法解释,她都要学习整理,以便能够及时运用到审判工作中。长期以往,她做的学习笔记就有15本50余万字。在审判实践中,不论是自己办案中遇到的专业问题,还是同事们讨论的疑难案例,她都细心地把其中的法律知识点摘录下来。在日常工作中,陈玉萍还坚持结合审判工作,关注法学前沿理论,不断地思考、总结,用业余时间先后撰写了20多篇学术论文,其中有2篇获最高人民法院表彰并在全国重点核心期刊上发表,多篇案例入选《中国审判案例要览》《中国法院年度案例》等国家级刊物,成为指导全国类型性案件审理的经典判例。知识和经验的不断积累为她能准确、高效地处理各类民事案件奠定了良好的基础。

2005年,陈玉萍负责审理了一起"捐资助学案"。由于外籍资助人认为被资助对象没有按其要求完成高中及大学学业,起诉要求资助对象双倍返还资助款。案件引起了媒体的广泛关注,也引发了社会上热烈的道德讨论。为正确处理案件,她查阅了大量的专业资料,反复与资深法官讨论分析,还主动向高校的教授请教,经过认真思考作出了判决:一方面,从民法的诚实信用原则和合同约定出发,判决被告向原告返还资助款;另一方面,从赠与合同的无偿性和捐资助学的道德意义考虑,驳回了原告要求多返还一倍资助款的请求。由于判决结果兼顾了法律的公平与公众善良的道德情感,取得了良好的法律效果和社会效果,中央电视台《经济与法》节目组还专程进行了采访报道。

一心为民,她是追求法理民情完美结合的“知心法官”。在审判实践中,由于每个案件当事人的情况千差万别,具体个案裁判中隐含着法官对法理与情理的权衡。陈玉萍在从事民事审判工作中也深深地体会到:“基层法官接触的大部分当事人都是普通老百姓,民事纠纷处理的质量和效果,不仅取决于法官的专业水平,也取决于法官对待人民群众的态度、立场。”在工作中,她总是以最耐心、谦和的态度平等地对待每一个当事人,不偏不倚;在法律的框架之内,她真心实意地为当事人着想,严格把握司法尺度的同时,最大限度地维护法律尊严和当事人的合法权益。2012年,一个外地的购房者在交付了购房定金后,因“限购令”的实施无法取得房屋贷款,遂起诉房地产开发商要求退房、退定金。为了避免让外地的购房者为了诉讼反复两地奔波,陈玉萍决定为双方做调解工作,争取尽快做到案结事了。通过与开发商进行了十几次不厌其烦的联系和接触后,她的耐心和韧劲最终破解了开发商的强硬态度,并为双方拟定了恰当的调解方案,最终让双方开庭的当天就签订了调解协议,妥善化解了纠纷,双方当事人都很满意。

勇挑重担,她是狠抓改革的“铁娘子”。“俏也不争春,只把春来报。待到山花烂漫时,她在丛中笑。”陈玉萍凭着腊梅般傲然挺拔的坚韧,硬是啃下了不少改革“难题”。特别是担任江南区法院副院长后,她除了继续履行法官审判职责、办理疑难案件外,她还将大部分精力投入到主管各项工作中,致力于推进该院民商事审判、司法体制改革等各项工作。

2015年4月,江南区法院被确立为广西司法体制改革试点单位。陈玉萍作为试点工作的分管副院长,一直在稳步推进这项工作。从开展全院性调研,到组织入额考试与业绩考察;从确定入额法官名单到落实司法责任制,在她的带领下,江南区法院的司法改革试点工作交上了一份满意的答卷。2016年,江南区法院荣获南宁市优秀改革创新项目,最高法院副院长李少平到江南区法院视察时,对该院司法体制改革工作给予了高度评价。

2016年1月,在陈玉萍的积极推动下,江南区法院升级打造的“一站式”诉讼服务中心正式投入使用。来访群众在诉讼服务中心能够完成集立案、网上预约、查询案件、领取文书、约见法官等多种诉讼事务,方便快捷,“微信预约立案”、完善人民陪审员参与诉前调解机制均获得社会各界的好评。

2016年2月,江南区法院推行案件“繁简分流”试点改革,全面提升民商事案件审判质效。作为该院立案庭的分管领导,陈玉萍带领立案庭担起了民商事案件繁简分流的大梁。边摸索边创新,2016年上半年,该院立案庭成立简案快审中心,对简单案件实现"简案快审"。同时还在立案、民商事审判相关部门组建相应的专业审判团队,提高案件审判质效。简案快审中心以来,速审团队共收案4338件,结案3728件,以院部22%的民商事法官人数审结了院部60%的民商事案件,平均结案周期约40天,调撤率为54.21%,上诉84件,上诉率2.6%,实现了"高调撤率、低上诉率"的目标。由于改革成效显著,2017年6月,江南区法院被最高人民法院确定为案件繁简分流机制改革示范法院。

2016年6月,江南区法院正式启动家事审判改革,陈玉萍分管的民一庭承担着这项光荣而艰巨的改革任务。在她的带领下,该院民一庭坚持以"理论与实践并重,基础与创新并举"为思路,大胆探索,先后推出家事调查员制度、离婚案件财产申报制度、"蓝天家书"制度、心理干预机制、离婚证明制度等十项创新制度和举措。与此同时,该院聚合全院及社会各界力量,全力打造专业化家事审判中心,由此也形成了独具特色的"江南10+1经验"。2016年5月,江南区法院创立的"家事调查员"制度,被最高法以文件形式向全国法院推广。

品德高尚,不忘初心无愧于民

法官高尚的品德是确保司法公正的重要条件,法官职业的特殊性,要求法官必须具有高尚的道德修养。"不忘初心,方得始终,人民法官作为公平正义的维护者理应成为社会主义核心价值观的先行者、引领者、模范遵守者",陈玉萍是这么说,也是这么做的。

廉洁自律,守护天平圣洁。陈玉萍常说:"守得住清贫,耐得住寂寞",这是她作为一名法官始终追求的境界。她心里时刻记着父亲说过的话:"做法官,不该吃的不要吃,不该拿的不能拿,这样话说出去才能理直气壮,有说服力;觉才能睡得安安稳稳,心才踏实。"在审理一起建设工程施工案件时,通过陈玉萍艰苦的调解工作,原告终于拿回了被拖欠多年的工程款。为表达谢意,当事人多次提出请陈玉萍吃饭,被婉拒后又托熟人提出要赠予部分还款。面对当事人真诚的谢意,她仍然坚持拒绝了,并微笑着向当事人表示公平地办理案件是法官应当做的分内事。作为法官,她严格用自己的一言一行让当事人从细节中感受公正,在面对物质利益和人情考验的时候,她正是以自己的坚定的法律信念与职业操守,用实际行动一次又一次地守住法律天平的圣洁。

甘于奉献,无愧人民法官形象。陈玉萍同志一心扑在工作上,从不计较个人得失,兢兢业业、任劳任怨,始终保持着高度的工作热情和责任心,超额完成各项工作任务。在基层一线工作,她几乎每天都加班加点,工作挤占了她大部分假期,甚至连亲人她都没法悉心照料。2011年6月,陈玉萍的姐姐肺癌扩散,可陈玉萍赶往北京看望后,又是匆匆一别。看着躺在病床上被病魔折磨着的姐姐,陈玉萍很想天天在病床前照顾她。但陈玉萍明白,作为一名人民法官,她肩上担着人民的重托,工作岗位需要她,一件件案件还等着她处理!含着泪别过姐姐返回南宁。谁想这一别,就是永远。

铁肩担道义,全心为公正。在15年的法院工作中,陈玉萍心怀坚定的法治信仰,忠于审判事业,兢兢业业。作为法律天平的忠实守护者,她在法治道路上砥砺前行,用自己的力量汇聚成一股推动法治进步的洪流,展示了一个对党和人民忠诚、勇于担当、品德高尚的人民法官形象。

我是一颗生命力顽强的种子

——记全区法院办案标兵、灵山县人民法院法官梁震

李　媛*

“我是一颗生命力顽强的种子，党把我播向沙漠，就竖起抗御风沙的红柳；播向雪山，就开出不畏严寒的雪蓬；播向天涯海角，就长成呼啸雷霆的青松。”这是一个共产党人的誓言，一位英勇军人的信仰，也是一名优秀法官的心声！梁震法官就是这样的人，八年的军旅生涯、三十多年的法治坚守，铸就了他对党忠诚、甘于奉献、爱岗敬业、严于律己、作风优良的优秀品质。

信仰天平，冲锋审判前线

刑事审判生杀予夺，责任重大，哪怕是一丝一毫的疏忽，都有可能造成无法挽回的后果。梁震法官年少从军，八年的军旅生涯铸就了他铁血军人的优良品质。为了追随心中的法治信仰，退伍后梁震法官主动选择进入灵山法院工作，成为一名法治天平的守护者。2011年，梁震法官从法院领导职务上退下来后，又主动请缨到刑事审判第一线担任一名普通的刑事法官，冲锋审判前线。在刑庭工作的六个年头里，他一年一个新台阶，主办的案件数量与质量逐年攀升。2015年受理193件，结案190件，结案率98.32%；2016年受理194件，结案194件，结案率100%；2017年受理208件，结案208件，结案率100%，且无一上访、缠访，为惩治违法犯罪分子，守护正义天平做出了积极的贡献。

---

* 灵山县人民法院刑事审判庭法官助理。

一心为民，关心弱势群体

刑事审判除了惩治犯罪，也蕴含着治病救人的人文关怀和对弱者的抚慰与关心。灵山县是人口大县，同时也是毒品犯罪的“重灾区”，梁震法官每年审理的涉毒或者因吸毒而引发的盗窃、抢夺案件就达百起，面对这些如“老鼠过街人人喊打”的“瘾君子”，梁震法官没有“抛弃”他们，而是在对他们的违法犯罪活动进行依法打击的同时对他们坚持“教育、感化、挽救”的方针，在庭审前通过各种渠道对他们的“过去”与吸毒原因进行充分了解；在庭审过程中，对他们进行温暖又深刻的教育；庭审之后，深入他们的社区、村庄，对他们进行帮教回访，帮助他们戒掉毒瘾，学习新的工作技能，早日回归社会。

在审理一起贩卖毒品案件时，梁震法官了解到被告人黄某是一名女性“瘾君子”且育有一个年仅6岁的有智力缺陷的女儿，黄某的丈夫因吸毒而长期离家在外，对家庭没有任何的抚养能力与抚养意愿，黄某的公婆以及二弟、二弟媳均已过世，又留下一个年仅12岁的侄女给黄某抚养，黄某是这两个未成年人的唯一抚养人。了解到此情况后，梁震法官认为对于该被告人不能仅仅就案判案，更要考虑到对被告人进行“教育、感化、挽救”。因为这不仅仅关系到被告人一人，更关系到一个家庭未来的发展，关系到两个未成年人的健康成长，如果不能让被告人改过自新，那么两个未成年人未来的成长将会面临很多的问题。为此，梁震法官专门驱车前往被告人家中了解情况，当看到这个因被毒品拖累而家徒四壁的家庭时，他既为这个深受毒品危害的家庭痛心疾首，又为这个家庭的未来忧心忡忡。特别是看到黄某年仅6岁的女儿时，梁震法官内心更加触动。这是一个极度缺乏安全感的孩子，看到陌生人会害怕会紧紧抱住妈妈的大腿，在看到法官与妈妈谈话时会躲在妈妈的身后睁着无辜的大眼睛看着他人。看到此情此景，梁震法官潸然泪下，决心一定要教育、挽救这名被告人，帮助她改过自新，让孩子们可以有个稳定、健康的成长环境。为此，梁震法官多次奔波往返被告人家中、村委、派出所、福利院、戒毒所等地，寻求最佳的解决方案，最终，在梁震法官锲而不舍的努力下，被告人终于深刻认识到自己的错误，下定决心在法院、村委、福利院、戒毒所等部门的帮助下，戒掉毒瘾，重新做人，做一个好母亲，好好照顾两个未成年人，让她们健康成长。

刚柔并济，化解社会矛盾

大多数刑事附带民事案件，当事人双方矛盾较深，对抗情绪激烈，如果处理不当，就有可能导致矛盾激化，给社会带来不安定因素。在处理这类案件时，梁震法官坚持把调解工作贯穿于办案全过程，庭上庭下深入调查，条分缕析双方之间的一个个怨结，苦口婆心地做双方思想工作，对双方当事人动之以情，晓之以“法”，合情、合理、合法地解决好因被告人犯罪给受害人造成的损失和伤害，缓解对立情绪，促成调解协议，达到真正的案结事了。

在审理一起因邻里纠纷而产生的故意伤害案件时，被告人与被害人原本是同村同族的兄弟，一直以来关系都很好，2014 年，两家因为房屋排水的问题而大动干戈，被告人将被害人打成了轻伤二级。事发后，被告人被刑事拘留，被害人也向法院提起了刑事附带民事诉讼。接到案子的梁震法官既为当事人因为鸡毛蒜皮的小事而大动干戈感到悲哀，又觉得必须解开邻里之间因为争高低结下的冤仇。因此，他采取了耐心调解的方法处理这个案子。梁震法官在查清事实、分清是非的基础上进行调解，一次不成，两次、三次，经过多次调解，他以法理与情理双管齐下的方法说服了当事人双方，用有“温度”的法律解开了双方的心结，融化了他们之间厚重的冰山，促成双方达成了调解协议并使被告人取得了被害人的谅解，两家的关系也最终破镜重圆，化干戈为玉帛。

梁震法官经常说，我们审理案件，既要遵守法理但也要考虑情理，要有“同理心”，要站在双方当事人的立场考虑整个案件发生的真正原因，只有真正理解双方当事人，我们审理案件时才能让双方当事人在感受司法理性光辉的同时也能感受到人性的温暖，才能赢得当事人的信赖，真正实现服诉息判、案结事了。

一分耕耘，一分收获。丹心为民、坚守正义的梁震法官，没有被党和人民忘记。2015 年，他被区高院评为“全区法院办案标兵”，被市中院荣记个人三等功。2016 年，荣获“全市法院办案标兵”；2017 年，在区高院开展的“百日清案”专项活动中被评为“先进个人”。

清正廉洁，守护公平正义

“在国徽之下，金钱美色黯然失色；在天平之上，人情权力没有分量；在审判殿堂，秉公办案才有权威；在法律面前，无私无畏无愧人生。”这是梁震法官一直铭记于心并付诸实践的法律格言。在法律帝国的大厦里，法官执掌着公平与正义的利剑，对于掌握审判大权的法官来说，谨慎和慎独更是不可缺少的职业操守和职业戒律。在灵山法院工作的几十年里，他始终以军人和优秀共产党员的最高准则严格要求自己，对党忠诚、无私奉献，清正廉洁，用一颗“公心”捍卫公平与正义。

梁震法官在审理案件时经常会碰到各种说情、拉关系，但是他深知自己作为一名刑事法官，肩负着“公堂一言断胜负，朱笔一落命攸关”的责任，因此无论何时何地，他都严格恪守职业道德，坚持一身正气、两袖清风。一次，在审理一起因土地纠纷而发生的聚众斗殴案件时，双方人数众多，涉及面广，那段时间，托人打探消息的络绎不绝，作为此案的主办人，梁震法官成为重点攻击的目标，面对说情梁震法官全都断然拒绝，他说：“我是一名法官，我只认一个‘公’字，我要对得起自己的信仰，对得住我胸前的法徽！”

举头仰望，皎洁明月挂枝头；低头沉思，两袖清风伴前行。梁震法官视廉洁为生命，默默践行着“宁作清水之沉泥，不为浊路之飞尘”的誓言，面对人情往来，他守得住廉洁、抗得住诱惑、顶得住腐蚀，真正做到了“咬定廉洁不放松，扎根原在信仰中，千磨万击还坚劲，任尔金钱、关系、人情风”！

美国法律史学家哈罗德·J.伯尔曼曾经说过“法律只有被信仰，才能被切实地遵守”。在信仰法律的过程中，梁震法官平凡而伟大，踏实而坚定，他头顶道德的星空，手持法理的权杖，厘清是非黑白，惩办邪恶顽凶，接受群众的诉求与期盼，对抗各种歪风邪气的压力与诱惑，履行天职，司法为民，不忘初心，砥砺前行！

法院文化

脚下沾有多少泥土，心中就会沉淀多少真情

王 星*

“王法官，我代理的原告马某与被告南宁某汽车销售公司买卖合同纠纷案生效了没有，可以盖生效章了吗……”放下电话，思绪回到了去年我主办的一件案子上。

2016 年 5 月，原告向被告购买了一辆价格为 41.6 万元的进口丰田霸道越野车。2016 年 11 月，原告在洗车时发现车辆副驾驶位置顶棚一处区域车漆存在色差，疑似有修补痕迹。双方因赔偿问题协商不下，2017 年 1 月，原告以被告在销售车辆时存在欺诈为由起诉至法院，要求被告返还购车款 41.6 万元，并三倍赔偿其损失 124.8 万元等。

由于在庭前因赔偿问题双方多次发生不愉快，所以在庭审中双方剑拔弩张，原告认为被告的行为构成欺诈，被告则认为原告为恶意诉讼，为此双方提交了大量证据佐证其观点，并提交相应判例供我参考。经庭审中确认，车辆副驾驶位置顶棚一处区域车漆确认存在色差，对于车漆是否存在修补，何时修补等问题，原告在立案时就向法院提出司法鉴定的书面申请。巧合的是，该车辆于 2016 年 1 月经天津港进口过来，原告一直怀疑是天津港爆炸事件中的事故车辆，故在庭审中原告强烈要求鉴定。庭虽然开完了，但一个个疑问存在我的脑海：广西区是否有车漆方

* 南宁市兴宁区人民法院民二庭审判员。

面的鉴定机构,鉴定费用是否高昂?即使能鉴定出车漆修补情况,形成时间是否可以作出?假设全部可以鉴定出来,本案是否可以认定为欺诈?如果不能认定为欺诈,这高昂的诉讼成本难以化解双方的矛盾,本案能否进行调解?

在启动鉴定的同时,我着手准备调解工作,因双方代理人均不在南宁,一方在柳州、一方在崇左,我只能采取电话调解的方式。我首先拨通了原告代理人的电话,了解事件的前因后果,原来在前期沟通中被告公司经理的态度惹怒了原告,所以原告有些怨气。找到问题后我连忙拨通了被告代理人的电话,从服务行业客户体验度方面谈了我的看法,建议代理人劝说公司经理主动和原告沟通,以消解误会。过了一个星期,我又拨通了原告代理人的电话,看来前期的沟通起了作用,被告公司经理已经主动联系了原告本人,这时我提出了调解的建议,代理人经征求原告本人意见后告诉我,同意调解,并将三倍赔偿降为两倍。果然,被告并未同意原告的意见,只是愿意赠送一定价值的车辆保养作为补偿。分歧太大,调解工作一时陷入困境。

这时从负责鉴定的法官那里传来信息,我的担心成了现实,广西并无车漆鉴定方面的机构,于是双方请求法院给予时间以便协商寻找区外有资质的机构。一个月的时间过去了,原告提供了一家北京鉴定机构的信息,但是前期需要交纳五万元的鉴定费以及负担鉴定人员来广西的全部费用,没想到原告也同意了,并对负责鉴定的法官说:“我这个案子应该属于广西车辆赔偿第一案,有指导性案例可以支持我。”哎呀,一不小心我便成了“广西第一案”的主办人。结果,被告并不认可北京的鉴定机构,要求继续寻找新的鉴定机构。又一个月的时间过去了,被告提供了一家位于深圳的鉴定机构,同样也被原告否决了。

时间已过三个月,本案的鉴定机构迟迟不能确定,审限也在一点点减少,这时被告又向法院申请追加车辆进口商天津某公司为本案被告,双方当事人似乎偏离了正常解决问题的轨道,按这个趋势发展势必不能在2017年结案。我的内心有些着急,便加大了调解力度。我多次电话联系双方代理人,从案件实际情况、目前存在的困境、诉讼成本、司法关于欺诈的认定、相关指导性案例和本案的区别以及案件可能存在的法律风险等角度提醒原告,从消费者心理、合同履行、商业信誉、法律风险等方面给被告分析利弊。放下原告电话就赶紧拨打被告电话,一来二去,在我的努力下,双方渐渐冷静下来,分歧也在一点点缩小,被告同意为原告更换一辆新车,原告也不再主张三倍赔偿。紧接着,税费、保险、诉讼费、律师费等问题也在大家共同努力下达成协议。终于,2017年7月的一天,原告委托代理人向法院提交了撤诉申请书,一件可能在2018年才能结案的案件终于以撤诉的方式了结了。

一晃在法院工作快十年了,随着办案的深入,我的审判理念也在发生着变化,刚办案时经验不足,遇到难办的调解案子就想用扎实的判决给当事人明辨析理,而现在考虑更多的是怎样处理才能更好地让当事人撤诉息讼,案结事了。多年的法庭工作经历也让我体会到:你的脚下沾有多少泥土,心中就会沉淀多少真情。

我的独自旅行告白书

董　金*

三月中旬，蒙蒙细雨下，我一人到长沙。朋友们问我，你为何要一个人旅行，我想了好久，我想给自己一个回答。

我很认真地想我是什么时候才开始有独自远行的想法？在我年幼时，父亲总叫我读唐诗三百首，我读过《望庐山瀑布》，诗中的“日照香炉生紫烟，遥看瀑布挂前川。飞流直下三千尺，疑是银河落九天。”我好想知道李白笔下的瀑布是什么样的。我读过《黄鹤楼》，“晴川历历汉阳树，芳草萋萋鹦鹉洲。”便想着自己何时能如崔颢一般登上黄鹤楼，远眺鹦鹉洲。这些远方，这些美景在我的脑子里形成一个又一个画面，我好想去看看。在这时，旅行是一种朦胧的期待。

然后到了中学时期，觉得读书考试让自己喘不上气，我就想像《麦田里的守望者》中16岁的中学生霍尔顿·考尔菲德一样，离开学校去游荡去纽约。不管去到哪里，我都迫切地想离开这个地方。在这时，远方对于我来说，就是一个诱惑，就像盒子里面的巧克力糖。

然后就到了大学，我来到了山水甲天下的桂林，但是却没有了旅行的激情和期待，在这样一个经典颇多的旅游城市，并没有过多地留下自己的足迹。我漫步漓江欣赏两岸山水，徘徊阳朔享受悠闲时光，爬过古东瀑布，也走过大圩古镇的青石板路，更逛遍了师大王城校区，登过独秀峰。可是，总觉得缺点什么？和同学们一同旅游当然是难得的回忆，可是我并不想走马观花，在每一个景点打卡似的旅行，我想根据自己的步

* 宾阳县人民法院干部。

调慢慢游。

记得刚毕业那一年，我刚迈入社会的大门，我迷茫，徘徊，我躲在城乡结合部一个租来的小房子里，对着窗外幽暗而斑驳的墙，我的脑子里想着的是我的下一个面试和不知道如何向父母开口要钱交房租的窘迫，我没有任何想念远方的条件，在这段迷茫的日子里，旅行是一个多么奢侈的梦想，远方是可望而不可即的镜花水月，美则美矣，却是泡影。

直到进入法院，我的生活渐渐安定下来，我很庆幸有着一群爱远行的小伙伴，我很庆幸她们能带着我第一次出省。我们到了广州，我们在那里游了两天，从那时候我心里的远行因子蠢蠢欲动，我知道我的灵魂已经在路上。远行，是我不能放弃的方向。这是我平凡生活中的一次小小冒险，也是我平庸梦想中的小小华彩篇章，因为我知道也许每一个人，都有着不羁的心，我们愿意去寻找未知的方向，只要有机会。

所以，去年我开始了自己的第一次独自旅行，起源于偶然，因为朋友们时间上的不配合，所以我只好自己旅行。一个人的独自旅行，带着惴惴不安的心情，我坐上了动车，从广州到深圳，从深圳到厦门，我买好了所有的车票，订好了所有的酒店，看好了所有的攻略，但是……在我刚到达厦门北站的时候，整个人懵了，因为我订好的厦门大学周围的客栈满客了，在种种与店家交涉的过程中，我勉勉强强找到了新的落脚点。这给第一次独自旅行的我当头一击，之后还发生过找不着地铁口、坐错公交站等糗事。虽然有着这样或者那样的困难，但是伴随着无数的欣喜和兴奋，我度过了这美妙的三天，因为那是我第一次见到大海，第一次坐着邮轮，第一次逛一座小岛（鼓浪屿）。没有任何人，只有自己。

今年，我又开始了第二次独自旅行，来到长沙。我必须要说，一人旅行会遇到的困难很多，会变得没有安全感，遇事没有人商量，会变得无助，或者会被寂寞轰炸。独自旅行，使你暂时离开舒适区去适应一个陌生的世界，你需要面对之前没有遇到过的种种挑战，所以一个人旅行，真的是一件很累的事情。它折磨着你的肉体，正如当时我在蒙蒙细雨下，一个人花了两个多小时从爱晚亭出发爬上岳麓山，整个身体都快透支，非常疲惫和狼狈。精神上，你会无数次怀疑自己？我总会问我为什么要一个人出发？我为什么要这么辛苦，我为什么要忍受寂寞和孤独？但是当我登上岳麓山，看到我从来没有看到过的山间美景时，我突然觉得这一切很值得。因为当我在一人独行在路上，我的思考是何等自由，我的寂寞是何等真实，我的感受是如此自我。当我到达海边的时候，会感到一种“行到水穷处，坐看云起时”的旷达。当我一个人带着满身疲惫终于登上山顶时，俯瞰大地的时候，总会感到一种一览众山小的气势。

想一想,人生何尝不是一场旅行,我们的人生路过的每一个阶段都是一种风景或者一个个目的地,在这一路上,也许有人和我们一起同行,而最终都是我们一个人。我们必须要面对人生的悲欢离合。迷茫、徘徊的我们,独立行走在未知的路上,而远方的美景是我们对俗世生活的一点点向往,在这路上我们会被乱花渐欲迷人眼,我们只有在一个人独处思考的过程才会顿悟,才能学会独自面对生活的苦难和恐惧,最终一个人在磨砺中成长。如果我不惧怕一个人旅行,那又何惧人生中的这样那样的苦难? 正如海子的《小站》中说,我们最终都要远行,最终都要跟稚嫩的自己告别。也许路途有点艰辛,有点孤独,但熬过了痛苦,我们才能得以成长。

或许我没有海子这般领悟,我只知道因为远方在那里,我必须旅行,或者我只知道,最终我必须一人旅行,这是一场身体和心灵的放逐,这是一场青春未完成的梦,是我生命中不可少的那首诗。

图书在版编目(CIP)数据

公正司法前沿探索. 2018年. 第1辑 : 总第7辑 / 黄海龙主编. -- 北京 : 法律出版社, 2018
ISBN 978-7-5197-2545-7

Ⅰ. ①公… Ⅱ. ①黄… Ⅲ. ①司法-研究-中国 Ⅳ. ①D925.04

中国版本图书馆CIP数据核字(2018)第177676号

公正司法前沿探索
(2018年第1辑)(总第7辑)
GONGZHENG SIFA QIANYAN TANSUO
(2018 NIAN DI -1 JI)(ZONG DI -7 JI)

黄海龙 主编

责任编辑 田 浩
装帧设计 鲍龙卉

编辑统筹 法商出版分社
出版 法律出版社
开本 710毫米×1000毫米 1/16
总发行 中国法律图书有限公司
印张 17.75
经销 新华书店
字数 257千
印刷 固安华明印业有限公司
版本 2018年8月第1版
责任印制 胡晓雅
印次 2018年8月第1次印刷

法律出版社/北京市丰台区莲花池西里7号(100073)
网址/www.lawpress.com.cn
投稿邮箱/info@lawpress.com.cn
销售热线/010-63939792/9779
举报维权邮箱/jbwq@lawpress.com.cn
咨询电话/010-63939796

中国法律图书有限公司/北京市丰台区莲花池西里7号(100073)
全国各地中法图分、子公司销售电话:
统一销售客服/400-660-6393
第一法律书店/010-63939781/9782
西安分公司/029-85330678
重庆分公司/023-67453036
上海分公司/021-62071010/1636
深圳分公司/0755-83072995

书号:ISBN 978-7-5197-2545-7
定价:48.00元
(如有缺页或倒装,中国法律图书有限公司负责退换)